Vida cotidiana y sociedad durante el reinado de Alfonso X el Sabio

 EDITORIAL
UNIVERSIDAD DE SEVILLA

 Calidad en
Edición
Académica

Academic
Publishing
Quality

COLECCIONES

Colección Historia

Avalado por ANECA FECYT · Promovido por une

Carlos de Ayala Martínez,
Javier E. Jiménez López de Eguileta y
Rafael Sánchez Saus
(editores)

Vida cotidiana y sociedad durante el reinado de Alfonso X el Sabio

EDITORIAL
UNIVERSIDAD DE SEVILLA

Sevilla 2025

Colección Historia
Núm. 418

Motivo de cubierta: *Cantigas de Santa María*. Códice Rico, fol. 213r
(Real Biblioteca de San Lorenzo de El Escorial, Madrid).

© Editorial Universidad de Sevilla 2025
   C/ Porvenir, 27 - 41013 Sevilla.
   Tlfs.: 954 487 447; 954 487 451
   Correo electrónico: info-eus@us.es
   Web: https://editorial.us.es
© Carlos de Ayala Martínez, Javier E. Jiménez López de Eguileta,
   Rafael Sánchez Saus (editores) 2025
© De los textos, los autores 2025
Impreso en papel ecológico
Impreso en España-Printed in Spain
ISBN 978-84-472-2702-0
Depósito Legal: SE 2937-2025

Diseño de cubierta: notanumber
Maquetación y realización de cubierta: Intergraf
Impresión: Masquelibros

ÍNDICE

PRESENTACIÓN

La complejidad del reinado de Alfonso X y del marco temporal en que se desarrolla ofrece una inagotable posibilidad de aproximaciones que desde hace ahora más de un cuarto de siglo viene explorando la *Cátedra de Alfonso X de El Puerto de Santa María*; en publicaciones monográficas que se procura dar a la luz de forma bianual. Para el presente volumen, que se comenzó a gestar en 2024, el decimocuarto, el tema elegido fue el de la vida cotidiana y el desenvolvimiento de la sociedad castellana a lo largo de aquel atractivo período de la segunda mitad del siglo XIII en que transcurre el reinado. Hemos querido renunciar en esta ocasión a los grandes planteamientos políticos y a los llamativos eventos militares para poner el foco en el día a día de una sociedad en plena ebullición transformadora. Con esta idea hemos elaborado un libro estructurado en ocho capítulos y que constituye un nuevo volumen de la colección Historia de la prestigiosa Editorial Universidad de Sevilla. No se abordan todos los temas que podrían haber sido escogidos –habría sido empresa inabarcable–, pero sí algunos de los más significativos y que, sin duda, nos ayudan a reconstruir la cotidianeidad de un período tan relevante para conocer nuestra realidad medieval.

Para ello, no podíamos contar con mejor prólogo que el capítulo confeccionado por el profesor García de Cortázar quien, con la estimulante maestría a la que nos tiene acostumbrados, nos presenta un cuadro general e interpretativo del tema basado en el argumento teórico de la individuación, es decir, la caracterización cada vez mejor definida de individuos y de los colectivos en que se integran. Ese hilo argumental permite, en efecto, contemplar cómo una sociedad –en este caso la castellana– alcanza en la segunda mitad del siglo XIII cotas elevadas de autodefinición sobre la base de tres elementos clave: religión, lengua y memoria. La primera genera perfiles cada vez mejor diferenciados entre una mayoría cristiana, muy consciente de su superioridad numérica, y unas minorías, musulmana y judía, que alcanzan también niveles estimables de autoorganización. La segunda, la lengua, permite que una de las herederas del latín, el romance castellano, se vaya imponiendo de forma natural, pero también mediante el designio político, a otras lenguas, como el gallego y el vascuence, identificadoras de colectivos minoritarios. Finalmente, el tercer elemento, lo que García de Cortázar llama «memoria dinástica», es la base que genera en los individuos una conciencia de pertenencia natural, no vasallática, a un territorio definido y gobernado por un poder de origen divino. Otros factores complementarios no son menos dignos de tenerse en consideración: nacimiento de la nueva cartografía como expresión de una naturaleza objetivable, la jerarquización del espacio socialmente articulado en aldeas, villas y ciudades; las cofradías urbanas como expresión de conciencia de grupo; o la autoría frente al tradicional anonimato en las obras historiográficas o artísticas de carácter literario o material.

Situándonos ya en el terreno de lo práctico, que es en el que habitualmente se desarrolla la cotidianidad, el profesor David Gallego, en el segundo capítulo, nos presenta cómo vivía y moría la gente en este período de plenitud y de cambios, y lo hace desde la óptica del arqueólogo debidamente complementada por los registros documental e iconográfico. Bien es verdad que la amplitud temática aconseja al autor centrarse en el área de la meseta meridional castellana, un escenario particularmente significativo en lo que atañe a los procesos de evolución material tanto de viviendas como de rituales funerarios. No olvidemos que es una zona de intensa hibridación cristiano-islámica. El profesor Gallego repasa, en primer lugar, las modalidades más complejas del hábitat urbano –casas-torre de hasta nueve plantas o casas individuales o colectivas articuladas en torno a un patio–, para pasar a las más simples del ámbito rural, sin olvidar caseríos, cortijos, llecos y viviendas rupestres, de carácter estacional o permanente, pero que, en cualquier caso, garantizaban, desde su identificación con el entorno natural, un más eficaz aprovechamiento de los recursos agropecuarios y mineros. El estudio finaliza ofreciéndonos un panorama completo de los enterramientos y rituales anejos centrado en la población cristiana, y por supuesto se insiste tanto en el protagonismo de las «sagreras» o «dextros» de los templos parroquiales como cementerios habituales, así como en la «diferenciación social de la muerte» traducida en modalidades de enterramientos más o menos sofisticados y ajuares de mayor o menor entidad.

De la vida y de la muerte nos trasladamos en el capítulo tercero, de la mano del profesor David Nogales, a la comida y al vestido, un tema de particular complejidad en el que convergen hábitos culturales, condicionamientos religiosos y señas de identidad simbólica. Concretamente el reinado de Alfonso X se nos muestra en este sentido como un escaparate rico y aleccionador. Si nos fijamos en el vestido, la segunda mitad del siglo XIII constituye una suerte de gozne entre un mundo románico, que proyecta imágenes deudoras de modelos clásicos y de impronta bizantina, y un nuevo mundo en que las imágenes góticas caminan poco a poco hacia lo que más adelante se llamará el «modelo borgoñón». Y lo mismo puede indicarse con respecto a la alimentación: los usos tradicionales y sencillos de cocción y el recurso omnipresente de grasas animales, van dando paso a hábitos de consumo más sofisticados con gran protagonismo de la condimentación y un creciente gusto por lo dulce a partir de la utilización, por supuesto de la miel, pero también del azúcar de caña. Tanto en un ámbito como en otro, la diferenciación social y el repunte suntuario son notas características de un momento expansivo pero tocado ya por alarmantes señales de crisis. En cualquier caso, está claro que estos hábitos de consumo tendentes a la sofisticación no eran del dominio común. Es obvio que los sectores populares no podían participar de ellos, aunque, eso sí, afectara a todos el vivir bajo el influjo específico de una climatología mediterránea en que el olivo, el trigo y la vid se erigieron en protagonistas, y en un ámbito sociocultural donde el influjo andalusí fue intenso tanto en vestidos como en alimentos.

En el capítulo cuarto el profesor Jaume Aurell nos habla de ritos y ceremonias que no dejan de ser, en principio, expresión de cotidianidad, aunque ciertamente una cotidianidad muy formalizada. Una vez más nos encontramos con un tema complejo e inabarcable en un número limitado de páginas. Por ello, el autor ha optado por fijarse en un solo rito ceremonial, el del acceso al trono. No es realmente un rito del día a día, pero su proyección social y el impacto popular del mismo justifican que nos detengamos en él. El profesor Aurell nos presenta un amplio panorama temporal que permite hacer el seguimiento de tan sofisticado ceremonial político y situar en él el acceso al trono de Alfonso X. El arco cronológico elegido tiene su raíz en la unción del rey visigodo Wamba en 672 y alcanza su final en la autocoronación de Alfonso XI de 1332. En este largo proceso la ceremonia que dio paso al reinado de Alfonso X se identifica con una discreta fórmula de «elevación», ajena a ficción historiográfica que lo presentaba autocoronándose, una ficción que pergeñó a comienzos del siglo XVIII el Marqués de Mondéjar y que asumió acríticamente Ballesteros-Beretta a mediados del pasado siglo.

Volvemos al estricto ámbito de la cotidianidad con las fiestas y los juegos de los que nos habla el profesor Martín Cea en el capítulo quinto. Su reflexión inicial, que sirve para enmarcar el completo análisis que sigue, alude al sentido positivo que Alfonso X concedía a la fiesta y el juego tanto en la obra específica que concretamente dedica a este último –*Libro de juegos: ajedrez, tablas y dados*– como en sus disposiciones jurídicas de más amplio alcance –las *Partidas*– o, incluso, en su obra poética de las *Cantigas*. En este sentido, el profesor Martín Cea, fiel a la tipología que nos ofrece el propio Alfonso X en *Las Partidas* va desarrollando las tres modalidades de fiesta que cabe documentar en aquel momento. En primer lugar, las religiosas, en torno a un centenar a lo largo del año en cuyo transcurso se paralizaba toda actividad laboral; en aquel momento ya, y cada vez con más insistencia, se asociaban a un creciente y popular movimiento devocional en forma de «romerías» o peregrinaciones locales. En segundo lugar, las fiestas oficiales vinculadas a la realeza, incluyendo las «entradas reales», de desarrollo aún incipiente, pero ya fácilmente constatables durante el reinado de Alfonso X. Y finalmente las fiestas y celebraciones populares –«ferias» en la terminología de *Las Partidas*–, en la que no estaban ausentes ni «mayas» ni corridas de toros. El autor finaliza con una detallada e interesante muestra de juegos practicados en el marco de las fiestas cortesanas –juegos de cañas– o en las de carácter más popular –carreras de la sortija o juego de pelota–, sin olvidar aquellos otros que, más sofisticados como el ajedrez –con una muestra de un centenar de posiciones en el *Libro de los juegos*– eran practicados en ámbito doméstico.

El capítulo sexto está dedicado a la vida universitaria y a la vida cotidiana de los maestros y estudiantes que la integraban. No fueron muchas las universidades existentes en la Castilla de la época –más allá de la de Salamanca–, y nos ha parecido adecuado, junto al autor del capítulo, el profesor Alejandro Rodríguez de la Peña, echar una mirada al entorno europeo de las grandes universidades inglesas, italianas y francesas, que nos permita algún ejercicio de comparación. Es precisamente en este momento, el de los años del reinado de Alfonso X, cuando las antiguas escuelas y estudios generales activos desde la centuria anterior se convierten en universidades propiamente dichas al abrigo del crecimiento de las ciudades y sus corporaciones urbanas. El profesor Rodríguez de la Peña nos ofrece un vívido recorrido por las características, planes de estudio, mecanismos de relación personal entre maestros y estudiantes, sus modos de vida y conflictos que, por colisión de intereses, podían surgir entre ellos, y más aún con las entidades de poder con las que compartían suelo urbano. No olvidemos que las universidades, desde su inicio mismo, hacían gala de su vocación laical, pese a estar organizadas en torno a unos intelectuales –maestros y escolares– que constituían un colectivo privilegiado por su estatus clerical, un estatus que les hacía inmunes frente a los tribunales civiles.

Pero, si hablamos de cotidianidad en la sociedad y tiempo de Alfonso X, no podía faltar una mirada a los grupos confesionales minoritarios de musulmanes y judíos, a su consideración jurídica y al trato que con ellos mantenían los cristianos. Estos aspectos constituyen el objeto del capítulo séptimo a cargo de la profesora Isabel Montes Romero-Camacho. La autora centra su atención en el área sevillana, por muchos motivos especialmente relevante. Con respecto a los musulmanes hay que partir de la relativa importancia de su permanencia en la ciudad, a raíz de la conquista, y, sobre todo, de su enraizamiento en el entono rural de Sevilla donde se documentan hasta veinte aljamas, al menos hasta la sublevación de 1264. También en aquellos años previos a la crisis de 1264, la propia Sevilla se convirtió por impulso regio en receptora de sabios musulmanes que acudieron a los «Estudios Generales de Latín y Árabe», institución creada por el monarca. Una muestra, esta última, de lo que la profesora Montes califica como «maurofilia cultural» del rey Sabio, en modo alguno incompatible con una política general de restricciones y presión sobre la población mudéjar que provocaría el estallido de 1264. A raíz de este último, los musulmanes, refugiados tras la frontera granadina, redujeron drásticamente su número en tierras sevillanas. Por otra parte, la comunidad judía no parece que tuviera presencia en Sevilla y su territorio con anterioridad a la conquista de 1248. Probablemente estemos ante una reinstalación de exiliados por la presión almohade que regresaban a su antiguo hábitat. En cualquier caso, constituyeron la segunda judería en importancia del reino tras la de Toledo, y de entre sus miembros hubo importantes colaboradores de la monarquía como Salomón ibn Zadok de Toledo, el famoso *don Çulemán.*

En el presente volumen hemos intentado reunir contribuciones que nos ayuden a entender en qué medida una sociedad concreta, la castellana de la época de Alfonso X, fue capaz de desplegar sus actividades y organizar su propia existencia en un transcurrir del tiempo, no necesariamente condicionado por políticas pautadas desde el poder. Lo que no conocemos, sin embargo, es cómo era concebido por la masa de población ese discurrir del tiempo, ni hasta qué punto condicionaba esa concepción, si es que lo hacía, su propia existencia. A esta cuestión hemos querido dedicar el último capítulo del volumen. En él, el profesor Miguel Ángel Ladero Quesada nos ofrece una respuesta al problema desde la óptica intelectual de los escogidos colaboradores de Alfonso el Sabio y, en consecuencia, probablemente de él mismo, incansable supervisor de la ingente obra que fue capaz de patrocinar. Para ello el profesor Ladero ha centrado su atención en la *General Estoria,* un ambiciosísimo proyecto historiográfico, no concluido, pero en el que el rey Alfonso nos dejó, como pocas veces hizo, su propia visión del pasado y, en cierto modo, también de su presente. La obra, que no alcanza a historiar el nacimiento de Cristo, utiliza el armazón de la Biblia para organizar su despliegue temporal, pero acude también, y este es un rasgo de originalidad y audacia, a tradiciones paganas de impreciso origen que a veces se añaden secuencialmente a las veterotestamentarias y en ocasiones se combinan con ellas, o se intentan combinar, hasta donde es posible. Pues bien, en este complejo entramado el taller historiográfico alfonsí nos presenta una renovada concepción del tiempo basada en la idea de progreso. No es algo del todo nuevo, pero sí bastante excepcional, y único en su modo de presentación hasta el momento, y no hay que decir, por otra parte, que anticipaba modernas perspectivas, habituales ya en siglos posteriores. Lo interesante es que el Rey Sabio y sus colaboradores nos presentan, ilustrando así esa idea, todo un despliegue de capacidades humanas que de manera progresiva nos van informando de cómo nacen técnicas y saberes prácticos, estructuras y diferencias sociales e, incluso, y quizá sobre todo, creencias y prácticas religiosas. El origen y evolución de todo lo que atañe al hombre, sus actividades y vivencias, lo que en cada momento constituye la cotidianidad, nos es descrito por el círculo pensante del rey Alfonso como el fruto de un providencial progreso del que él se sintió legítimo receptor.

CARLOS DE AYALA MARTÍNEZ
JAVIER E. JIMÉNEZ LÓPEZ DE EGUILETA
RAFAEL SÁNCHEZ SAUS

PRESUPUESTOS CULTURALES DE LA VIDA COTIDIANA EN LA CASTILLA DEL SIGLO XIII: UN PROCESO DE INDIVIDUACIÓN

José Ángel García de Cortázar
Universidad de Cantabria

Introducción

El objeto de esta contribución es presentar lo que, a mi juicio, pudieron ser elementos que estuvieron en la base de la vida cotidiana de una sociedad determinada, la del reino/corona de Castilla en el siglo XIII, con la intención de que su consideración sirva como una especie de pórtico a los sucesivos capítulos de los demás autores a quienes corresponderá desarrollar los variados aspectos concretos de aquella vida cotidiana. Dentro de ellos, cabe incluir tanto los que se refieren a las condiciones y manifestaciones de su vida material y social como los que se relacionan con las expresiones de su vida intelectual. En mi planteamiento parto de la presunción de la existencia en aquel espacio y tiempo de un sistema social en que los actores individuales (el conjunto de la población del reino) compartían los rasgos de un sistema cultural concreto que orientaba sus acciones en una determinada dirección y les atribuía unos valores precisos. Esta formulación no rehúye la constatación de que, junto a la mayoría de la población, adscrita a convicciones y tradiciones de raíz cristiana, existieron dos minorías, la judía y la musulmana, respecto a las cuales la mayoría fijaba el lugar que ocupaban en su cosmovisión y, en consecuencia, el tipo de relaciones que caracterizaba su convivencia. De las tres comunidades, la protagonista de mi exposición será la cristiana y el hilo argumental conductor de mis reflexiones será asumir que, en la Castilla del siglo XIII, como en el conjunto de la Cristiandad latina o Europa, se vivió un proceso de individuación.

Por proceso de individuación entiendo el conjunto de los progresos habidos a lo largo de la historia en la toma de conciencia personal por parte de una sociedad o un individuo respecto al mundo de los objetos, tanto a los sociales como a los físicos y los culturales. Esto es, tanto respecto a otras personas individuales o colectivas como respecto a las formas en que resolvían sus necesidades básicas o aceptaban un conjunto concreto de ideas, creencias y valores. Lo característico de ese proceso es que cada individuo o conjunto de ellos, amparado inicialmente en el vigor de los lazos endógenos, va abandonando una situación caracterizada por la indiferenciación respecto a su entorno natural o social y transita hacia otra en que los perfiles de los componentes de su universo, sea la naturaleza, la religión, las expresiones culturales, las formas de poblamiento, la escala social, las ocupaciones laborales, etc. adquieren perfiles más definidos y diferentes, más distinguibles, y, por ello, se convierten en objetos más fáciles de observar desde fuera y, en consecuencia, de ser estudiados, admitidos o rechazados. En cierto modo, podemos decir que, a la macroescala de la historia, el proceso se asienta en la disminución progresiva de una situación previa de encapsulamiento, físico, social, cultural, y en el crecimiento paralelo de una autonomía personal.

La elección de la individuación como hilo argumental de mi exposición acepta, de un lado, la existencia de un lento proceso de cambio en el sistema social configurado en el reino de Castilla en el siglo XIII y, a la vez, la dificultad de captarlo en su totalidad mientras asume que resulta más factible detectar síntomas de procesos particulares de cambio dentro del conjunto del sistema, lo que, de ser correcto, deberá verse en cada una de las colaboraciones a las que ésta sirve de prólogo. Esta limitación relativa deriva del hecho de que el siglo XIII resulta un intervalo temporal demasiado corto como para que pueda evidenciarse con claridad la posible diferencia entre los rasgos globales del hito inicial y los del hito terminal, únicas referencias que permitirían aseverar la existencia o no de un cambio entre uno y otro. El hecho de que la historiografía no ha considerado que, dentro de los cien años del siglo XIII, existieron síntomas relevantes de un cambio del sistema social obliga a reconocer la inercia del mismo dentro de la cual sólo la acumulación de síntomas parciales puede acreditar la vigencia, siquiera limitada, de un proceso de cambio. Sobre esa base conceptual, y aun a riesgo de exagerar *pro domo mea aut nostra* (de los restantes autores) el valor de los síntomas de individuación, he considerado que la suma de ellos, en cuanto que afectan a subprocesos particulares constatables efectivamente dentro del sistema social, autoriza a sostener aun con prudencia la idea general de una individuación progresiva.

1. Las bases nucleares de sustentación de la individuación: religión, lengua, memoria dinástica

El proceso de individuación que atribuimos a la sociedad castellana del siglo XIII tuvo sus cimientos en la adopción y la vivencia combinadas de tres elementos, la religión, la lengua y lo que podríamos llamar memoria dinástica.

1.1. La religión como factor individualizador

El primer factor de particularización cultural y, por tanto, social, fue, sin duda, la religión en cuanto que fue ésta la que proporcionó las propuestas más significativas o las exigencias más determinantes de un sistema global de valores, sin cuyo respeto absoluto y vinculante toda colectividad tiende a disolverse. En el caso que nos ocupa, la religión fue el motor de individuación de tres conjuntos sociales: el de la mayoría cristiana y el de las minorías judía y mudéjar y entendemos que fue la respectiva internalización de las pautas religiosas la que constituyó el elemento sustantivo de la identidad sociocultural de los habitantes del reino. Aun contando con el hecho de la radical desproporción demográfica, dentro del reino de Castilla, entre los creyentes de cristianismo, judaísmo e islamismo a favor de los primeros, es evidente que, como es constante histórica, las subdivisiones étnico-religiosas dentro de una sociedad, al certificar la existencia de grupos que no están en armonía con las pautas estructurales derivadas de la religión dominante, propenden a crear tensiones. Lógicamente, esas tensiones se alimentan y crecen al compás de los progresos de individuación que se desarrollan dentro de cada uno de los conjuntos de creyentes de las tres religiones que, en su interactuación, tienden inevitablemente a adoptar posiciones cada vez más radicales.

En el caso de la Castilla del siglo XIII, fue evidente, como sucedió en el conjunto de la Cristiandad latina, un proceso de individuación radical de los postulados religiosos en el sentido y con los objetivos con que los diseñó el papa Inocencio III (1198-1216) y quedaron fijados por siglos en el concilio IV de Letrán (1215). Aunque la acogida de aquellos postulados sólo tuvo de momento una muy relativa aceptación, como los sucesivos nuncios papales tuvieron ocasión de comprobar en Castilla en los decenios siguientes a la reunión conciliar, el hecho es que como horizonte mental, como pauta cultural, proponían una diferenciación más radical que antes de la doctrina y la práctica cristianas respecto a las de judíos y musulmanes. Las propias disposiciones de Letrán, imponiendo señales exteriores distintivas a los primeros y animando los resortes de la guerra santa contra los segundos, sólo tres años después de la victoria de Las Navas de Tolosa, estimulaban a los católicos castellanos a separarse cuidadosamente de sus vecinos de otras religiones promoviendo así cotas más altas de individuación.

Por su parte, la conciencia de identidad de los miembros de las dos minorías podía ser más o menos intensa dependiendo, desde luego, de la presión de sus convecinos católicos pero también de su densidad demográfica en los respectivos lugares de residencia. Podría decirse, en efecto, que, para la mayoría cristiana, las unidades familiares judías o mudéjares individuales apenas resultaban disfuncionales para la estructura social mientras que sí lo eran cuando aquéllas se cobijaban bajo una solidaridad comunitaria estimulada por su concentración en juderías o morerías. Particularmente, y sin necesidad de evocar la revuelta mudéjar de 1264, fue en estos casos cuando la minoría étnica o religiosa servía de cabeza de turco para pagar, incluso con sangre, los males que afectaban a la mayoría católica del reino. Por debajo de las expresiones todavía esporádicas de cruel hostilidad respecto a las dos minorías, lo que resultó cada vez más evidente a lo largo del siglo XIII fue que, mientras la cultura cristiana, a escala general de Europa, protagonizaba una progresiva articulación que concluiría en una plena integración, las culturas judía y morisca tendían paralelamente hacia una clara desarticulación.

De lo dicho hasta aquí es fácil deducir que, en el contexto de la sociedad castellana del siglo XIII, la religión católica dominante constituía, desde el punto de vista cultural, un verdadero sistema de símbolos pautados que, convertido en código de comportamiento, afectaba a (y había sido asumido por) los individuos componentes de la población tanto como por las instituciones hasta el punto de que unos y otras vivían en una permanente e indiferenciada intersección de competencias que hoy distinguiríamos entre civiles (o estatales) y religiosas. Un delito era a la vez un pecado y, a la inversa, a petición de las autoridades eclesiásticas, ciertos pecados podían ser castigados como delitos por la autoridad secular. La religión constituía así la parte más significativa de una tradición cultural concreta ya que afectaba, más aún, que venía nada menos que a definir el universo de las creencias existenciales. Esto es, por un lado, desde el dogma, proporcionaba respuestas a los grandes interrogantes (¿de dónde venimos?; ¿a dónde vamos?; ¿cómo podemos salvarnos?) pero, por otro, desde la moral, proponía pautas de comportamiento y, por tanto, de valoración de las conductas de cada individuo respecto a otros, respecto a las instituciones seculares y eclesiásticas e incluso respecto a los propios objetos, tanto los naturales (propiedades que se atribuían a fuentes, árboles, piedras) como los culturales producidos en forma de filosofía, literatura y arte. Todo ello caía en el ámbito de responsabilidad de la Iglesia, único intérprete autorizado de la voluntad de Dios y de sus designios de ordenación de la sociedad.

En esta ordenación, y concretamente en lo que se refiere a su impronta en la vida cotidiana, la memoria formaba parte sustantiva del desarrollo de las pautas orientadas por la religión. Lo hacía anualmente a través de la evocación de los cimientos de la propia religión con la secuencia litúrgica (Adviento, Navidad, Cuaresma, Pascua, Pentecostés) que recordaba la existencia terrenal de Cristo y lo hacía a través de la reiteración anual del recuerdo de determinados santos (principalmente, la Virgen María, los apóstoles y los mártires) o la pura secuencia semanal marcada por el descanso dominical y la obligada asistencia a misa. Un santoral que se distribuía a lo largo de los doce meses del año, al vincular nombres santos y tareas, servía para evocar y bendecir el ritmo de la naturaleza y las actividades del mundo agrario, pero también el de las obligaciones fiscales de los *laboratores*. Sobre esa base eclesiástica que vinculaba labores y estímulos devocionales se construyó el calendario de la Cristiandad latina y, por tanto, del reino de Castilla. Del año al mes, del mes a la semana y de la semana al día, todo el ritmo vital de la sociedad venía recubierto por la religión.

Por debajo de la aceptación de un calendario, cristiano, la sociedad castellana desarrolló una vida cotidiana en que la religión continuó siendo el marcador decisivo. En ese aspecto, más que los «mandamientos de la ley de Dios» fueron los que luego se consagrarían como «mandamientos de la santa madre Iglesia» y sus sacramentos los que tuvieron una importancia decisiva, realzada por el hecho de que su cumplimiento o ausencia de él podía ser fiscalizado socialmente por la comunidad. De esos mandamientos, el primero, «oír misa entera los domingos y fiestas de guardar», constituyó uno de los principios básicos de ordenación del ritmo de la vida de la población castellana. La asistencia a misa y el descanso dominical, con ausencia de toda obra servil, marcaban el ritmo semanal de villas y aldeas, cuyos habitantes, además de los domingos, disponían al año de otros cuarenta o cincuenta días de fiestas de guardar en los que se evocaba la vida y milagros de distintos santos y se obligaba a la población a cumplir casi las mismas normas que las prescritas para los domingos. En todos los casos, el toque de campanas marcaba «el tiempo de la Iglesia» y éste, pese a empezar a tener que admitir en el siglo XIII la aparición de un «tiempo del mercader», seguirá siendo, aun por siglos, protagonista a la hora de señalar los ritmos de una sociedad predominantemente rural.

El segundo mandamiento, «confesar a lo menos una vez al año…», y el tercero, «comulgar por Pascua florida», combinaban sus exigencias, fortalecidas por el canon 21 (*Utriusque sexus*) del concilio IV de Letrán de 1215, para obligar a los fieles a rendir cuentas de su vida durante el año ante «su propio sacerdote». Ello aseguraba en manos de los párrocos el control de los parroquianos en un ejercicio que se completó más tarde cuando se impuso a los primeros la obligación de llevar un cuaderno en que anotar el cumplimiento parroquial de las dos exigencias de confesar y comulgar en una fecha precisa, la del final de la Cuaresma.

El cuarto mandamiento, «abstenerse de carne y ayunar según y cuando…», suponía la intervención de la Iglesia en el régimen alimenticio de los castellanos y, a la vez, venía a incidir en sus ritmos vitales en tanto en cuanto que dichas obligaciones estaban fijadas con rigor en el calendario anual e incluso semanal. El cumplimiento de ese mandamiento, junto al sacrificio que suponía el ayuno, estimulaba el consumo de pescado, conseguido bien en los alrededores de cada núcleo de población o bien, con el tiempo, en un comercio de media o larga distancia, como había señalado ya hacía dos siglos el fuero de León. Ello animaba a la vez el trajín de los arrieros y la plantación de cítricos en las villas portuarias de Galicia y la fachada cantábrica para obtener el limón que, aplicado al pescado, limitaría en lo posible su podredumbre en su largo viaje hacia el interior del reino de Castilla. Más allá del ámbito de la dieta alimenticia, la Iglesia también trató de imponer su norma de ayuno y abstinencia al de las relaciones sexuales y, para ello, fijó los numerosos días y hasta períodos del año en que un matrimonio cristiano debería observar aquélla.

Por fin, el quinto mandamiento, «pagar diezmos y primicias a…», que ya tenía acomodo en una de las especificaciones del séptimo (No robar) de los de «la ley de Dios», iba a tener una traducción económica de importancia decisiva al constituirse en el ingreso más relevante de la Iglesia a lo largo de la historia. Síntoma del interés de aquélla por la recaudación de diezmos y primicias fue la abundantísima y minuciosísima legislación, tanto eclesiástica como civil, que puebla las actas de las reuniones de los sínodos diocesanos y las cortes del reino, que preveían para los infractores de la norma graves penas. Así, a la excomunión prevista con generosidad en los textos sinodales se añadirían importantes sanciones «civiles», desde el momento en que, en virtud de la cesión a mediados del siglo XIII de los 2/9 del diezmo a la monarquía, las llamadas tercias reales, los reyes tuvieron particular interés en asegurar que sus súbditos pagaran diezmos y primicias a la Iglesia.

Aunque con menor proyección en el ritmo de la vida cotidiana que sus mandamientos, los sacramentos de la Iglesia contribuían también a fortalecer entre la población castellana los sentimientos de pertenencia. En especial, lo hacían el bautismo y el matrimonio, que, a efectos de repercusión social, se completaba con la de los rituales funerarios. En efecto, la Iglesia fue imponiendo la sacralización de los ritos de paso de la comunidad cristiana lo que dejaba a ésta bajo el riguroso control de aquélla. Así lo hizo, primero, con el bautismo, que consagró una antroponimia que, desde comienzos del siglo XII, aparecía ya decididamente cristianizada; luego, con la toma de estado entre los laicos, el matrimonio, a través del cual la Iglesia aspiró a controlar la moral sexual y a fomentar la exogamia frente al riesgo de incesto, frecuentemente denunciado con intención política; y, finalmente, con la extremaunción o, con mayor peso social, con las prácticas piadosas que acompañaban la muerte de los fieles. Conforme va calando en la Cristiandad la doctrina de la existencia de un purgatorio, los fieles multiplicaban sus oraciones y, fundamentalmente, las misas por las almas de los difuntos. En los tres casos (bautismo, matrimonio, ritos funerarios), cada comunidad local aprovechaba esas ocasiones para exhibir sus vínculos y marcar con sus ritos el ritmo de la vida individual inserto en el de la colectividad. Era, precisamente, en el ejercicio público de los más variados actos cultuales y en las ceremonias de tipo ritual en que se expresaba más la devoción que la fe de cada fiel cuando la impronta de la religión en la vida cotidiana alcanzaba sus más expresivas cotas.

1.2. La lengua como factor individualizador

Tras la religión en manos de una Iglesia que, con la amenaza de la excomunión, aspiraba a controlar el destino eterno de cada fiel, la segunda base nuclear de sustentación de la individuación de la sociedad del reino de Castilla fue la lengua. En este caso, no se trataba de diferenciar a una población religiosamente cristiana de otra judía o mudéjar sino de individualizar a unos grupos de hablantes que se expresaban en romance castellano respecto a los que lo hacían en gallego o en vascuence y, aun dentro de los primeros, que constituían la mayoría social, a distintos grupos de hablantes de diversas variantes del mismo idioma. Esa individuación se había producido a partir de la original lengua latina hablada en la parte occidental del antiguo Imperio romano y los primeros pasos de ese proceso lo han ido adelantando los especialistas hasta el período visigodo. Así, entre el siglo VI y el XIII, por debajo de una escritura que sigue utilizando el latín, va abriéndose paso con carácter cada vez más enérgico el romance en que, desde el siglo X, por lo menos, se relaciona oralmente una mayoría de la población de los reinos de León y Castilla mientras en su periferia noroccidental se abre paso el gallego y en la nororiental pervive el vascuence en sus distintas variedades. Un factor de individuación social decisivo, la lengua, ha hecho aparición en la alta Edad Media.

Por su mayor incidencia demográfica y, desde el siglo XIII, administrativa y política, sigamos la pista del romance castellano como elemento singular de individuación del reino. En este sentido cabe recordar que, aproximadamente, entre los siglos IX y principios del XIII, los escribanos monacales o catedralicios, que han dejado abundantísimos testimonios de su manejo de un latín macarrónico en sus escritos, lo hacían, según los especialistas, simplemente para dar mayor solemnidad a sus textos y distinguirse de sus convecinos pese a que hacía tiempo ya pensaban y hablaban en romance. La novedad, decisiva novedad, del siglo XIII, fue que, por primera vez, se empezaron a acallar las voces de los viejos vocablos latinos para poner por escrito la letra de las nuevas palabras romances. Como nos recuerda Paul Zumthor, ello supuso el tránsito de una oralidad primaria, propia de sociedades que viven completamente al margen de la escritura, a una oralidad secundaria que procede ya de una cultura erudita y se constituye a partir de la escritura dentro de un entorno en que ésta tiende a debilitar los valores de la voz en el uso y en el imaginario. Según aquel autor, dadas estas circunstancias, resulta obligado evitar una presentación de los mundos de la oralidad y la escritura en términos de aguda dicotomía. Más bien, podría decirse que lo característico del nuevo mester de clerecía, artífice de la creación de la lengua literaria castellana, sería la intercomunicación oral-escrito, de modo que su cuaderna vía sería el instrumento que se encargara de transmitir técnicamente de forma oral un mensaje escrito.

Si, como poéticamente nos enseñó Luis Rosales, «cada vez que se dice por primera vez una palabra, se ensancha el mundo conocido pero también se interioriza», justo es reconocer que esos efectos se dieron con mayor propiedad en las palabras inventadas por aquellos hombres que, en la primera mitad del siglo XIII, a través de la poesía épica y la poesía lírica y la prosa administrativa fundacionales de nuestra literatura, pusieron el idioma de Castilla en el camino de convertirse en una lengua estándar. Y lo hicieron mediante la realización de una doble tarea. De un lado, tuvieron que trasladar sus textos, esto es, unas estructuras lingüísticas y significantes, del mundo de la oralidad al de la textualidad; y, de otro lado, tuvieron que atribuir signos gráficos a los sonidos específicamente románicos de los términos no latinos. Tal fue la empresa conducida, por una parte, por los autores del *Cantar de Mío Cid* (año 1207), el *Libro de Alexandre* (ca. 1220-1225), el *Libro de Apolonio* (ca. 1235-1240), el *Poema de Fernán González* (ca. 1255) y por el primer poeta castellano de nombre conocido, Gonzalo de Berceo, que debió vivir entre 1197 y 1260, y, por otra parte, por la propia cancillería real, que, desde 1230, con la unión de los reinos de León y Castilla en la persona de Fernando III, escogió definitivamente el castellano como modalidad romance preferida.

Esta decisión no partía de la nada. De hecho, fue consecuencia del desarrollo que en algunas catedrales y monasterios castellanos había experimentado ya desde tiempo atrás la representación gráfica de la lengua hablada. A partir de una situación lingüística detectada ya a finales del siglo XII en algunas diócesis como Osma y Palencia, en el siguiente se fue difundiendo desde Castilla hacia León el nuevo paradigma; no en vano Fernando III fue antes rey castellano (1217) que leonés (1230) y no en vano Castilla constituía un territorio de mayor peso económico y demográfico que León. Se cumplía así el principio de que, en los procesos de estandarización de una variedad lingüística, la seleccionada sea la propia del grupo de hablantes más influyente de un territorio dado. De esa forma, a partir de 1230, aunque el leonés pudo hacerse visible en documentos privados y locales, su ausencia en los contextos oficiales (todos los documentos romances de Fernando III están en castellano) resultó determinante para evitar la posibilidad de su estandarización.

En definitiva, la primera mitad del siglo XIII fue testigo en el reino de Castilla de la aparición de una escritura culta en romance donde las viejas voces latinas fueron codificadas de forma estricta y, pese a los inevitables titubeos del comienzo, pronto uniforme. En ese proceso de afirmación e individuación de la lengua castellana, fue el poder de la autoridad política en forma de cancillería de Fernando III y, decisivamente, de Alfonso X, el que proporcionó el impulso definitivo al idioma. Ello quiere decir que si correspondió al reinado del padre la selección de la variedad lingüística que será la base de la lengua estándar, correspondería al del hijo la capacitación de la variedad seleccionada, esto es, su utilización en todos los ámbitos funcionales posibles como demostraron las obras escritas en el taller alfonsí que se ocuparon lo mismo de historia que de juegos, de derecho que de astrología.

Al hacerlo así, fueron asegurando la codificación de los empleos lingüísticos de la variedad escogida. A partir de aquel momento, los escribanos poco versados en latinidad tuvieron la oportunidad de servirse de su propia lengua hablada en la escritura. Mientras tanto, la Iglesia, que poseía una percepción muy diferente del sentido y el valor de la lengua latina y, a la vez, recursos humanos para seguir redactando en ella, se resistió a la adopción del romance. En este sentido, el paso del latín al romance constituiría otro de los síntomas del proceso de secularización de la sociedad. Para mi particular argumento en estas páginas, sería también, como veremos más adelante, otro de los ejemplos de individuación cultural al propiciar diferencias entre lo culto y lo popular, entre lo sacro y lo profano.

1.3. La memoria dinástica como factor individualizador

La tercera base nuclear de sustentación de la individuación del reino de Castilla nos remite al ámbito de lo que, en términos actuales, podríamos considerar el espacio político, entonces, el reino «englobador» de señoríos. Sería algo así como su memoria (histórica) y que, para el siglo XIII, puede resultar más exacto denominar memoria dinástica. Por tal propongo que se entienda la transmisión dentro de una sociedad de la conciencia de pertenencia a un territorio a cuyo frente, y por encima de los señores más inmediatos, se reconoce que se encuentra un monarca que lo es por el hecho de constituir un eslabón en una cadena genealógica a la que se atribuye una *auctoritas* sancionada por la propia voluntad divina. En su traducción socioespacial, las dimensiones de aquel territorio podían verse alteradas por los acontecimientos y fue precisamente el siglo XIII el que tuvo ocasión de contemplar la decisiva ampliación del reino de Castilla. En efecto, en aquella centuria, pasó de ser un espacio comprendido de norte a sur entre el mar Cantábrico y el río Tajo y de oeste a este entre el río Pisuerga y la vía de la Plata y los macizos de la cordillera Ibérica a ser un espacio engrandecido hacia el oeste hasta el Atlántico gallego y la frontera de Portugal y hacia el sur hasta el valle del Guadalquivir. A partir de 1230 y, en especial, de 1264, los habitantes de aquel extenso territorio participaron en una concreta memoria dinástica, la misma que, entre 1157 y 1230, había sido patrimonio exclusivo de un reino de Castilla mucho menos extenso.

Esa memoria se articulaba en la práctica cotidiana a través de la conciencia de pertenencia a un espacio social, a un territorio. Éste podía ser percibido y vivido en distintas escalas: desde la microescala propia de la comunidad local, que conservaba, a través de la microtoponimia, la memoria de los elementos materiales y simbólicos constitutivos de su terruño, hasta la macroescala correspondiente a un reino, gobernado o dirigido por un rey. Es este ámbito espacial al que ahora me refiero más concretamente, dentro del cual, según pretensión de Alfonso X, asimilador entusiasta de la doble recepción (filosofía aristotélica; derecho romano), el rey era «el emperador en su reino». Dentro de ese reino, de ese territorio «que en latín llaman patria», el antiguo vínculo personal que unía vasallo y monarca estaba siendo relegado o, al menos, progresivamente doblado por otro de naturaleza, que fijaba las relaciones entre monarca y súbditos a través de un vínculo de carácter territorial. Se era «natural» de un espacio político por el hecho de haber nacido en él y ello mismo era la razón del vínculo establecido con el monarca. En un proceso dialéctico que tenía sus cimientos en aquella doble recepción, el siglo XIII fue testigo del comienzo de dos procesos de prolongadas consecuencias. Mientras, de un lado, la autoridad real iba fijando dentro de cada reino su carácter de suprema instancia política, de otro, el propio reino iba confirmando su estatus de comunidad jurídica y territorial.

Precisamente, en el siglo XIII y a la escala del reino de Castilla, esa memoria estaba siendo construida por historiadores y por poetas. Los historiadores, de nombre conocido, fueron cuatro: Juan de Osma, Lucas de Tuy, Rodrigo Jiménez de Rada y Alfonso X. Los tres primeros escribieron en latín; el cuarto lo hizo en castellano. Los poetas, anónimos, fueron a los efectos de crear memoria, sobre todo, dos autores a los que debemos respectivamente el *Cantar de mío Cid* y el *Poema de Fernán González*, los dos primeros poemas épicos escritos en la nueva lengua. De estos seis constructores de memoria, uno, Lucas de Tuy, mostró sus simpatías, en el fondo, su sentimiento de pertenencia, respecto al antiguo reino leonés; los otros cinco hicieron lo mismo en relación con el castellano.

Al margen de potenciar deliberadamente el conocimiento del pasado como memoria específica de una colectividad, la escritura historiográfica de los cuatro autores suministró otro rasgo mayor de los progresos de la individuación personal en el siglo XIII y fue su renuncia al anonimato. Salvo Juan de Osma, canciller de Fernando III, que no lo expresa, los otros tres historiadores abandonaron el anonimato que había caracterizado hasta entonces a los anteriores constructores de memoria y lo hicieron para dejar constancia de autoría. Atrás quedó la ignorancia del nombre de los creadores de obras como *Historia Silense*, *Chronica Adefonsi imperatoris*, *Crónica najerense* y se impuso el conocimiento de la identidad de los cronistas del siglo XIII, fueran Lucas de Tuy, Rodrigo Jiménez de Rada o el propio rey Alfonso X. Los tres no tuvieron inconveniente en incorporar a su relato algunos temas poéticos y juglarescos, más o menos legendarios, que reforzaran la memoria de la comunidad.

De los tres, fueron, sin duda, Rodrigo Jiménez de Rada (el Toledano) y Alfonso X los que mostraron una mayor convicción en que sus respectivas obras podían servir para recordar las glorias de un pasado común, que, pese a incluir en el título de sus trabajos el vocablo «España», se referían prioritariamente al reino castellano. Dicho pasado se articulaba según una línea argumental que, evocando los orígenes bíblicos y recordando los precedentes romanos, fijaba propiamente su origen en los visigodos en cuanto forjadores de la unidad de España. Tras la exaltación de dicha unidad, el relato seguía un recorrido de inevitables altibajos, de victorias y derrotas, que los autores justificaban como resultado respectivo del premio o el castigo dispensados en cada caso por la providencia según los méritos morales de sus protagonistas regios y su pueblo. Para concluir, aquella línea argumental historiográfica se elevaba al final con rotundidad con la victoria («sólo de españoles») en la batalla de Las Navas de Tolosa y en las primeras conquistas de Fernando III.

Las obras de los historiadores venían a reconstruir la línea genealógica que, a través de la sucesión de los reyes, vinculaba el presente, particularmente del reino de Castilla, con un pasado que contenía el lejano (y genésico) momento de la unidad visigótica que se reivindicaba como un bien político superior. Al plantearlo de esa forma, los historiadores contribuían a fortalecer la conciencia colectiva de una comunidad concreta a la que se animaba a conocer los hechos de sus antecesores y, a través de ello, se le suministraban argumentos que sostenían su identidad individual. Lógicamente, los destinatarios directos de ese deliberado esfuerzo historiográfico sólo podía ser una minoría capaz de leer y, salvo para los textos de Alfonso X, capaz de hacerlo en latín. Para el resto de la población, fueron los autores de los dos poemas, del Cid y de Fernán González, los que, a través del recitado de los juglares, suministraron a la mayoría de los castellanos los mismos elementos identitarios que los historiadores brindaban a la minoría. Con una diferencia significativa: mientras las crónicas ponían en su particular pedestal a los reyes, los poemas épicos elegían como modelos de comportamiento a dos nobles caracterizados por actitudes y conductas que incluían su antagonismo respecto a la realeza.

En cambio, a los efectos de proporcionar síntomas de individuación, española/castellana, ambos registros, el cronístico y el épico, recogieron, de las manos respectivas de Lucas de Tuy, del anónimo autor del Poema de Fernán González y del propio Alfonso X, las «laudes Hispaniae» que, ya presentes en Isidoro de Sevilla, ensalzaban la belleza y las riquezas de España. De los tres autores, el poeta se permitió incluso exhibir un sentimiento de pertenencia más concreto al proponer que «de toda Spanna, Castyella es mejor» y «aun Castiella Vyeja, al mi entendimiento, mejor es que» el resto. La individuación, en este caso, socio-territorial, daba un significativo paso adelante. En sus obras, esos guardianes/constructores de la memoria contribuyeron a recordar las acciones o los procesos que habían ido individualizando al reino castellano, facilitando a la sociedad la toma de conciencia de su pasado.

2. LAS BASES COMPLEMENTARIAS DE SUSTENTACIÓN DE LA INDIVIDUACIÓN: LA CRECIENTE DIFERENCIACIÓN DE LAS FUNCIONES SOCIALES

La religión, la lengua y la historia y su memoria aparecen como las tres bases sustantivas en el proceso de individuación de la sociedad castellana del siglo XIII pero, por debajo de ellas, se hicieron presentes por las mismas fechas otras complementarias de las que tenemos, al menos, suficientes síntomas como para pensar, primero, que fue la creciente diferenciación de las funciones sociales la que propició la aparición de nuevos estímulos de individuación y, segundo, que fue el nacimiento y la consolidación de la ciudad los que impulsaron el proceso general. Dentro de éste, es fácil detectar una serie de ámbitos en que, como factor y como consecuencia, la individuación se fue fortaleciendo. Al hacerlo, lo que había sido una primaria solidaridad difusa propia del mundo rural basada en la familia y en la comunidad aldeana se fue abriendo a otras solidaridades más precisas derivadas, unas, del ejercicio de una actividad económica semejante y, otras, de la cohabitación en un núcleo constituido sobre bases asociativas y no sólo comunitarias. Dentro de esas bases complementarias, estímulos o síntomas de individuación, encontramos las que, con mayor o menor intensidad, afectan a siete ámbitos. Sin que el orden de exposición implique el reconocimiento de una jerarquía de importancia, pasaré revista a cada uno de los siete.

2.1. La sustitución de la tradicional dicotomía mundo visible/ mundo invisible por la de natural/sobrenatural

Esta sustitución venía a sugerir la existencia de una conciencia que distinguía entre un yo personal y una naturaleza objetivable, externa, que por ello mismo podía ser estudiada, investigada, con el correspondiente incremento de los conocimientos. Una aplicación ejemplar de esta nueva actitud será el progresivo paso que dio la cartografía. Pasó ésta desde el simbolismo propio de los mapas en T, característicos de los beatos altomedievales, que transmitían la imagen de un mundo centrado en las ciudades santas de Jerusalén y Roma, a un creciente realismo en la representación, principiando por la de los accidentes físicos de las costas. La culminación de ese tránsito, sólo desde finales del siglo XIII, estará en la base de la confección de los llamados portulanos. Con ellos, y parafraseando a Le Goff, podríamos decir que en la representación cartográfica se produjo el paso del espacio de la Iglesia al espacio del mercader.

2.2. Los cambios en la organización social del espacio

Dentro de ese concepto incluyo tanto el espacio de residencia como el de producción. Por lo que se refiere al primero, el reino de Castilla del siglo XIII fue testigo de la cristalización de una jerarquía de las unidades de poblamiento que fijó por siglos los perfiles de la aldea, la villa y la ciudad. La primera como célula socioespacial fundamental del mundo rural; la segunda y la tercera como células del mundo urbano con una mayoría de funciones idénticas para villas y ciudades, garantizadas por su fuero local, y unas pocas funciones definidas por la administración eclesiástica. Ésta era la responsable de una cierta jerarquización del poblamiento al diferenciar entre la aldea, que servía de asiento a una parroquia, la villa, que podía ser cabeza de un arcedianato o un arciprestazgo, y la ciudad, que albergaba la sede episcopal con su catedral, objeto habitual de orgullo ciudadano. Por supuesto, esa distinción en tres niveles tenía menos consecuencias en el desarrollo de la vida cotidiana que las que generaba la actividad económica respectiva.

Si, en el espacio de residencia, el proceso de individuación era visible en la tricotomía indicada, el espacio de producción también se veía afectado por aquel y lo fue tanto a nivel local como regional. A escala de la localidad, la tendencia, visible ya en el siglo XIII, fue la organización del terrazgo en pagos que agrupaban parcelas de la misma dedicación agraria, bien de cereal, bien de viñedo. El nuevo esquema venía a sustituir la antigua disposición alveolar, más individual y heterogénea, de los espacios productivos y, al hacerlo, obligaba a la comunidad aldeana a ajustarse colectivamente a ritmos más estrictos. Subsidiariamente, la organización de los circuitos de la trashumancia a través de la creación del Honrado Concejo de la Mesta contribuyó en grandes zonas del reino a marcar algunos otros. Por su parte, a escala de las regiones, las Cortes, por ejemplo, las de 1258, al fijar los precios de distintos productos agrícolas y ganaderos, se encargaron de levantar acta de la existencia de una percepción espacial del reino de Castilla dividido en cinco zonas paralelas: del Cantábrico al Camino de Santiago; de éste al Duero; del río Duero al Tajo; del Tajo a Sierra Morena; y el valle del Guadalquivir. Un dato semejante, que se reiteró más tarde, sugería la existencia de una conciencia, siquiera leve, de la individualidad, al menos, económica, de cada una de aquellas franjas territoriales.

2.3. La complejización de la estructura social del reino

Un tercer ámbito de progresiva individuación se hizo especialmente visible en el siglo XIII en la propia estructura social del reino. Lo fue por obra del creciente peso del mundo urbano que se debió, en parte, a las numerosas iniciativas de repoblación y ordenación del territorio acometidas por los monarcas durante los cien años que median entre los reinados de Alfonso VIII y Alfonso X a lo largo y ancho de su reino, desde Asturias hasta el bajo Guadalquivir. De resultas de ellas, la sociedad castellana enriqueció su composición: junto a campesinos y señores, medidos en términos de su relación con la propiedad de la tierra y el control de los hombres, se fue fortaleciendo una burguesía, entendida como el conjunto de habitantes de los burgos (villas y ciudades) cada vez más numerosos aunque el vocablo «burgués» sólo se aplicó en un principio a los vecinos que residían en núcleos del camino francés a Santiago de Compostela o en los que, fuera de aquél, habían recibido un aporte poblacional franco.

De los tres escalones, *el campesinado* se caracterizaba por una vida social y productiva monótona y de escasa diversificación que llevaba aparejada una conservación estricta de las formas tradicionales de comportamiento y de pensamiento, sujetas como estaban a los ritmos de la naturaleza marcados por la sucesión de las estaciones y de los trabajos agrícolas y subrayados por una concepción cristiana del mundo. Si ésta, en muchas ocasiones, sólo había conseguido barnizar superficialmente el antiguo estrato de representaciones y creencias mágicas de toda la sociedad, la pervivencia de aquél seguía siendo especialmente potente en el mundo rural. Aquí, como mucho, sólo el ejercicio del oficio de herrero podía escapar de las imposiciones del tiempo cíclico de la naturaleza y de la conciencia colectiva que, fortalecida por la predicación clerical y su tendencia a la amenaza infernal, marcaba la vida cotidiana de los campesinos. Entre éstos, la diversidad de situaciones en riqueza, derechos y obligaciones no obviaba una misma cosmovisión de sometimiento a los designios de Dios comunicados por la predicación y controlados por la confesión, precisamente en un siglo en que la Iglesia, desde el concilio IV de Letrán, había aumentado sus exigencias catequéticas.

Un segundo escalón de la estructura social del reino venía ocupado por *los señores*. En buena parte, compartía el mismo ámbito rural que el campesinado y, con ello, la puesta de sus esperanzas de salvación eterna en la aceptación de los mensajes milagreros y las voces sobrenaturales. Socialmente, en cambio, el universo de los señores constituía un amplio espectro; iba de los modestos hidalgos del norte del reino a los poderosos nobles que las recientes conquistas del valle del Guadalquivir habían engrandecido espectacularmente. En sus dos extremos, unos y otros apenas tenían algo en común salvo ciertos derechos que los distinguían de los campesinos sometidos a sus respectivos señoríos. Para lo demás, las diferencias en los modos y ritmos de vida podían resultar poco menos que siderales. Mientras el hidalgo norteño compartía experiencias de vida cotidiana con los campesinos de su aldea, las de los grandes señores se distanciaban drásticamente de ellas. Si el campesino no se consideraba un individuo sino un miembro del mundo rural, el señor tenía medios y también orgullo para hacer resaltar su personalidad individual.

Como guerrero, como miembro de un selecto grupo de convivialidad, como vasallo directo de un monarca, a cuyo servicio ejercía funciones de auxilio y consejo, como portador de un estatus sujeto a las demandas del honor y de la etiqueta caballeresca cantada por juglares y trovadores, cada noble se distinguía e individualizaba en razón de sus niveles de riqueza y de prestigio y sus contactos y alianzas sociales, incluidas preferentemente las matrimoniales. Por debajo de un conjunto de costumbres y normas que regía la vida de los miembros de un estamento muy diversificado, las pretensiones de individualidad encontraban amplio amparo en la libertad jurídica de que disfrutaban todos ellos y en la riqueza de los más poderosos. Para significarla y publicitarla, el noble buscaba distinguirse de las más diversas maneras. Para empezar, lo hacía con la consagración de un apellido que remitía a un solar (Lara, Castro, Haro entre los más insignes, pero, a su escala, lo mismo sucedía entre los más humildes) y creaba la conciencia de una cadena ininterrumpida de poder y dignidad que se recordaba con el puro enunciado de su procedencia solariega. Seguía luego por una deliberada distinción respecto a la comunidad en materia de piedad y cumplimiento religioso con la erección de la capilla familiar en su residencia o en su iglesia parroquial y, si ello excedía sus posibilidades económicas, al menos, con el reconocimiento de su derecho a ocupar un lugar descollante en el templo aldeano. Junto a estos elementos ya significantes, el noble buscaba ampliarlos a través de una vestimenta, de unos colores, de unos ritos que identificaban entre sí a los miembros del mismo nivel estamental.

Todo ello se había ido coronando, ya desde finales del siglo XII, con la rápida difusión de los emblemas heráldicos que servían de identificación personal y, sobre todo, familiar. Si, en un principio, el soporte del emblema remitía al escudo, por lo tanto, a un elemento del equipo militar, exclusivo de hombres y caballeros, pronto se extendió a personas ajenas a esa función, como mujeres y clérigos. Desde 1230, a imitación del comportamiento del monarca Fernando III, los emblemas adoptaron la partición en cuartelado lo que permitió combinar dos o más armerías, publicitando así, entre los grandes, la posesión de una pluralidad de señoríos. Por fin, en tiempos de Alfonso X, el valor identificativo del emblema heráldico cedió el paso a su valor ornamental y, en función de él, se aplicó de forma repetitiva en ropas y en sepulturas de los nobles. Identificación y ornamento se combinaron para proyectar la imagen individualizada de un gran señor. No hay más que recordar el ritmo reiterativo de los emblemas que adornaron los ropajes de Fernando de la Cerda en su sepulcro del monasterio de Las Huelgas de Burgos o en el del infante don Felipe en el suyo de Villalcázar de Sirga.

El tercer escalón de la estructura social del reino de Castilla en el siglo XIII lo constituyeron *los habitantes de las villas y ciudades*. Desde finales del siglo XI y de forma creciente, fue el escalón novedoso, el conformado por los burgueses en cuanto vecinos de un burgo, y el que, al constituir una asociación de elementos heterogéneos, propició la aparición de un proceso general de individuación de múltiples facetas. En la base de este estuvo la variedad de actividades artesanales, comerciales e intelectuales que caracterizaba al medio urbano. De esos tres conjuntos, fueron las comerciales las que tradicionalmente han protagonizado en la historiografía la definición de lo urbano. Sin embargo, por su actividad fueron de hecho los artesanos medievales los que, en cada villa o ciudad, representaron a un grupo social más estable que el de los mercaderes y los que fueron constituyendo las distintas corporaciones de oficios, las diferentes cofradías. Entre ellas, las de alfayates o sastres, cuchilleros, cambiadores, curtidores, caldereros, herreros, peleteros, carpinteros, carniceros, etc. Cada cofradía agrupaba a personas que, aun disfrutando de un sentimiento de libertad individual consignado en el fuero local, estaban sometidas a las regulaciones del espíritu corporativo propio de cada oficio que se hacían especialmente visibles en las solidaridades profesionales que ordenaban tanto la gestión de la actividad como la devoción a unos determinados santos patronos o la atención caritativa a los miembros necesitados.

Por encima de ese espíritu identitario que la práctica de un determinado oficio aportaba a sus trabajadores, la estructura física de la ciudad, con su apiñamiento de casas y personas, justificaba ritmos de vida cotidiana diferentes a los del mundo rural y, a su vez, parcialmente distintos entre sí. Aunque en sus funciones y relaciones las ciudades no se habían separado todavía del campo que las rodeaba, las condiciones específicas del mundo urbano estimulaban modos diferentes al del rural incluso en ocasión de idénticas celebraciones. Así debió suceder en las que honraban a los santos patronos o las que se sumergían en la alegría y en la inversión social que suponían anualmente el carnaval o las fiestas de locos. Precisamente, un síntoma de la importancia que, en ciertos núcleos urbanos castellanos del siglo XIII, iban adquiriendo comerciantes y artesanos fueron las trabas que la normativa regia fue imponiendo a la constitución de «ligas e monipodios» que no tuviesen fines exclusivamente caritativos.

La ruptura de los vínculos comunitarios propios de la familia campesina y de la aldea encontró en la ciudad una compensación con los que halló en el asociacionismo voluntario, origen de nuevas obligaciones cotidianas. El propio vínculo religioso establecido entre los fieles y el patrono de la iglesia parroquial del pueblo se veía sustituido en la ciudad por el que podía establecerse con los distintos santos honrados en los diversos templos y, especialmente, con las reliquias reunidas en la catedral y, poco a poco, en las iglesias de los cada vez más numerosos conventos mendicantes. En cierto modo, cabría decir que el hombre de la ciudad podía tener un sentimiento de mayor proximidad a Dios que el del campo por el hecho de que en aquella se concentraba un mayor número de templos y oratorios. En las grandes ciudades del reino, pensemos especialmente en Burgos, Toledo, Córdoba o Sevilla, el aumento de los espacios sagrados iba configurando un paisaje eclesiástico urbano que, progresivamente, se municipalizaba. Esto es, se consideraba propio de cada núcleo urbano y, por ello, firme cimiento de un orgullo ciudadano individualizado que aspirará a construir una iglesia más bella que la del núcleo o el barrio vecinos o, en virtud del proceso de «apropiación urbana de la catedral», levantar una más grandiosa que la de la sede episcopal cercana. Aparte de ello, a imitación de los señores, también los concejos urbanos en cuanto señoríos colectivos buscaron publicitar su individualidad y, como aquéllos, recurrieron a la invención y el empleo de emblemas heráldicos que quedarían grabados en los sellos concejiles que autenticaban los documentos municipales.

2.4. El proceso de individuación, político-social, de cada estamento

Un cuarto ámbito de individuación derivó de la aparición y el fortalecimiento del mundo urbano y se refirió a lo que consideraríamos el ámbito de la política. O, tal vez, más precisamente, al del poder entendido como el conjunto proteico de competencias ejercido con carácter concurrencial por varios sujetos con diferente capacidad de dominación sobre individuos. Desde esa perspectiva, y sin entrar en la jungla de situaciones particulares, orientaré mi atención sólo al proceso de individuación de cada uno de los estamentos que, desde finales del siglo XII, configuraron la composición de las cortes del reino, esto es, en principio y en teoría, la representación de la comunidad total de aquél. Es en ese sentido en el que cabe relacionar con el fortalecimiento del mundo urbano este cuarto ámbito de individuación.

El sentido y el contenido del mismo vino dado por el hecho de que, a partir de 1188, junto a los tradicionales componentes de la curia regia (altos nobles laicos y eclesiásticos), empezaron a aparecer los procuradores de algunos núcleos urbanos. Al consagrarse esa presencia en las cortes, cobró relieve, desde una perspectiva sociopolítica, la identidad de cada uno de los tres estamentos representados. Los que, siglos atrás, habían respondido a una división trifuncional («*oratores, bellatores, laboratores*») aparecían ahora como delegados respectivos de la alta nobleza eclesiástica, la alta nobleza laica y los vecinos de ciudades sin que, a los efectos aquí buscados, sea preciso conocer la identidad de este tercer grupo. Sabemos que, en el reino de Castilla, aquel grupo tendió a estar constituido menos por los que consideramos genuinos habitantes (comerciantes y artesanos) del mundo urbano y más por los miembros de una segunda nobleza con intereses más próximos a los de la primera que a los de los «burgueses» propiamente dichos.

Cualquiera que fuera el porvenir de cada uno de los tres estamentos, importa recordar que, desde finales del siglo XI, cada uno de ellos había avanzado en el proceso de su individuación. En cierto modo, podemos pensar que el motor inicial de tal proceso fue la llamada reforma gregoriana en cuanto fenómeno social total ya que fue la que basó uno de sus principios nucleares en la división de la sociedad cristiana en dos categorías rigurosamente diferenciadas: los clérigos y los laicos. Los reformistas gregorianos habían cimentado la diferencia en una moral sexual que exigía el celibato de los primeros y orientaba a los segundos hacia el matrimonio. Ello se traducía en una división de la sociedad en un orden espiritual y otro carnal y aseguraba una superioridad al primero, lo que acabó influyendo sobre el conjunto de la organización social y política.

El basamento sobre el que la Iglesia alzó su edificio teórico fue la consagración del principio de que el negocio esencial de la vida de cada persona era alcanzar la salvación eterna, objetivo que sólo podía lograrse mediante la recepción de los sacramentos cuya dispensa estaba en las manos exclusivas de la clerecía. Eran miembros de ésta los únicos que poseían la facultad de asegurar la transustanciación, esto es, la presencia real de Cristo en el altar al hacer bajar a Dios del cielo a las especies eucarísticas. Este poder salvífico, único, debía garantizar a quienes disponían de él un lugar preeminente en la jerarquía social. En otras palabras, en el juego de distribución de bienes, derechos y privilegios, que, en el mundo eclesiástico, se fijó en un conjunto de «res ecclesiae» que, durante el siglo XII, la Iglesia fue ampliando al asegurarse la propiedad de los templos e incluir, además, las áreas funerarias, los diezmos o la inmunidad sobre sus posesiones. La política de Inocencio III entre 1198 y 1216 y las disposiciones del concilio IV de Letrán abonaron la cristalización de la situación privilegiada de la clerecía. Y lo hicieron tanto en el nivel de las autoridades eclesiásticas como en el de los clérigos de los núcleos urbanos donde, a imagen de las otras corporaciones profesionales, se constituyeron igualmente cofradías de clérigos en defensa de sus intereses tanto frente a los laicos como a los propios obispos y sus delegados.

Aunque una distancia abismal en riqueza y poder social separaba los modos de vida de los diferentes miembros del estamento eclesiástico, como sucedía en el mundo laico, lo que me interesa es subrayar cómo, durante el reinado de Alfonso X, la política autoritaria de inspiración romanista observada por el monarca y la presión fiscal, consecuente, en parte, con su empeño por coronarse emperador, acabaron por enfrentar al rey con las fuerzas del reino de forma que, cuando el infante don Sancho se rebeló contra su padre, inmediatamente encontró el apoyo de las distintas hermandades que aglutinaban a los miembros y los intereses respectivos de clero, nobleza y núcleos urbanos. Desde una perspectiva política, cabría decir que los tres componentes de la representación del reino reforzaban su individualidad al acusar cada uno al monarca de agravios que atentaban específicamente contra los intereses de su respectivo estamento. De los tres, y pese a su participación en la sublevación antialfonsina, fueron los terceros los que, para aquella fecha del declinar del reinado de Alfonso X, habían demostrado que, a diferencia de la voluble fidelidad de los nobles, habían sido soportes de la construcción de una identidad territorial asociada a la corona y responsables por ello del fortalecimiento de un sentido de pertenencia al reino, de un sentido que las Siete Partidas llamarían de naturaleza, antecedente de nuestro concepto de nacionalidad.

2.5. La nueva consideración del saber

Un quinto ámbito de individuación tuvo en el siglo XIII una proyección social menos visible, pero fue, a la larga, el que, al incidir, a través de muy variadas expresiones, en el campo de la psicología y la antropología, permitió definir con mayor claridad los progresos del proceso global. Ello fue la nueva consideración que se hizo del saber. Este transitó desde un saber repetitivo, propio de antiguos, que se transmitía con veneración y se aseguraba a través de una respetuosa memorización, a un saber, propio de modernos, que se investigaba y, en virtud de ello, se ampliaba al compás de nuevas reflexiones sobre los conocimientos adquiridos y una nueva conciencia sobre la capacidad humana de progreso intelectual. Entre las manifestaciones más visibles de una nueva actitud cabe contar: (1) la voluntad de recuperar o de elaborar los instrumentos de análisis de una realidad que cada vez se consideraba más objetivada, más externa a la naturaleza de los observadores; (2) la conciencia de que la adquisición del saber se basa en dos presupuestos: de un lado, el depósito de conocimientos que cada generación trata de ampliar y, de otro, la reflexión que cabe hacer sobre el mismo. De tal conciencia derivó, sin duda, la renovación de las instituciones de transmisión del saber, que, de las escuelas monásticas pasaron a las urbanas y catedralicias y, finalmente, a la universidad, que, en el reino de Castilla, principió por el experimento de Palencia y siguió con el éxito de Salamanca; (3) la conciencia expresa de modernidad, de vivir un tiempo nuevo, de la que se jactaba, a principios del siglo XIII, Diego García de Campos, canciller de Alfonso VIII, al proclamar «*Plura ignoraverunt antiqui que noverunt moderni*».

2.6. Los progresos de racionalidad en la aprehensión de la realidad

Cada una de las manifestaciones de aquel quinto ámbito de individuación vino a ser tanto factor como consecuencia del nacimiento y el fortalecimiento desde finales del siglo XII de un sexto ámbito que podríamos definir como el de la racionalidad en cuanto capacidad objetiva que excede a la pura sensibilidad subjetiva en el proceso de aprehensión mediata de la realidad. Entre sus expresiones más visibles podemos contar la preocupación por la anotación escrita, la constatación de la medida de los objetos y la ordenación racional de los espacios. Los ejemplos son innumerables. Los tenemos en el mundo rural en la anotación documental de la extensión de los campos en términos de trabajo humano o de capacidad de sembradura. Los tenemos en el mundo urbano no sólo en la difusión en las nuevas pueblas de un plano ortogonal que presenta cuatro o más calles paralelas cruzadas perpendicularmente por otros tantos cantones sino también en la distribución de solares medidos estrictamente como comenzó a practicarse a finales del siglo XII en Santo Domingo de la Calzada y será imitada decenas de veces en las pueblas del norte del reino. Y los tenemos, entre otras, en las enumeraciones de las circunscripciones territoriales administrativas, tanto laicas (merindades, alfoces) como eclesiásticas (diócesis, arcedianatos, arciprestazgos, parroquias). En todos los casos, se trata de ejemplos coincidentes en el tiempo de una toma de conciencia cada vez más objetiva, más racional, de una individualización de los espacios, que, a su vez, contribuye a hacer progresivamente más patente a los habitantes del reino la existencia de una realidad, externa al sujeto observador, de contornos físicos, administrativos e incluso mentales cada vez mejor definidos según progresa su individuación.

2.7. El lento nacimiento de una conciencia individual

Por fin, un séptimo ámbito de individuación detectable en la experiencia cotidiana de la sociedad castellana del siglo XIII fue la conciencia de una creciente constatación del protagonismo personal en la toma de decisiones vitales, visible concretamente en el conocimiento de la identidad de los creadores de obras literarias o artísticas. En otras palabras, en la progresiva renuncia al anonimato y el reconocimiento, en cambio, del valor de cada vida individual como capaz de generar biografía y autoría. Ya vimos ejemplos de ese significativo tránsito al presentar, identificados, a los cuatro autores de la tarea historiográfica desarrollada durante el siglo XIII en el reino de Castilla. Antes de que concluyera la centuria, unos cuantos hagiógrafos dejaron igualmente constancia de sus nombres en sus obras: así lo hicieron Rodrigo de Cerrato, Bernardo de Brihuega, Juan Gil de Zamora, que escribieron en latín, o Pedro Marín, que lo hizo en romance. Lo mismo sucedió con el versificador en castellano de algunas hagiografías, nuestro primer poeta de nombre conocido, Gonzalo de Berceo, quien, en algunos de sus versos, se identificó como «maestro Gonçalo nommado», «en Berceo nado». Las propias vidas de santo elaboradas por los cinco autores trataban de ofrecer, por encima de un sustrato común de peripecias biográficas, algunos rasgos de identidad personal de sus protagonistas.

Más allá del ámbito de la creación literaria, también en el de la creación artística empezaron a aparecer nombres que se vinculaban a obras determinadas. De forma excepcional, lo habían hecho hacía ya dos o tres siglos algunos copistas como Vigila, Magio o Florencio, o, en el siglo XII, algunos escultores como el maestro Mateo, pero fue desde el siglo XIII cuando los autores de los proyectos catedralicios más ambiciosos del reino (Burgos, León, Toledo) empezaron a hacerse un hueco en la nómina de creadores identificados al compás que lo hicieron sus mecenas. Unos y otros gestionaron también las nuevas sensibilidades espiritual e intelectual a la hora de elaborar una nueva iconografía, que, en principio, debería trasladar a imagen la letra de la nueva hagiografía, esto es, los rasgos que permitieran identificar a los santos como, paralelamente, estaba sucediendo con el hábito de los profesos de las nuevas órdenes religiosas, dominicos, franciscanos, agustinos, carmelitas. Si la atención misionera de estos frailes se dirigía particularmente a la población de las ciudades, pronto aprendieron en sus predicaciones a ser sensibles a las diferencias individualizadoras de sus auditorios. También en este campo era posible, mejor aún, necesario, responder a los retos que el proceso de individuación general de la sociedad proponía a diario. Los sermones «*ad status*», acomodados a (u orientadores de) las demandas espirituales de cada grupo social o profesional, que se difundían por otros territorios de la Cristiandad latina, llegaban también a Castilla.

La renovación de la hagiografía, con sus pretensiones siquiera de limitada personalización de la biografía de los santos, tuvo sus consecuencias en la iconografía, tanto en la representación de algunos santos como, particularmente, en la de Dios hecho hombre y en la de su madre la Virgen. En estos dos casos, la individuación se tradujo en una indudable «hominización», esto es, en una iconografía en la que Cristo y su madre se despojaron de la solemnidad alegórica que los había caracterizado durante la etapa románica para asumir un realismo histórico que trataba de reflejar diversos momentos de su vida terrenal. Como consecuencia del proceso, Cristo pasó de ser el Cristo en majestad para empezar a ser el Cristo niño en Belén o en la presentación en el templo y, sobre todo, el Cristo sufriente en la cruz.

Por su parte, María dejó de ser el impasible «trono de Sabiduría» para convertirse, ante todo, en la madre de Jesús, amante y sufriente como Él, pero también, a la vez, en su condición de corredentora, en intercesora de la humanidad, particularmente de sus devotos, como se lee en los textos (por ejemplo, en los *Milagros de Nuestra Señora* de Gonzalo de Berceo), se ve en las ilustraciones (*Cantigas*) o se puede contemplar en las portadas de diversas catedrales del reino, comenzando por las de Tuy y Ciudad Rodrigo. A través de esos diversos medios expresivos, se fue imponiendo una imagen antropológica, histórica, hasta anecdótica, de Cristo y María. Una cierta dialéctica entre personajes del Antiguo y del Nuevo Testamento refuerza en las obras escultóricas de las tres grandes catedrales castellanas del siglo XIII tanto el sentido alegórico como, sobre todo, el histórico. En materia de individuación, la devoción popular haría el resto al ir calificando a las distintas Vírgenes con un apelativo de lugar (Pilar, Hiniesta, Covadonga, Begoña, etc.) antes de pasar a identificarlas por sus competencias como protectora de los fieles (Virgen de la Misericordia, de los Remedios, de la Consolación, etc.) o por pasajes de su vida (Virgen niña, de la Soledad, de las Angustias, etc.) y antes de vincular, por medio de procesiones y romerías, la identidad de una Virgen con un territorio.

3. CONCLUSIÓN: LA VIDA COTIDIANA ANTE UN DOBLE PROCESO DE INDIVIDUACIÓN Y DE HISTORIZACIÓN

Dentro de nuestro encuentro científico sobre la vida cotidiana en el reino de Castilla en el siglo XIII, el objeto de esta colaboración introductoria era crear un pórtico que diera acceso a las diversas manifestaciones concretas de aquella vida. El camino escogido por mí para cumplir el propósito ha sido rehuir la tentación de resumir esas diversas manifestaciones para intentar encontrar lo que pudieron ser los rasgos que sirvieron de soporte mental a todas o, al menos, a una parte significativa de aquéllas. El resultado de mi exploración ha sido entender que la vida cotidiana de aquel tiempo y aquel espacio se caracterizó, ante todo, por lo que fueron ¿los comienzos? de un doble proceso de individuación e historización. Sin que me atreva a afirmar que es más correcto adscribir un comportamiento a una tradición (germánica/mediterránea) que a un grupo religioso o social específico, parece pertinente no descuidar el valor de tal tradición también en el análisis de la vida cotidiana. Aceptándolo al menos como hipótesis, tendríamos un rasgo de individuación al que, con idéntico titubeo, añadiría los que derivan del peso diferente que las respectivas intermediaciones (oral, escrita, visual) en la transmisión de la cultura propician en cada persona y que solemos considerar como rasgos diferenciadores entre cultura clerical y cultura caballeresca o entre cultura popular y cultura erudita.

Es cierto que cada uno de esos calificativos permite individualizar conceptualmente comportamientos o sensibilidades pero también que una insistencia desmedida en ellos descuidaría medir el nivel de ósmosis que pudo haber en un tiempo determinado entre unas y otras formas de cultura, máxime cuando sabemos que, dentro de un sistema social, (1) aquélla no se desarrolla según una pauta lineal única sino que puede ser adquirida por difusión y (2) que, como sabemos, el hombre a lo largo de la historia ha aceptado la coexistencia en un mismo individuo de cánones culturales que pudieron responder a criterios poco compatibles entre sí y ello sin sentirse obligado a hacer de uno de ellos ingrediente exclusivo de su forma de pensar y vivir. Ello explicaría, de un lado, la comunidad de desarrollos históricos de los espacios europeos occidentales, y, de otro, una cierta inevitabilidad en la aparición, dentro de una sociedad concreta, de fórmulas simbióticas que no siempre se jerarquizaron de acuerdo con los criterios de los más poderosos.

Al margen de estas matizaciones que no las invalidan, estimo que, en el caso del reino de Castilla en el siglo XIII, la vida cotidiana tuvo sus bases nucleares en la individuación y, podríamos decir, lógicamente, en la historización. La primera dejó sus huellas en los espacios, tanto rurales como urbanos, en los tiempos, al pasar del de la Iglesia al del mercader, en las lenguas, al transitar oficialmente del latín al romance, lo que, al dejar el latín en manos de la clerecía, establecía un principio de secularización, pero, de otro lado, también uno de «elitización» en el cultivo de la filosofía y la ciencia que seguían hablando la lengua latina. Todo ello ofrecía nuevas pruebas de individuación social que, como vimos, la representación política en las cortes contribuyó a asegurar. Por su parte, la historización fue resultado inevitable de la individuación en cuanto que recogió la memoria de los cambios habidos en un proceso en que cada poblador del reino de Castilla fue asumiendo, en su contexto social respectivo, sensibilidades y señas de identidad propias respecto a espacios, tiempos y funciones sociales. Gracias a esta asunción colectiva, que en el fondo y muchas veces en la forma no resultó ni unánime ni pacífica, los distintos actores fueron capaces de conformar sus intereses en medida suficiente como para respetar y aun fortalecer un conjunto de valores comunes y, al hacerlo, asegurar la estabilidad del sistema social en que convivían y desarrollaban su vida cotidiana.

NOTA SOBRE LA NO BIBLIOGRAFÍA

El presente capítulo reúne, resume y ordena de forma muy personal un amplísimo conjunto de lecturas y reflexiones sobre el tema cuya identificación de autoría me resulta a estas alturas no sólo difícil sino, en el fondo, banal. Por ello, el texto se presenta como un ensayo en que he ahorrado las referencias bibliográficas que, por otro lado, son harto conocidas por los interesados en la Edad Media.

VIVIR Y MORIR EN LA ÉPOCA DE ALFONSO X: UNA VISIÓN DESDE LA MATERIALIDAD*

David Gallego Valle
Universidad de Castilla-La Mancha

Introducción

Posiblemente, no haya en la Edad Media peninsular un período de tantas transformaciones como el que se produce, lentamente eso sí, a partir del siglo XIII. En este momento, se fusionan de manera definitiva las culturas, enmarcadas dentro de las diferencias religiosas, que habitaban en este territorio. Las conquistas realizadas, especialmente a partir del reinado de Fernando III, esta vez sin retrocesos como los sucedidos con los imperios norteafricanos, abrirán las puertas a un vasto territorio que se debe repoblar y transformar siguiendo los modelos feudales propios de las monarquías cristianas. Esto es especialmente significativo para el ámbito castellano, debido a la amplitud del espacio en que se mueve, una labor que corresponderá a Alfonso X.

Para comprender este proceso se ha abordado la cuestión desde múltiples enfoques que, por lo limitado de este texto, no podemos tratar en este momento. Obviamente, veremos cambios en las estructuras políticas, económicas y sociales. Sin embargo, un tema poco abordado hasta la fecha es cómo se reflejó esto en la cultura material del momento o, mejor dicho, cómo el estudio de esta cultura material puede ayudarnos a comprender mejor este amplio fenómeno. Pero aquí también surge una cuestión importante: este

* Este trabajo se enmarca en el *Proyecto Nacional Órdenes militares y fenómenos socio-religiosos en perspectiva comparada (siglos XII-1/2 XVI). Estudio desde la arqueología y la documentación escrita.* Referencia: PID2022-138803NB-I00 Financiado por MCIN/ AEI/10.13039/501100011033/FEDER una manera de hacer Europa.

concepto puede generar dudas, ya que esta materialidad puede verse reflejada en las fuentes documentales del momento, en las iconográficas o artísticas, aunque algunos autores no considerarían estrictamente «material» estos sistemas de conocimiento, centrándose solo en el registro procedente de la excavación arqueológica.

Es decir, esta información puramente tangible sólo la podríamos encontrar en las evidencias que nos transmite el registro arqueológico en todas sus dimensiones. Sin embargo, aquí también enfrentamos la problemática de acotar cronológicamente algunos vestigios materiales, especialmente por la lentitud de los cambios desde un punto puramente cronológico. Por ejemplo, los sistemas constructivos o la propia cerámica no varían esencialmente durante este período[1], ya que los nuevos poderes asimilan en gran medida a los artesanos locales. Lo que nos permitirá ver estos cambios serán los resultados de estos usos, ya que los fines son los realmente distintos.

En nuestro caso, creemos que son válidos todo este tipo de recursos para reconstruir históricamente este momento, especialmente en lo relacionado con la vida cotidiana de los hombres y las mujeres de ese tiempo, por lo que nos hemos basado en todas ellas para desarrollar este trabajo. En este sentido, desde el punto de vista de las fuentes escritas, aporta mucha información las disposiciones recogidas en las propias Partidas, especialmente porque hacen referencia a muchos elementos del día a día. En el caso de las representaciones figuradas, Las Cantigas nos han permitido recoger un volumen amplio de información para reconstruir muchos detalles del periodo. Y, finalmente, la arqueología en todas sus vertientes, especialmente aquella ligada a los proyectos en los que nuestro equipo trabaja, ha sido fundamental para avanzar en numerosas cuestiones, lo que supone un avance para la investigación de este período.

Una vez que hemos hecho estas consideraciones previas, que creemos necesarias, llega el momento de acotar temporal, espacial y temáticamente nuestro texto. Por las propias dificultades cronológicas que hemos mencionado, nos debemos mover en una horquilla que va desde el primer cuarto del siglo XIII y que podría llegar, perfectamente, hasta los primeros años del siglo XIV. En cuanto al espacio, nos centraremos en los reinos de León y Castilla, pero especialmente en las tierras de la Meseta Sur, donde la hibridación de los procesos materiales del reinado de Alfonso X tuvo una repercusión más evidente desde el punto de vista material.

---

1. En este sentido remitimos a un trabajo en el que analizamos los procesos constructivos de las fortalezas de la Orden de Santiago en este marco cronológico. Ver David GALLEGO VALLE, «La Orden de Santiago y la construcción de sus fortalezas en Castilla. El caso del Campo de Montiel en la segunda mitad del siglo XIII e inicios del siglo XIV», en R. Torres Jiménez y F. Ruiz Gómez (coord.), *Órdenes militares y construcción de la sociedad occidental (siglos XII-XV)*, Madrid, Sílex, 2016, 167-194.

Finalmente, en cuanto a la temática, el propio título de este trabajo nos lleva a tratar, desde múltiples puntos de vista que se entrecruzan, un panorama general de la vida cotidiana que hemos querido centrar en dos grandes apartados: el primero, el de la vivienda, comenzando en la ciudad y pasando por el mundo aldeano hasta la propia naturaleza; el segundo, los modos en que se afrontó la muerte, abordando desde los lugares de enterramiento hasta los propios rituales, donde podemos llegar a una visión muy detallada gracias a las evidencias arqueológicas que hemos recogido.

1. ¿Dónde vivir en los reinos de Alfonso X? Ciudad, aldea y naturaleza

La propia configuración de los reinos alfonsíes, que se mueven en un proceso de repoblación de amplias zonas donde la población predominante es la mudéjar, hace necesario centrar nuestra atención en tres grandes espacios, en muchos casos diametralmente opuestos. Estos incluyen la vida en las ciudades, en las aldeas y, quizás mucho menos conocidos, en pequeños asentamientos ligados al aprovechamiento del territorio.

1.1. Las viviendas dentro de la ciudad

En un reciente artículo, García Mansilla[2], dentro de una amplia reflexión sobre el estudio de la casa medieval, planteaba una serie de cuestiones que creemos se podrían resumir en dos postulados muy interesantes para nuestro análisis. En primer lugar, señalaba que en la historiografía española existía una clara desigualdad entre aquellos trabajos dedicados a la vivienda cristiana y a la musulmana, siendo mucho mayor el enfoque en esta última. Esto puede resultar ciertamente normal desde el punto de vista material si tenemos en cuenta que contamos con numerosos yacimientos islámicos que tras la conquista son abandonados, quedando fosilizados para su estudio, mientras que en el ámbito cristiano la propia evolución de los lugares poblados ha ido alterando sustancialmente los registros[3]. En segundo lugar, apuntaba que la propia residencia

---

2. Juan Vicente García Mansilla, «Casas y hogares medievales. Miradas divergentes», en J.V. García Mansilla (ed.), *Espacios de vida. Casa, hogar y cultura material en la Europa Medieval*, Valencia, Universitat de València, 2022, 9-29.

3. Un panorama general de la evolución de la vivienda medieval, partiendo de los datos de diversos yacimientos arqueológicos, lo proporciona Sonia Gutiérrez Lloret, «Casa y Casas: reflexiones arqueológicas sobre la lectura social del espacio doméstico medieval», en M.E. Díez Jorge y J. Navarro Palazón (ed.), *La casa medieval en la Península Ibérica*, Madrid, Sílex, 2015, 17-48.

cristiana, que evoluciona a partir de la ocupación de las principales ciudades, adapta la herencia previa andalusí, siendo muy evidente este proceso tanto en la distribución de espacios como en el uso de los materiales.

Para el conocimiento de la residencia medieval, Ladero[4] ya nos hablaba de la heterogeneidad que podríamos encontrar en los reinos peninsulares, algo que también se refleja en el caso castellano en la iconografía de la versión de Las Cantigas plasmada en el Códice de Florencia. Aquí encontramos, como han analizado García Cuadrado[5] y también Menéndez-Pidal[6], una amplia variedad en cuanto a formas y materiales, pero muestran dos modelos que, en nuestro caso, creemos que fueron constantes en las urbes como nos muestran los estudios arqueológicos, sobre los que volveremos luego. Estos tipos, que se pueden extrapolar a toda la Meseta Sur, al menos de manera general, serían los de la denominada casa-torre, o de desarrollo vertical, y la que se estructura en torno a un patio.

La casa-torre, que surge apiñada en las manzanas de las ciudades y aparece constantemente en la iconografía que hemos mencionado, fue estudiada hace unas décadas por Ríu[7] en el caso barcelonés, pero creemos que puede ser válido para otras ciudades. Constaba de una planta baja, otra principal y una abuhardillada, que podría estar cubierta de teja o no, cuestión que daba lugar a ciertos problemas sociales y jurídicos[8]. Además, como muestran diversos fueros o el propio texto de Las Partidas, que lo sancionan, la estrechez de estas viviendas daba lugar a «estrategias» para ganar espacio a costa de la vía pública, con voladizos, salientes o incluso pórticos, normalmente de madera. De estos elementos podemos ver su reflejo en las distribuciones orgánicas de algunas fachadas, donde aún se conservan mechinales y los negativos de estas construcciones, fácilmente reconocibles en las lecturas de paramentos, ya que muchas de ellas perduraron hasta el siglo XIX o principios del XX.

Este tipo de vivienda también fue muy común en lugares en los que la orografía escarpada influía en las formas de construcción. Su desarrollo implicaba la superposición de numerosas plantas en altura, cada una ocupada por

---

4. Manuel Fernando LADERO QUESADA, «La vivienda: espacio público y espacio privado en el paisaje urbano medieval», en J.M. de la Iglesia Duarte (coord.), *La vida cotidiana en la Edad Media. VIII Semana de Estudios Medievales. Nájera, del 4 al 8 de agosto de 1997*, Logroño, IER, 1998, 111-128.

5. Amparo GARCÍA CUADRADO, *Las Cantigas: El Códice de Florencia*, Murcia, Universidad de Murcia, 1993, en especial páginas 201-220.

6. Gonzalo MENÉNDEZ-PIDAL Y GOYRI, *La España del siglo XIII, leída en imágenes*, Madrid, Real Academia de la Historia, 1986, principalmente las páginas 117-151.

7. Manuel RÍU RÍU, «El barri barceloní de Santa Maria del Mar l'any 1363», *Acta historica et archaeologica mediaevalia*, 26 (2005), 563-586.

8. En la ciudad de Zamora se llegó a tener ciertos privilegios en función de tener o no tener tejada la vivienda e, incluso, a no considerar como habitantes de la ciudad a aquellos que la cubrían de paja. Ver María Luisa BUENO DOMÍNGUEZ, *Espacios de vida y muerte en la Edad Media*, Salamanca, Semuret, 2001, 233.

Figura 1. Vista general de las viviendas de origen medieval de la hoz del Júcar en Cuenca.
Foto de M.A. Muñoz.

una unidad familiar. Este es el caso, por ejemplo, de las viviendas que hemos estudiado en el entorno de la puerta de San Juan en Cuenca o de la calle Alfonso VIII[9], donde dentro de la ciudad el desarrollo de la casa tenía tres o cuatro plantas, pero fuera de los muros, volando sobre la muralla de las hoces del Huécar y el Júcar (fig. 1), podían alcanzar hasta ocho o nueve plantas. En su interior, el espacio contiene una pequeña sala central alrededor de la cual se disponen algunas estancias, expandiéndose la vivienda mediante voladizos sobre pies derechos hacia el vacío, en los que se ubicaban algunas dependencias auxiliares e, incluso, a veces, hogares u hornos para cocinar[10]. Estos últimos solían ser los denominados «hornos de polla», que consistían en planchas de adobe sobre un suelo de madera o terrizo, creando una pequeña estructura de combustión destinada a cocer uno o dos panes al mismo tiempo[11].

---

9. Sobre estas viviendas pudimos realizar varios estudios arqueológicos en codirección con Miguel Ángel Valero Tévar, dentro de los planes especiales de la propia ciudad, lo que nos permitió conocer bien la fisonomía de los inmuebles.

10. En la intervención en una de las viviendas de la calle de los Tintes apareció una de estructuras y los investigadores la fecharon en la época que estamos estudiando. Michel Muñoz García y Santiago Domínguez Solera, *Tras las murallas de Cuenca*, Cuenca, Consorcio de la Ciudad de Cuenca, 2011, 154.

11. Este tipo de hornos, aunque ya en una fecha más tardía, los tenemos citados constantemente en los Libros de Visitación de las Órdenes Militares, en muchos casos situados dentro de las propias torres del homenaje de las fortalezas o en pequeñas estancias para el servicio.

El segundo modelo, el de la casa-patio, está muy bien estudiado en la ciudad de Toledo por Izquierdo[12] y Passini[13] quienes aportan una evolución de los espacios entre los siglos XII y XV. Se encuentra presente en gran parte de las ciudades de La Meseta y en las nuevas urbes conquistadas en Andalucía o Murcia, con presencia también en innumerables villas nuevas de La Mancha. Estas viviendas podían ser tanto de uso colectivo, normalmente fruto del pago de un alquiler, como asociadas a una sola familia pudiente, alcanzando grandes tamaños y, a veces, ocupando toda una manzana dentro del callejero.

Las construcciones disponían de una o varias puertas, lo que marcaba el carácter introvertido de las viviendas heredadas de Al-Ándalus, siempre que no estuvieran frente a las del vecino, algo que también sucedía con los vanos de iluminación. El acceso se realizaba a través de un zaguán, que daba paso a una zona abierta, normalmente distribuida en dos pisos sustentados por galerías de madera o piedra, donde se organizaban las distintas estancias. Si se trataba de una vivienda colectiva, similares a las conocidas como corralas, en la parte alta se abrían las unidades familiares en pequeños habitáculos con varias dependencias, quedando los espacios bajos como áreas comunes para las actividades del día a día. A veces, al edificio principal se le adosaba un corral en la parte trasera, relacionado con la presencia de animales y puntos de recogida de agua en pequeños abrevaderos, en ocasiones tallados en la roca.

En el caso de un inmueble de mayor rango, como el que pudimos estudiar en la calle Rojas de Toledo[14], cercano a la Judería, la distribución es la prototípica para este tipo de viviendas de cierta alcurnia, aunque no llega a las dimensiones de los palacios nobiliarios. A pesar de las transformaciones que ha sufrido el edificio, gracias al estudio de paramentos se pudo constatar que la vivienda había tenido dos unidades funcionales y un sótano. La primera planta se distribuía en torno a un patio, antecedido por un zaguán, alrededor del cual se disponían tres crujías abovedadas con ladrillo, con diversos usos residenciales y de servicio. En la segunda, a pesar de estar parcialmente desmantelada en estos momentos, se replicaba la distribución, lo que indica algo común en las casas con climas meseteños: el uso de las partes altas en invierno para beneficiarse del calor de las cocinas bajas y el traslado al piso inferior en verano para aprovechar mejor el aislamiento del sol. Además, esta construcción, de forma excepcional, presentaba un sótano en dos alturas, con cuatro

---

12. Ricardo Izquierdo Benito, *La cultura material en la Edad Media. Perspectiva desde la arqueología*, Granada, Universidad de Granada – Universidad de Castilla-La Mancha, 2008, en especial las páginas 102-112.

13. Jean Passini, *Casas y casas principales urbanas: el espacio doméstico de Toledo a fines de la Edad Media*, Toledo, Universidad de Castilla-La Mancha, 2004.

14. Agradecemos a Antonio Gómez Laguna, arqueólogo del Servicio de Arqueología del Ayuntamiento de Toledo, permitirnos participar en el estudio de esta vivienda y el análisis de la documentación planimétrica.

bóvedas superpuestas, que durante la intervención interpretamos como aljibes, pero que pueden estar relacionadas con estructuras de cronologías previas amortizadas.

Adentrándonos, aunque ya lo hemos mencionado de forma tangencial, en el análisis de los materiales edilicios, la principal conclusión a la que podemos llegar es que en las edificaciones medievales se implementaron múltiples técnicas que se complementaban entre sí. El trabajo de la piedra fue sistemático, tanto en las fachadas como en interiores, aunque con diversas formas de aparejo (sillares, sillarejos, mampuestos, etc.) en función de la capacidad económica. Del mismo modo, la madera no sólo se utilizaba en forjados o techumbres, sino que también dio lugar a un uso mixto en las denominadas fábricas entramadas que armaban los paramentos. Estas, muy comunes en zonas serranas como por ejemplo la ciudad de Cuenca, consistían en formar un muro con una carpintería de madera cuyos espacios interiores se rellenaban de yesones, aunque en otras variantes podían utilizarse también adobes o, a veces, incluso poner escombros machacados y compactados con mortero de cal.

La existencia de construcciones en tierra, principalmente en tapial o en adobes y ladrillos cocidos fue abundante, tanto en interiores como exteriores, con múltiples aplicaciones, no sólo portantes sino también formando parte de pavimentos con distintos tipos de formas y decoraciones. Sin embargo, si algo era común en esta arquitectura, fueron las terminaciones revestidas: todos los materiales, tanto interiores como exteriores, se revocaban con cal, yeso o barro, con el fin de aportar mayor durabilidad y por razones sanitarias. Estos usos entroncan con la tradición popular de encalar o enjalbegar la arquitectura hasta prácticamente la actualidad, donde ciertas modas antinatura han desvirtuado multitud de edificios históricos.

Finalmente, haciendo una breve mención a los ajuares de estas viviendas, tenemos una variada información contenida en la iconografía o en la propia arqueología, aunque su profusión variaba según la categoría social. Eran escasos los muebles en una casa humilde, en contraste con la presencia de cofres, arquetas o cómodas en los hogares más pudientes[15]. Normalmente se solía encontrar algún arcón o armario, a veces de obra, así como elementos para sentarse, como pequeños bancos de diversos tamaños o banquetas. En cuanto a los lechos, se utilizaban paja o esteras de cáñamo o carrizo sobre el suelo, a diferencia de los jergones de lana que pocos podían permitirse, sin mencionar las camas de estructura de madera que aparecen en numerosas escenas artísticas del siglo XIII[16].

---

15. Ángela Franco Mata, «Mobiliario medieval en el Museo Arqueológico Nacional. Siglos VIII al XV», *Boletín del Museo Arqueológico Nacional*, XV (1999), 175-196.

16. Ricardo Izquierdo Benito, *La cultura material…*, 179-183.

Figura 2. Escudilla recuperada en el proceso de excavación de la villa de Montiel

Por otro lado, tanto la iconografía de las Cantigas como la arqueología nos brindan una información relevante relacionada con las cocinas. En este contexto, la vajilla de la época, heredera directa de las formas andalusíes, se conoce como cerámica mudéjar[17]. Se encuentran ollas y cazuelas utilizados para la cocción, orzas vidriadas para el almacenamiento de alimentos, jarras y lebrillos para los líquidos, y ataifores con diversas decoraciones, como los provenientes del Levante. Una pieza que se volvió omnipresente fue la escudilla: un pequeño plato con cierta profundidad, vidriado en su interior, que podemos asociar con la medida de una ración diaria de comida y cuya presencia es abundante en los registros arqueológicos (fig. 2).

1.2. Los espacios de vivienda en las aldeas

A lo largo de los amplios espacios que se fueron ganando al islam, los poderes cristianos de una u otra índole, se dedicaron a la nada desdeñable labor de

---

17. Manuel Retuerce Velasco, «Apuntes sobre la cerámica mudéjar de la corona de Castilla», en M. Adila (coord.), *Actas del coloquio internacional Mudéjares y Moriscos en las fuentes textuales y documentales, actualidad de su memoria histórica*, Tetuán, Publicaciones de la Asociación Marroquí de Estudios Andalusíes, 2017, 49-74.

repoblar unos territorios que, para La Meseta Sur, estaban mucho menos despoblados, por decirlo de alguna manera, de lo que la historiografía tradicional nos ha venido mostrando. La abundancia de los trabajos arqueológicos realizados, especialmente en el presente siglo, han venido a mostrar una realidad bastante distinta. Las numerosas aldeas que se nos citan en los documentos de la conquista no tienen tanto que ver, por lo menos para el siglo XIII, con la creación de nuevas fundaciones, sino que, más bien, nos muestran un poblamiento andalusí previo, distribuido por el territorio y claramente jerarquizado[18].

Estos nuevos núcleos de población cristiana, a pesar de su heterogeneidad en cuanto a su ubicación o morfología urbanística, poseían una serie de características semejantes. Muchos de ellos provienen de un sustrato andalusí previo, al amparo de una fortificación o sobre una alquería, sobre la que se van a ir superponiendo, de forma lenta las nuevas construcciones cristianas que, en muchos casos, simplemente van a transformar de una manera u otra los espacios. Además, se hace fundamental la presencia de la parroquia, normalmente situada en el centro de la población o en un lugar preminente de la misma, que se convierte en la piedra angular de la organización del enclave y, a una escala superior, del territorio[19]. Estos lugares, suelen estar asociados a construcciones defensivas, no dependientes tanto del señor del lugar como del propio concejo que es el encargado de la construcción de la cerca, en cuyo interior se define un pequeño urbanismo, normalmente de forma almendrada, distribuido por manzanas donde se apiñan las viviendas[20].

Ejemplos representativos de este fenómeno en los que se han conservado aún los vestigios fosilizados de la distribución del callejero medieval, son algunas aldeas del Campo de Montiel, bajo el señorío de los freires de Santiago, que hemos podido estudiar. La primera de ellas, Puebla del Príncipe, mantiene parte de la almendra que constituyó la primitiva fundación cristiana[21], donde se ubican dos espacios abiertos en la zona central, la más elevada, uno para la parroquia y el otro para un torreón (fig. 3). Pero lo más interesante es la perduración de parte de la distribución de las viviendas, donde hasta no hace mucho, se apreciaba como todas las traseras estaban formadas por corrales cuyas

---

18. Esto lo hemos podido constatar de forma clara por ejemplo en el Campo de Montiel pero es muy común en las distintas tierras de La Mancha, en este sentido remitimos a Jesús Manuel MOLERO GARCÍA y David GALLEGO VALLE, «El primer encastillamiento cristiano en el Campo de Montiel (1213 c.-1250)», en A. Pretel Marín (coord.), *Alcaraz del Islam al concejo cristiano*, Alcaraz, Instituto de Estudios Albacetenses, Alcaraz, 2013, 111-142.

19. José Ángel GARCÍA DE CORTÁZAR, *Historia religiosa del Occidente medieval (años 313-1464)*, Madrid, Akal, 2010, 288-300.

20. Ricardo IZQUIERDO BENITO, *La cultura material…*, 91.

21. En este lugar, como en otros de la zona, se produce un ligero traslado de la población previa andalusí, que se ubicaba más al norte, hacia el sur, con el fin de aprovechar un promontorio rocoso de más fácil defensa.

tapias iban configurando el recorrido de la antigua cerca. En Albaladejo, un lugar cercano, se puede observar un fenómeno similar de este urbanismo de repoblación, con las manzanas de edificios adaptadas a la antigua muralla que se asomaba a acantilados de roca, hoy muy matizados por los propios rodaderos del vecindario.

Entrando en el análisis de las propias viviendas aldeanas, existió una heterogeneidad que viene marcada por la propia orografía de los lugares y del sustrato histórico previo. A grandes rasgos, se adaptan al modelo que ya mencionaba García en un trabajo de síntesis en el que tratando el desarrollo de la casa elemental de los siglos altomedievales a través de la arqueología, formada por un edificio rectangular con una amplia habitación en la zona de entrada y un corral en la trasera, afirma que a partir de la Plena Edad Media se produce «…*la ampliación del espacio de las viviendas y el aumento del número de habitaciones utilizadas como taller, almacén, bodega, cocina, comedor, sala y dormitorio…*»[22].

Un caso sobre el que hemos podido trabajar y que nos puede ayudar a entender esta evolución, al menos en gran medida, es el urbanismo y las viviendas de la villa de Montiel. El espacio se ubica en la ladera sur, dentro del área de estudio que hemos denominado «Barrio Andalusí», por el momento de fundación de la mayor parte de las estructuras[23]. En este punto, a lo largo de una zona de intervención de más de media hectárea, las excavaciones han sacado a la luz un espacio habitacional con una secuencia de ocupación que va desde el siglo VIII al XIV, adaptándose al amplio desnivel que presenta la orografía.

El callejero se ciñe a los viales que corren de este a oeste, siguiendo las curvas de nivel del cerro, donde se crean calles muy estrechas que aprovechan el nivel geológico como basamento. A partir de aquí, se documenta cómo las fachadas principales de las casas están a la misma altura que la calle, mientras que las traseras quedan por debajo de las mismas. Esto es algo que aún hoy en día es normal en otras poblaciones cercanas, con la misma orografía, donde no se ha alterado el poblamiento medieval, como Almedina o Alhambra. Dentro de esta área hemos podido documentar cómo las moradas evolucionan desde el mundo islámico, destacando un gran inmueble que, con la conquista cristiana, se parcela en dos viviendas de planta rectangular, de las cuales hemos perdido parte de la zona meridional, correspondiente a la parte residencial.

---

22. Iñaki García Camino, «La vivienda medieval perspectivas de investigación desde la arqueología», en J.M. de la Iglesia Duarte (coord.), *La vida cotidiana en la Edad Media. VIII Semana de Estudios Medievales. Nájera, del 4 al 8 de agosto de 1997*, Logroño, IER, 1998, 77-110.

23. Jesús Manuel Molero García, David Gallego Valle y Cristina Peña Ruiz, «El conjunto arqueológico del Castillo de La Estrella de Montiel (Ciudad Real): fortaleza, villa medieval y campo de batalla», en *Actualidad de la investigación arqueológica en España III (2020-2021): conferencias impartidas en el Museo Arqueológico Nacional*, Madrid, Ministerio de Cultura y Deporte, 2021, 59-75.

Figura 3. Vista aérea de la zona principal del callejero de Puebla del Príncipe, con la iglesia
y el torreón en la parte central

Estos edificios, que fechamos a lo largo del siglo XIII, están construidos mediante zócalos de mampostería que aprovechan antiguas fábricas andalusíes, sobre las que se levantan cuerpos de tapial de tierra que, posteriormente, fueron enyesados. Al interior se compartimentan con muros de menor entidad pero que siguen unas técnicas constructivas similares. Los niveles de uso, en las zonas abiertas, eran de tierra apisonada, mientras que en las dependencias internas se le daba a un tratamiento torrefactado para endurecerla o se disponía mortero de cal, aunque existen rastros de la presencia, en algún punto, de ladrillos para el pavimento. Las viviendas contaban con sendos portillos en la parte trasera, que ascendía hacia la calle. Estos fueron abiertos rompiendo los antiguos muros islámicos y, en el momento de la exhumación, se encontraban tapiados. Ambas moradas estaban cubiertas con teja curva, cuyos restos se encontraron colapsados sobre los solados de varias estancias, proporcionando evidencia de la técnica de techado utilizada.

El elemento más representativo, conservado en la Vivienda 2, las más oriental, fue un pequeño horno de planta cuadrangular de 0,56 m de lado, construido en muros de mampostería y con una cámara de cocción formada por una pequeña bóveda de adobe, perdida en su mayor parte (fig. 4). La base estaba aparejada con ladrillos refractarios, claramente reaprovechados, que

Figura 4. Vista del horno localizado dentro de las viviendas excavadas en la villa de Montiel

habían sido cortados y adaptados. Destacaba, entre ellos, la presencia de un ataifor almohade amortizado que se había usado como una pieza más del espacio de cocción. En el momento de la excavación aún conservaba la última carga de combustible que, una vez que se calentaban los ladrillos, se retiraba y permitía poner las piezas de pan para hornear. Junto al mismo se documentó un molino de mano para moler el grano, de piedra caliza, lo que nos habla de una actividad doméstica de procesado y transformación del cereal.

Dejando de lado los elementos estructurales, el propio registro arqueológico documentado en el interior, fue muy útil para reconstruir los modos de vida de sus habitantes. Destaca la presencia de algunos platos de ala, pequeñas escudillas e incluso fragmentos de ataifores mudéjares con terminación en un vidriado de color verdoso. Además, llaman la atención algunos restos de tinajas islámicas con epigrafía que hacen alusión a la «baraka», los cuales fueron incrustados en los muros cristianos, mostrando una simbiosis cultural. También se pudo recuperar una amplia representación de fauna, con especies comunes en estos asentamientos como ovicápridos y bóvidos[24], así como algunos elementos de menaje, como cuchillos y navajas.

---

24. Los estudios sobre fauna fueron realizados por José Yavedra, dentro de los Proyectos de Investigación Arqueológica y Paleontológica de la Consejería de Cultura de la Junta de Comunidades de Castilla-La Mancha, cuyo investigador principal es Jesús Manuel Molero García.

No podemos dejar de mencionar, aunque hubiéramos preferido realizar un estudio más amplio, la cultura material vinculada al juego[25], que es muy representativa en la época de Alfonso X, tal como lo evidencia el *Libro de los Juegos*. En nuestro caso pudimos documentar toda una serie de elementos que a grandes rasgos se pueden agrupar en: dados de hueso, de tamaño variable; canicas realizadas en cerámica; algunas fichas, tanto reaprovechando fragmentos del ajuar doméstico como tejas o pequeños esquistos de roca; y, finalmente, destaca una pequeña pieza de ajedrez, en piedra caliza, de forma piramidal.

1.3. Vivir en la naturaleza: las otras moradas del hombre medieval

Aunque en los epígrafes anteriores hemos analizado ya las principales evidencias de los lugares donde las personas de la Edad Media tenían su morada, existieron otros lugares, normalmente ligados a las formas de ganarse el pan de cada una de ellas, donde estas gentes pasaron gran parte de su vida, ya fuera de forma estacional o permanente. Bien es verdad que, en muchos casos por lo precario, eventual o por los propios reaprovechamientos de estos espacios hábitat, es muy difícil analizar con ciertas garantías cómo fue su uso en los momentos cronológicos en que nos estamos moviendo en este estudio. No obstante, intentaremos hacer un acercamiento, aunque sea de una forma resumida, a los principales aspectos de este tema.

En primer lugar, debemos mencionar aquellos edificios que, ligados a las propias labores agropecuarias, alejadas de las poblaciones, conllevaban que un número nada desdeñable de población tuviera que hacer su vida en ellos[26]. En las fuentes y aún en la toponimia se les ha ido denominando como caseríos, cortijos[27] o llecos, conservando, aún en la actualidad, parte de los antropónimos que podemos rastrear en los documentos del siglo XIII como concordias, deslindes o privilegios. Se trataba de inmuebles de planta rectangular, abiertos en torno a un gran patio, donde gran parte de los edificios solían ser de una nave y se dedicaban a encerraderos del ganado o almacenes. Uno de ellos, el principal, formado por dos plantas, era donde se hacía la vida; en la baja, en grandes cocinas, se comía y dormía; en la principal, algo más cuidada, existían dependencias para la

---

25. En este sentido remitimos a vv.aa, «Los juegos», en M.T. López de Guereño Sanz y I. G. Bango Torviso (coord.), *Catálogo Alfonso X el Sabio [exposición] Sala San Esteban, Murcia, 27 octubre 2009-31 enero 2010*, Murcia, Ayuntamiento de Murcia, 2010, 548-617.

26. Clara Almagro Vidal, *Paisajes medievales en el Campo de Calatrava*, Madrid, La Ergástula, 2016, 67-80.

27. Luis Rafael Villegas Díaz, «Sobre el cortijo medieval: para una propuesta de definición», en *Aragón en la Edad Media XIV-XV. Homenaje a la Profesora Carmen Orcástegui Gros*, Zaragoza, Universidad de Zaragoza, 1999, 1609-1626.

familia del responsable de la explotación e, incluso, podían existir capillas como en el caso de los citados llecos que se diseminan por varias zonas de Cuenca[28].

En segundo lugar, no queremos dejar de mencionar otros lugares que nos parecen interesantes y que por el desconocimiento de su registro arqueológico han sido poco estudiados dentro de los trabajos ligados a la reconstrucción del paisaje medieval. Nos referimos a las viviendas rupestres, diseminadas por todo el territorio y alejadas de los núcleos de población, que aprovecharon lugares donde la roca era fácilmente trabajables para construir sus moradas, temporales o no. Las mismas estaban ligadas a diversas actividades como la ganadería, explotación de los recursos pétreos o minerales o la amplia presencia de los colmeneros en las tierras de la Alcarria. Lo importante de cara al estudio de estos espacios es poder reconstruir a través del registro cerámico, el proceso de ocupación, ya que, si no, se hace muy difícil poder adscribirlas cronológicamente y puede dar lugar a todo tipo de interpretaciones, a veces relacionadas de forma errónea con elementos eremíticos de cronología altomedieval.

De esta tipología podemos tener innumerables variables. Las más sencilla es aquella donde se aprovecha la visera de un roquedo y se cierra con un muro, como podrían ser los denominados comúnmente como los «hongos» de la laguna de la Lengua en el parque natural de Ruidera, donde hemos registrado que vivió una pequeña comunidad dedicada al uso agropecuario de la zona (fig. 5). Otros modelos, algo más complejos, incluyen elementos de fortificación, como la cueva de Matillas (Montiel), donde durante su excavación hemos identificado una amplia secuencia que, para el periodo medieval, tuvo una ocupación que va desde época Omeya hasta la conquista cristiana del siglo XIII. Sobre la oquedad, que se cierra con un potente muro, se levantó una torre de la que hoy en día sólo se aprecia parte de su cimentación.

Dentro de esta variante, las que mayor complejidad presentan, son los habitáculos que sólo exponen al exterior la entrada, a veces con un acceso en altura con el fin de proteger a sus moradores. Es al interior del propio sustrato rocoso donde se van desarrollando las distintas dependencias que se van interconectando entre sí por diversas galerías, creando ambientes con distintos usos, en un sistema muy similar al de las denominadas casas-cueva que se sitúan en muchas poblaciones[29]. Contienen espacios de cocina, que pueden conservar los restos de hogares y las salidas de humo, otros ambientes para el almacenaje con vasares tallados, ámbitos de residencia donde, incluso, se trabaja el roquedo para crear poyos que posteriormente eran forrados por pieles de animales, así como pequeños nichos elevados para colocar los candiles. Una

---

28. Carlos AYLLÓN GUTIÉRREZ, «Estructura parroquial en el sureste de Castilla a fines de la Edad Media», *Medievalismo*, 20 (2010), 173-202, en especial las páginas 177-179.

29. Sobre estos modelos un análisis arquitectónico lo podemos encontrar en José Luis GARCÍA GRINDA, *Arquitectura popular de la Alcarria Conquense*, Madrid, Alcaná Libros, 2006.

Figura 5. Uno de las viviendas rupestres de la laguna de la Lengua (Ossa de Montiel)

concentración muy interesante de este tipo de elementos se encuentra en la Alcarria destacando, para el momento de uso que estamos estudiando, el complejo que se localiza en Villar del Infantado (Cuenca), que tradicionalmente se ha conocido como el Castillo del Moro.

En estos lugares se han conservado conjuntos de grafitos, fácilmente trabajables debido a la naturaleza lítica de la arenisca, que nos muestran diversas facetas de las personas que los ocuparon y que hemos podido ir registrando en nuestros trabajos. Los más interesantes y numerosos son los símbolos apotropaicos, que permitían defenderse en un entorno hostil como era la propia naturaleza[30]. Documentamos todo tipo de cruces (latinas, patadas, de cinco, seis u ocho puntas…) que en muchos casos crean concentraciones donde se superponen entre sí, porque lo verdaderamente importante es hacer la marca, no la representación final. Además, existen otros elementos que se repiten, como los alquerques, en este caso no ligados al juego por las posiciones en que se encuentran y que, según las últimas investigaciones, también se dotan de este sentido de protección[31].

30. Pedro Javier Cruz Sánchez, «Cuando las cruces hablan. Análisis de los rastros de ritualidad popular sobre la pared desde una óptica antropológica», *Autoctonía: Revista de Ciencias Sociales e Historia*, 7, 1 (2023), 23-69.

31. José Miguel Lorenzo Arribas, «El alquerque medieval, un símbolo protector», *Revista digital de Iconografía Medieval*, 13, 23 (2021), 107-142.

2. Morir en tiempos de Alfonso X

Las distintas confesiones religiosas que coexistían en los reinos de Alfonso X vivían, como no podía ser de otra manera, preocupadas por la salvación de su alma y el paso al otro mundo. Cristianos, musulmanes y judíos, cada uno a su manera, contaban con rituales bien marcados que completaban todos los pasos desde que el individuo ponía fin a su vida hasta que era depositado en su morada eterna, en los lugares habilitados por cada comunidad para estos fines. A pesar de que nos hubiera gustado tratar los tres credos, por las propias limitaciones de este trabajo, nos vamos a centrar en el mayoritario, el cristiano, con el fin de poder ahondar en varias cuestiones de forma más detallada.

Las fuentes escritas son muy abundantes para el conocimiento de los aspectos relacionados con la muerte en la Edad Media[32], especialmente a partir de los siglos centrales de la misma: nos hablan de rituales y lugares de enterramiento[33], de la manera de afrontar el trance[34] y los sentimientos ante el mismo[35], etc. Pero, también, la denominada arqueología de la muerte nos aporta datos cada vez más relevantes. Las excavaciones en amplios espacios cementeriales nos permiten interpretar mejor la evolución de las comunidades y sus características[36], aunque el uso continuado en el tiempo de los templos hace que, en muchos casos, a partir de las transformaciones de la Edad Moderna las inhumaciones medievales acabaran formando parte de osarios comunes en espacios reservados de las parroquias[37].

Además, el análisis de los sepultados ayuda a conocer datos relevantes del finado, como su edad, sexo, huellas de traumas o enfermedades, o incluso su posición social, dependiendo de su lugar de enterramiento o ajuares. Por otro lado, los nuevos métodos procedentes de la antropología física que se están implementando permiten ir más allá a través de los estudios de ADN,

---

32. Un amplio debate sobre este tema en la obra colectiva Jaume Aurell y Julia Pavón Benito (eds.), *Ante la muerte: actitudes, espacios y formas en la España medieval*, Pamplona, Ediciones de la Universidad de Navarra, 2000.

33. Michel Lauwers, «Le cimetière dans le Moyen Âge latin. Lieu sacré, saint et religieux», *Annales. Histoire, Sciences Sociales*, 54, 5 (1999), 1047-1072.

34. María Luisa Bueno Domínguez, *Espacios de vida…*, en especial de las páginas 291-294 y 435-445.

35. Manuel Núñez Rodríguez y Ermelindo Portela Silva (coord.), *La idea y el sentimiento de la muerte en la historia y el arte de la Edad Media*, I y II, Santiago de Compostela, 1988 y 1992, respectivamente.

36. Una monografía de referencia sobre Toledo y los enterramientos de las tres religiones a lo largo de los siglos de la Edad Media la encontramos en Arturo Ruiz Taboada, *La vida futura es para los devotos. La muerte en el Toledo Medieval*, Madrid, La Ergástula, 2013.

37. Pedro Javier Cruz Sánchez y Marisol Encinas Manchado, «Aquí yazen sepultados. Algunas notas sobre los osarios parroquiales en el Antiguo Régimen», *Sautuola*, 23 (2018), 371-388.

que consiguen estudiar linajes y parentela, y los análisis de isótopos de huesos y denticiones, que aportan un importante volumen de información sobre la dieta y, a veces, sobre la movilidad geográfica de los individuos.

2.1. Dónde enterrarse: lugares y formas de inhumarse

El lugar por excelencia para enterrar fueron los templos, de diversas clases[38], como se ordenaba en Las Partidas:

> …por ende fue ordenado por los Padres Santos que oviessen sepulturas los cuer-pos cerca de las iglesias, e non en logares yermos e apartados de ellas, yaciendo soterrados por los campos, como las bestias…[39].

Pero no todo el mundo podía enterrarse en el interior de estos lugares, cuyo espacio quedaba reservado en las personas preminentes de la sociedad:

> …soterrar non debe ninguno en la iglesia si non a personas ciertas que son nom-bradas a esta ley, así como a los reyes, e las reynas, e a sus fijos, e a los obispos…e a los hombres honrrados que fiziessen eglesias de nuevo, o monasterios, o esco-giesen en ellas sepulturas, e a todo ome que fuesse clérigo o lego, que lo mereciese por santidad de la buena vida o buena obra…[40].

Bien es verdad que el lugar prioritario fueron las parroquias, que contaron en su entorno con cementerio. Se trata de inhumar en las denominadas «sagre-ras» o «dextros»[41], de cara a que los difuntos descansen en un lugar santo para poder gozar de la protección temporal (seguridad física) y espiritual de los lu-gares de culto[42]. Estos espacios, aunque de forma variable, suelen ocupar una

---

38. La nómina de lugares consagrados donde los fieles, especialmente de alto rango po-dían enterrarse eran muy variados como catedrales, parroquias, monasterios, etc. Sobre este tema ver el estudio de Julia Baldó Alcoz, «Ceremonias y espacios funerarios», en J. Pavón Be-nito, J. Baldó Alcoz y Á. García de la Borbolla, *Pamplona y la muerte en el Medievo*, Murcia, So-ciedad Española de Estudios Medievales, Anexos de Medievalismo, 2013, 67-126.

39. Alfonso X, *Las Siete Partidas del rey Don Alfonso el Sabio. Cotejadas con varios códi-ces antiguos por la Real Academia de la Historia*, (ed. facs. de la dada en Madrid, Imprenta Real, año 1807), Madrid, 1972. Partida I, Tit. XIII, Proemio.

40. *Ibidem*, Partida Partida I, Tit. XIII, Ley XI.

41. José Ángel García de Cortázar y Ruiz de Aguirre, «Factores eclesiales en la orga-nización socioeclesiológica del espacio físico en la Edad Media», en *Homenaje al profesor Eloy Benito Ruano*, vol. 1, Murcia, Sociedad Española de Estudios Medievales – Servicio de Publi-caciones de la Universidad de Murcia – Consejo Superior de Investigaciones Científicas, 2010, 291-306, en especial las páginas 301-305.

42. María Luisa Haind, «La muerte en la Edad Media», *Revista Electrónica Historias del Orbis Terrarum*, 1 (2009), 106-205, en especial 122-123.

porción de tierra que oscila desde los 30 a los 60 pasos de diámetro alrededor del templo[43], pero con el tiempo estas dimensiones pueden verse desbordadas e, incluso, ir añadiendo nuevos niveles de inhumaciones. Es habitual la presencia de osarios, criptas y pequeños oratorios dedicados a alguna advocación relacionada con el culto a los difuntos. En el interior de las iglesias o ermitas también se localizan enterramientos, tanto en el suelo como en las capillas y paredes, aunque suelen reservarse a personas de mayor rango[44].

En nuestro caso, en Montiel, tenemos un ejemplo excepcional para conocer cómo fue la evolución de los lugares y las formas de enterrar, en este caso ligado a la parroquia de Ntra. Señora de La Estrella[45]. El momento de formación del templo y el camposanto se produce a lo largo del siglo XIII, por lo que nos servirá para ilustrar las cuestiones que iremos tratando. Las distintas campañas de excavación nos han permitido documentar cómo el recinto mortuorio se extiende por los cuatro costados del templo, intuyéndose una organización por calles, de las que dan buena muestra la alineación de las tumbas principales, auténticos panteones familiares. En el interior, los espacios más demandados para el enterramiento, como era normal en la época[46], son los situados en el presbiterio, aunque también pudimos documentar un nicho en uno de los muros formeros del altar, con la presencia de dos individuos enterrados en dos momentos distintos, uno sobre el otro.

Dentro de la tipología de los enterramientos, dejando de lado la disposición en el interior o exterior de la propia iglesia, que ya marcaba una diferenciación significativa[47], queremos enfocarnos en la variedad de estas tumbas. Estas abarcan desde grandes obras de sillería hasta fosas sencillamente excavadas y cubiertas con tierra, aprovechando cualquier hueco entre otras estructuras de mayor importancia. Las sepulturas de sillería están normalmente asociadas a linajes familiares de cierto nivel económico y en su interior hemos inventariado no menos de una decena de individuos, estando el último depositado en posición primaria, mientras que el resto tiene su osamenta recogida en los osarios de los pies y los cráneos, habitualmente, en la cabecera (fig. 6). En algunos casos hemos documentado estelas discoideas funerarias con cruces

43. Vicente CAMPOS, «Las sepulturas medievales. Introducción a su estudio práctico», *Acta historica et archaeologica mediaevalia*, 18 (1997), 525-544.

44. Michel VOVELLE, *La mort et l'Occident de 1300 à nos jours*, París, Gallimard, 2000.

45. Un estudio en detalle en Jesús Manuel MOLERO GARCÍA y David GALLEGO VALLE, «Arqueología de las órdenes militares: la iglesia parroquial de Nuestra Señora de La Estrella en Montiel (Ciudad Real, España) (siglos XIII-XV)», en I. C. Ferreira Fernandes (coord.) *Entre Deus e o Rei. O mundo das Ordens Militares*, Lisboa, Edições Colibri, 2018, vol. II, 423-451.

46. Sobre la preferencia de espacios en los templos medievales véase Isidro BANGO TORVISO, «El espacio para enterramientos privilegiados en la arquitectura medieval española», *Anuario del Departamento de Historia del Arte (UAM)*, 4 (1992), 93-132.

47. Esta diferencia también la vemos en la propia dieta de los individuos que se ha analizado junto a la doctora Anne France Maurer del Laboratorio Hércules de la Universidad Évora, con la presencia rica en carne en los más pudientes y de un abanico de alimentos mucho más variado.

patadas inscritas en piedra arenisca, un fenómeno bien conocido en las tierras de Castilla[48], aunque menos común en áreas tan meridionales como en la que nos encontramos.

También existen otras tumbas de fábrica, como las de ladrillo con la cabecera antropomorfa o las delimitadas por mampuestos, que suelen ser individuales o, a lo sumo, contener dos individuos. En otros casos, tenemos fosas directamente excavadas en el sustrato del terreno, con una sección en forma de bañera en la que, de haber algún tipo de elemento constructivo, son las dos piezas para sustentar la cabeza del finado relacionadas con el ritual cristiano que trataremos en el siguiente epígrafe. Finalmente, en el interior del templo, aunque en este caso algo más tardíos que el periodo que estamos trabajando, se construyeron varios sarcófagos que eran visibles sobre la rasante del templo y que estuvieron profusamente decorados, como el denominado Sarcófago de los Leones[49].

Figura 6. Sepultura de sillares documentada en el interior del cementerio de la parroquia de Ntra. Señora de la Estrella de Montiel

2.2. Cómo enterrarse: del ritual canónigo a la materialidad de la muerte

En el ritual de inhumación cristiano de este periodo los individuos están depositados con la cabeza al oeste, es decir, orientados hacia el este. La causa principal de esta posición se ha explicado siempre en función de consideraciones de tipo religioso, especialmente aquellas que consideran la ciudad de Jerusalén como factor determinante en la práctica de dicha costumbre, extensible

48. Carlos DE LA CASA MARTÍNEZ, Carmen JUSUÉ SIMONENA y Joan MENCHÓN BES, «Estelas medievales cristianas de la Península Ibérica», en *III Congreso de Arqueología Medieval Española: actas. Oviedo, 27 marzo-1 abril 1989*, Oviedo, Universidad de Oviedo, 1989, vol. 1, 237-254.

49. Jesús Manuel MOLERO GARCÍA, David GALLEGO VALLE y Cristina PEÑA RUIZ, «Arqueología de la muerte y representación del poder en la Edad Media. El Sarcófago de los Leones en la Iglesia de Nuestra Señora de La Estrella (Montiel, Ciudad Real)», en M.ª T. López de Guereño Sanz, F. Miranda García y Margarita Cabrera Sánchez (eds.), *Migravit a seculo. Muerte y poder de príncipes en la Europa Medieval: perspectivas comparadas*, Madrid, Sílex, 2021, 645-666.

por añadidura a la orientación de las cabeceras y, por consiguiente, de los altares[50]. Desde el punto de vista anatómico, los cuerpos, siguiendo una norma que se cumple en todos los finados que hemos ido documentado, se depositan de cúbito supino, intentando en la mayor parte de los casos que los brazos reposen sobre el pecho. Además, para que la cabeza no pierda la posición, normalmente se disponían almohadas y cabeceros de ladrillo o materiales pétreos realizados en lajas de arenisca, que se trabajan, para encajar bien la cabeza del difunto.

Con esta disposición, se buscaba que la primera visión que tuviese el difunto al volver a la vida tras la resurrección fuese la imagen de Jesucristo, que aparecería por oriente. Este hecho se desprende de la interpretación del evangelio de San Mateo (Mt 24: 27), donde se dice que «como el relámpago sale por oriente y brilla hasta occidente, así será la venida del hijo del hombre», y en el famoso pasaje del Apocalipsis de San Juan, cuando se dispone que la parusía se produciría precisamente en Jerusalén, la ciudad donde se une lo terrenal con lo espiritual[51].

Los finados podían enterrarse directamente sobre el lecho de la tumba, envueltos en un sudario que les cubría por completo el rostro, como se muestra en una de las representaciones de Las Cantigas. Se usaban paños que podían ser de materiales nobles, para las personas pudientes, pero que para la gente corriente se usaba la propia sábana del lecho o cualquier tipo de retal que se guardaba para tal efecto. Tanto en el interior como en el exterior de la iglesia se han documentado evidencias de este proceso, donde algunos enterramientos aún presentaban restos de seda o lino, con la existencia de agujas y arandelas de bronce para ir sujetándolos. Los individuos, en otros casos, podían enterrarse sobre parihuelas, andas o ataúdes[52], de los que tenemos pocas muestras arqueológicas más allá de las grapas y clavos que unían los armazones de madera de estos.

Otro aspecto que nos parece importante es el de los ajuares funerarios, que se generalizan desde el siglo XIII y se irán volviendo cada vez más complejos[53]. Dejando de lado los ropajes y vestidos, que consideramos propios del amortajamiento, las gentes podían hacerse enterrar con objetos de los más variado, aunque normalmente ligados a piezas de ornamento. En nuestro caso, por ejemplo, pudimos documentar la presencia, en la referida tumba del altar, de un anillo de oro con alma de bronce. En otros, como en una de las tumbas familiares del camposanto, aparecieron un conjunto de apliques, con remaches dorados, donde se representaban elementos heráldicos vinculados al

---

50. Juan Carlos SÁENZ PRECIADO, Manuel Antonio MARTÍN BUENO y Alberto SEVILLA CONDE, «La necrópolis medieval de Bilbilis», *Saldvie: Estudios de prehistoria y arqueología*, 10 (2010), 207-224.

51. Paul BINSKI, *Medieval Death: Ritual and Representation*, Londres, British Museum Press, 2001, 47.

52. Julia BALDÓ ALCOZ, «Ceremonias y espacios funerarios…», 90.

53. *Ibidem.*

Figura 7. Enterramiento infantil excavado en el interior de la parroquia de Ntra. Señora de la Estrella en Montiel, con una moneda sobre el pecho

león. Además, tenemos pequeñas fíbulas, de hierro o bronce, con las que el finado quería mostrar un cierto estatus.

Un último aspecto que queremos tratar es el de las tumbas infantiles en cuanto a ciertos elementos, principalmente de su ajuar, que son interesantes para comprender la mentalidad de la época. Su forma de inhumación no suele diferir de la de los adultos, ya que los encontramos tanto en grandes sepulturas como en fosas simples en el cementerio o en la iglesia. A los infantes de distintas edades, e incluso bebes, suelen envolverlos en un sudario en el que, a veces, se disponen pequeños objetos, como pulseras de vidrio fragmentadas, asociadas al mal de ojo, o incluso juguetes, entre los que destaca el caso que documentamos de un sonajero formado por doce cascabeles. Un tema ciertamente controvertido es el de la existencia de monedas sobre el pecho de los niños, práctica que se da a lo largo de toda la Península Ibérica[54] y que hemos documentado en varios enterramientos (fig. 7), estando ligada esta costumbre a algún tipo de ritual apotropaico que aún estamos lejos de conocer en todas sus dimensiones.

---

54. Por poner sólo un ejemplo, en la necrópolis de San Esteban de Beriáin (Navarra) se ha constatado este mismo ritual, relacionándolo sus investigadores, también, con funciones de protección. José Antonio FARO CARBALLA *et alii*, «Necrópolis de San Esteban de Beriáin», en *La Tierra te sea leve. Arqueología de la muerte en Navarra*, Pamplona, Gobierno de Navarra, 2007, 227-223, la interpretación en la página 231.

3. Conclusiones

A lo largo de este trabajo hemos intentado realizar un análisis general, dadas las propias limitaciones de este texto, sobre diversos aspectos de la materialidad de la vida cotidiana durante el reinado de Alfonso X, poniendo el foco, desde el punto de vista geoespacial, en las manifestaciones que se producen en la Meseta Sur. Nos hemos centrado, especialmente, en abordar dos aspectos que nos parecían fundamentales: el de la vivienda, en sus distintas formas y manifestaciones; y el de la muerte, tratando los lugares de enterramiento y la variada expresión del ritual cristiano.

Nuestra metodología ha tenido en cuenta la información contenida en fuentes de diversa naturaleza, como las escritas o artísticas, pero la principal aportación ha venido del registro de la denominada arqueología del feudalismo, centrada en los buenos resultados que hemos obtenido en los diversos proyectos en los que venimos trabajando. Gracias a este estudio, podemos plantear una serie de conclusiones que nos deben servir como base para seguir investigando sobre la materialidad de esta época.

Hemos comprobado cómo desde la segunda mitad del siglo XIII se evidencia una transición cultural de la Plena a la Baja Edad Media, marcada por una notable expansión territorial que facilitó la hibridación cultural entre los elementos andalusíes y cristianos. Esta fusión no sólo se observa en las prácticas culturales, sino también en diversos aspectos tangibles como, por ejemplo, en la vivienda donde prevalecieron en gran medida los elementos heredados del pasado andalusí, cuyas formas y espacios se adaptaron lentamente a nuevas funciones ligadas a los modos de vida cristianos.

Las moradas de las gentes medievales han sido el primer gran bloque que hemos tratado y nos han permitido apreciar la diversidad de la distribución de la población en los reinos alfonsíes. Las encontramos a lo largo de ciudades, aldeas y en los diversos paisajes «antropizados» en la centuria del doscientos. En las urbes localizamos dos tipos de vivienda: aquellas en torno a un patio, ya sean individuales o comunales, y las casas-torre, que se adaptan a orografías abruptas y crecen en altura y no en anchura. En las aldeas de repoblación, de la diversa tipología que existían, las estructuras suelen ser rectangulares y bipartitas, con un espacio de vivienda y una trasera a modo de patio, dando acceso a dos calles. En el campo la variedad se multiplica en función de la intensidad del proceso de feudalización, pero, de forma general, hemos registrado cómo están asociadas a las labores agropecuarias que dan forma a caseríos y cortijos, así como, también, a la arquitectura rupestre en todas sus manifestaciones.

El otro gran tema que nos ha permitido reconstruir la vida cotidiana ha sido el de la muerte, en el cual nos hemos centrado en analizar principalmente dos aspectos: los lugares de enterramiento y las formas en que se realizan las inhumaciones. En cuanto al primero se evidencia una tendencia generalizada a que los habitantes se sepulten en sus parroquias, ya sea en su interior o en los camposantos cuyo uso se regula por parte de Alfonso X. Se documentan, para este periodo, una amplia variedad de estructuras mortuorias que van desde obras de sillería hasta simples fosas. Pero también se busca la morada eterna en otros lugares como catedrales o monasterios, reservados para las élites, creándose auténticos panteones que serán los predecesores de las lujosas capillas que proliferarán al final de la Edad Media.

En cuanto a los rituales observamos una gran homogeneidad, con los individuos depositados en decúbito supino sobre el lecho de las tumbas, a veces también en ataúdes o en andas, con la cabeza ligeramente calzada para que la faz mire al este, con el fin de que puedan observar la venida de Cristo en el momento del Juicio Final. Los cadáveres eran envueltos en sudarios de distintos tipos de textiles, en función de las posibilidades del finado, que eran recogidos con alfileres. En cuanto a los ajuares estaban ligados a ornamentos personales, caso de anillos o diademas, o a las vestimentas cuando el difunto no usaba sudario, como la presencia de fíbulas o aretes. Finalmente, un aspecto destacado fue el del enterramiento de los niños, donde no vemos rituales tan canónicos y sí la incorporación de algunos elementos de protección o superstición, donde se incluyen pulseras de vidrio o monedas sobre el pecho de los cuerpos de los infantes.

Finalmente, no podemos dejar de destacar la importancia que tiene la arqueología, como herramienta de la Historia, para seguir avanzando en el conocimiento de las sociedades feudales. Debemos implementar el uso de sus técnicas, en colaboración con otras ciencias, para reconstruir los diversos aspectos mencionados en las fuentes escritas, lo que nos permitirá tener una visión más clara y amplia de todos los procesos que se dieron en la construcción de la nueva realidad feudal que se impuso, de forma decidida, en la mayor parte de la Península Ibérica a partir del del reinado de Alfonso X.

COMER Y VESTIR EN ÉPOCA DE ALFONSO X DE CASTILLA[*]

David Nogales Rincón
Universidad Autónoma de Madrid

1. COMER Y VESTIR EN ÉPOCA GÓTICA: ENTRE LA NECESIDAD MATERIAL Y LO SIMBÓLICO

El estudio del vestido y la alimentación constituye, más allá de lo anecdótico, un campo de análisis de gran interés, pero también de enorme complejidad, por cuanto en él convergen en torno al cuerpo cuestiones de tipo religioso, cultural, económico, social e incluso político, articuladas en base a las prácticas de consumo, a las propias percepciones sobre el cuerpo o a los procesos de civilización, vinculados al concepto de *cortesía*[1].

En torno al vestido y a la alimentación confluyen motivaciones tanto prácticas –asegurar el sustento y la protección del cuerpo– como sociales, gracias a su capacidad para «señalar los diferentes grupos sociales»[2] y a su condición

* Este trabajo forma parte de los proyectos de investigación de la Agencia Estatal de Investigación PID2021-123762NB-I00 *Conflictividad religiosa en la Edad Media peninsular: confrontación, convivencia y coexistencia (ss. VIII-XV)* y PID2020-113794GB-I00 *Pacto, negociación y conflicto en la cultura política castellana (1230-1516)*, AEI/10.13039/501100011033, así como de los grupos de investigación UAM F1-236 *Recursos, ideología y relaciones de poder en la Edad Media Peninsular* (*Estoria*) y UCM n.º 930369 *Sociedad, poder y cultura en la Corona de Castilla, siglos XIII al XVI* (*SPOCCAST*).

1. Un marco general a estas cuestiones en Jacques LE GOFF y Nicolas TRUONG, *Una historia del cuerpo en la Edad Media*, Barcelona – Buenos Aires – México, Paidós, 2005, especialmente 33-75 y 111-128.

2. José Ángel GARCÍA DE CORTÁZAR, «Las necesidades ineludibles: alimentación, vestido, vivienda», en *La época del gótico en la cultura española (c. 1220-c. 1480)*, Col. *Historia de España* dirigida por Ramón Menéndez Pidal, tomo XVI, Madrid, Espasa-Calpe, 1997, 5-82, 29.

de «compleja construcción cultural que genera poderosos vínculos emocio-
nales, define hábitos y pertenencias, tiempos y significados»[3]. Así, indumentaria y alimentación se convierten en torno a las nociones de *jerarquización*[4] y
de *identidad*[5] en dos realidades fundamentales para construir lo que Julio Valdeón Baruque ha denominado como la «historia social de la vida cotidiana»[6].

La dimensión social de este consumo viene condicionada por distintos
parámetros en los que lo sígnico, pero sobre todo lo simbólico, tienen un claro
protagonismo. En primer lugar, por la capacidad económica del consumi-
dor para acceder a producciones lejanas o exóticas, que lo sitúan en una posición privilegiada de exclusividad respecto al resto de la sociedad. En segundo
lugar, por la dimensión simbólica ligada a ciertas realidades, como el pan y
el vino, asociados a la eucaristía, o el oro, vinculado al sol[7]. En tercer lugar,
por distintas normativas suntuarias que, bajo motivaciones económicas (evitar
gastos excesivos), morales (asegurar la honestidad) y sociales (garantizar la diferencia social), buscan establecer límites al consumo atendiendo al estamento
o grupo social; dichas normas se sustancian en la legislación eclesiástica, concejil y, especialmente, regia, respecto a las cuales Castilla se perfila como un
ámbito vanguardista en el marco europeo del momento[8]. En cuarto lugar, por

---

3. Ignacio Fernández de Mata, «Alimentación e identidad: ámbitos para el patrimonio», en *El patrimonio cultural inmaterial de Castilla y León: propuestas para un atlas etnográ-
fico*, Madrid, Editorial CSIC, 2016, 223-234, 223.

4. En este sentido, por ejemplo, Melitta Weiss Adamson ha hablado de *«food hierarchies»*
en Melitta Weiss Adamson, *Food in Medieval Times*, Westport, Connecticut – Londres, Green-
wood Press, 2004, 181.

5. En este sentido, como señala González Marrero en relación con el vestido, «al mismo
tiempo agrupa a quienes participan de un mismo estilo de vida, quienes forman parte –o lo de-
sean– de un mismo colectivo social, económico y cultural», María del Cristo González Marrero, «Tejidos, vestidos y modas: El gusto por lo extranjero en la casa y en la corte de Isabel la
Católica», en *Los gustos y la moda a lo largo de la historia*, Valladolid, Ediciones Universidad de
Valladolid, 2014, 15-73, 21.

6. Julio Valdeón Baruque, «Aspectos de la vida cotidiana en la Castilla de fines de la
Edad Media», en *Vida cotidiana en la España medieval*, Aguilar de Campoo (Palencia), Fundación Santa María la Real, Madrid, Polifemo, 1998, 9-20, 12.

7. Gonzalo de Berceo, *Obra completa*, Madrid, Espasa-Calpe, Logroño, Gobierno de La Rioja,
1992, *Del sacrificio de la misa*, 999, estrofa 162; Alfonso X, *Setenario*, ed. de Kenneth H. Vander-
ford, Barcelona, Editorial Crítica, 1984, ley XI, 40; Alfonso X, *Libro de las formas e imágenes que son
en los cielos*, ed. de Pedro Sánchez-Prieto Borja, Madrid, Fundación José Antonio Castro, 2014, 64.

8. Lauren Ann Wilson, «Status», en *A Cultural History of Dress and Fashion. 2: In the Medieval Age*, Londres, Bloomsbury Academic, 2017, 107-124, 114. En el ámbito concejil vemos
igualmente disposiciones tempranas, como la dada por el concejo de Oviedo en 1274, *Ordenanzas que estableció el concejo de Oviedo para el régimen de sus moradores* (1274) edit. en Ci-
riaco Miguel Vigil, *Colección histórico-diplomática del Ayuntamiento de Oviedo*, Oviedo, Imp.
Pardo, Gusano y Compª, Editores, 1889, doc. n.º XXXVII, 68. Sobre esta legislación es fundamental José Damián González Arce, *Apariencia y poder: la legislación suntuaria castellana en
los siglos XIII-XV*, Jaén, Universidad de Jaén, 1998.

modelos éticos y religiosos, que en ocasiones adoptan la forma del tabú cultural y religioso –y, su reverso, con la definición de alimentos y vestidos rituales–, que limitan o prohíben el consumo de determinados productos –o que, por el contrario, promueven su consumo– de forma temporal o permanente, en torno frecuentemente a las nociones de *puro* e *impuro*[9]. Dichos modelos –que dan forma a recomendaciones como «el comer fue puesto para vevir, que non el vevir para el comer» o que «los caballeros deben seer mesurados en comer, et en beber et en dormir»[10]– se encontrarán moldeados no solo por el pensamiento eclesiástico[11], sino también por prescripciones dietéticas y sanitarias fundadas en la teoría humoral[12].

En su conjunto, las prácticas de consumo son fundamentales, por un lado, para insertar al individuo dentro de un grupo (social, religioso, profesional, etc.) y fijar su posición en la jerarquía social, y, por otro, para definir a unos grupos frente a otros[13]. Esta dimensión del consumo permite definir lo que distintos autores han denominado como los «sistemas alimentarios»[14]

---

9. Algunas pautas generales sobre esta cuestión en Teresa DE CASTRO MARTÍNEZ, *La alimentación en las crónicas castellanas bajomedievales*, Granada, Universidad de Granada, 1996, 197-210.

10. ALFONSO X, *Siete partidas*, Madrid, Imprenta Real, 1807, 3 vols., partida II, título V, ley II, vol. II, 26; ALFONSO X, *Siete…*, partida II, título XXI, ley XIX, vol. II, 212-213.

11. En relación con este pensamiento eclesiástico cabe llamar la atención particularmente sobre los pecados veniales «en comer o en beuer más que non deue» (ALFONSO X, *Setenario*, ley XCVIII, 184) y especialmente los capitales de la lujuria y la gula, que habían sido definidos, al menos, desde el siglo V d.C. bajo la influencia de las prácticas ascéticas. Estas prácticas, que buscan una negación de lo corporal en torno a una experiencia alterizada del consumo, definen un modelo que en su versión más rigurosa gira en torno al sustento basado en «pan de ordio» y agua, o el uso de «áspero vestido», «celicio» o «vestidos de lana» (Gonzalo DE BERCEO, *Obra…*, *Vida de San Millán de la Cogolla*, 175, estrofa 190; Gonzalo DE BERCEO, *Obra…*, *Vida de Santo Domingo de Silos*, 431, estrofa 689; Gonzalo DE BERCEO, *Obra…*, *Poema de Santa Oria*, 503, estrofa 21; Walter METTMANN, *Cantigas de Santa María*, Madrid, Castalia, 1988-2004, 3 vols., 275-276, cantiga 88, vv. 16-29). Un marco global y completo sobre la cuestión en relación con la alimentación en Antoni RIERA MELIS, *Alimentación, sociedad, cultura y política en el Occidente medieval*, Somonte-Cerano (Gijón), Ediciones Trea, 2021, 307, 313-392 y Allen J. GRIECO, «Body and Soul», en Massimo Montanari (ed.), *A Cultural History of Food in the Medieval Age*, Londres – Nueva York, Bloomsbury Academic, 2016, 143-150.

12. Diversas recomendaciones alimentarias, estrechamente ligadas a distintas concepciones médicas, en PSEUDO-ARISTÓTELES, *Secreto de los secretos. Poridat de las poridades*, ed. de Hugo Ó. Bizzarri, Valencia, Universitat de València, 2010, 79-81, 84-90, 152-157; ALFONSO X, *Siete…*, partida II, título V, ley II, vol. II, 5-26; ALFONSO X, *Siete…*, partida II, título VII, ley V, vol. II, 47; ALFONSO X, *Siete…*, partida II, título VII, ley VI, vol. II, 48-49.

13. Cf. Melitta Weiss ADAMSON, *Food…*, 181.

14. Antoni RIERA MELIS, *Alimentación…*, 222-223. Con un sentido similar es utilizado el concepto de «regímenes alimentarios», referido por De Castro Martínez, que atiende a «diferenciaciones geográficas, sociales, económicas, religiosas, cuantitativas, ideológicas, etc.» (Teresa DE CASTRO MARTÍNEZ, *La alimentación…*, 35) o de «sistemas culinarios», que, como sucede en el caso de los «sistemas culinarios de las elites», se caracterizan por haberse desarrollado «a

o los «códigos indumentarios» (*dress code*)[15] característicos de un grupo particular.

Desde el punto de vista de la evolución del consumo en época bajomedieval, el reinado de Alfonso X de Castilla (1252-1284) se nos presenta como un período con personalidad propia, que cabe incluir dentro del modelo cultural gótico, del que participan particularmente las elites políticas y el espacio urbano. Este reinado se perfila como un período bisagra entre las prácticas heredadas del románico, es decir, las correspondientes al siglo XII y las primeras décadas del siglo XIII, que en el caso de la indumentaria están marcadas por la influencia del mundo clásico y por las modas bizantinas, y las posteriores prácticas tardogóticas que se imponen avanzado el siglo XIV y que cristalizarán ya en el siglo XV en torno al conocido tradicionalmente como modelo *borgoñón*.

En este sentido, durante este período es posible observar algunas pervivencias románicas, como la escasa diferenciación entre sexos que manifiesta la indumentaria, lejos de las tendencias que se imponen a partir de 1330[16], o en el caso de la alimentación por la presencia de «una cocina técnicamente sencilla, caracterizada por la utilización de grasas animales, un sistema de cocciones sucesivas prolongadas, capaz de molificar la textura de todo tipo de carnes, y una condimentación poco variada, basada en la pimienta»[17], distante de técnicas culinarias avanzadas o del gusto por el contraste y la mezcla de sabores, que invaden las cocinas en los momentos finales de la Edad Media[18].

Por otro lado, este período presenta algunas innovaciones que anticipan el devenir bajomedieval, como es, en primer lugar, el interés por lo heráldico y emblemático. En segundo lugar, el uso de telas «a meytad»[19], es decir, en dos

---

partir de especializaciones productivas, superación de la estacionalidad y redes de mercado considerablemente diferenciadas de las del resto de la población», entre otros aspectos (Isabel GONZÁLEZ TURMO, «La dimensión social de la alimentación: consideraciones metodológicas», en *Alimentación y cultura. Actas del Congreso Internacional, 1998. Museo Nacional de Antropología. España*, Huesca, La Val de Onsera, 1999, vol. I, 245-257, 250).

15. Lauren Ann WILSON, «Status», 120.

16. Gonzalo MENÉNDEZ PIDAL Y GOYRI, *La España del siglo XIII leída en imágenes*, con la colaboración de Carmen Bernis Madrazo, Madrid, Real Academia de la Historia, 1986, 73; Lauren Ann WILSON, «Status», 111-112.

17. Antoni RIERA MELIS, *Alimentación...*, 98-99.

18. Barbara SANTICH, «The Evolution of Culinary Techniques in the Medieval Era», en *Food in the Middle Ages. A Book of Essays*, Nueva York, Taylor & Francis, 1995, 61-81, 66-77; Antoni RIERA MELIS, «Gastronomía y política en los banquetes cortesanos de la Baja Edad Media», en *La alimentación en la Corona de Aragón (siglos XIV-XV)*, Zaragoza, Institución Fernando el Católico (CSIC), Excma. Diputación de Zaragoza, 2013, 65-100, 73.

19. *Cortes de los antiguos reinos de León y de Castilla. Tomo primero*, Madrid, Imprenta y Estereotipia de M. Rivadeneira, Real Academia de la Historia, 1861, Cortes de Jerez de 1268, 68; *Constituciones para la diócesis de León dadas por el obispo don Martín Fernández* (1267, mayo, 6/octubre, 27) edit. en *Colección documental del Archivo de la Catedral de León. VIII (1230-1269)*, León, Centro de Estudios e Investigación San Isidoro, 1993, doc. n.º 2269, 461-473, 462.

colores, en las que quizá pudo pesar la combinación cromática presente en los emblemas heráldicos. En tercer lugar, el creciente interés por el vestido o la comida como medios de distinción, en una línea puesta de relieve por José Ángel García de Cortázar[20], que se manifiesta en este período alfonsí no solo en la suntuosidad de ciertas producciones textiles o el consumo de ciertos alimentos, como la carne, sino de manera muy especial en la difusión de la referida legislación suntuaria, por cuanto esta se presenta en el caso de la indumentaria como un «*indicator of the intensification of the connection between dress and status*»[21]. En cuarto lugar, en el ámbito particular del vestido, en tipologías novedosas, con el subrayado de las formas del cuerpo a través de prendas más ceñidas, el predominio del traje corto entre los cristianos frente a los trajes talares característicos del siglo XII, el abandono a partir de 1275 de las sayas con escotes desbocados a favor de los escotes acoplados a la forma del cuello, o el estrechamiento y alargamiento de la punta de los zapatos a partir de 1260[22]. Y, finalmente, en quinto y último lugar, innovaciones en el campo de la gastronomía, con «un evidente progreso del gusto de lo dulce», vinculado a la incorporación a partir del siglo XIII, junto a la miel, del azúcar de caña[23].

Sin embargo, es importante destacar que fuera de los referidos círculos de las élites y del marco urbano, tanto la gastronomía como la indumentaria tenderán a mantener una cierta estabilidad y resistencia al cambio, hasta el punto de dar lugar a manifestaciones de larga duración, que dificultan particularizar este período desde el punto de vista del consumo.

Aunque cabe insertar el ámbito castellano dentro de las tendencias de consumo comunes al ámbito europeo[24], es posible observar algunas particularidades. Dichas particularidades son el resultado tanto de las características agropecuarias de la Península, propias del clima mediterráneo, simbolizadas

---

20. José Ángel García de Cortázar, «Prólogo», en *La época del gótico en la cultura española (c. 1220-c. 1480)*, Col. *Historia de España* dirigida por Ramón Menéndez Pidal, tomo XVI, Madrid, Espasa-Calpe, 1997, XI-XL, XXVIII, XXIX.

21. Lauren Ann Wilson, «Status», 114.

22. José Ángel García de Cortázar, «Las necesidades…», 30; Gonzalo Menéndez Pidal y Goyri, *La España…*, 62, 65; Nieves Fresneda González, *Moda y belleza femenina en la Corona de Castilla durante los siglos XIII y XIV*, Madrid, Dykinson, 2016, 485.

23. José Ángel García de Cortázar, «Las necesidades…», 20.

24. Referencias a la inserción de la moda castellana dentro de las modas *internacionales* europeas, en las que son fundamentales la influencia francesa, en Gonzalo Menéndez Pidal y Goyri, *La España…*, 52, 62, 65-66, 69-71, 84, 86, 91; Amparo García Cuadrado, *Las Cantigas: el Códice de Florencia*, Murcia, Universidad de Murcia, 1993, 95-96, 144, 155; Nieves Fresneda González, *Moda…*, 59, 670; Carmen Bernis Madrazo, *Indumentaria medieval española*, Madrid, Instituto Diego de Velázquez del Consejo Superior de Investigaciones Científicas, 1956, 19, 23-25. En el caso de la alimentación, es igualmente clara la integración en este modelo de consumo en torno al predominio del vino y el pan.

en el olivo, el trigo y la vid[25], como de su particular desarrollo histórico, marcado por una estrecha relación con el ámbito islámico. Una relación cuyas implicaciones serán múltiples desde nuestra perspectiva de estudio: desde un más fácil acceso a las producciones textiles y alimentarias andalusíes[26]; pasando por las influencias formales de la moda islámica sobre la castellana, especialmente en lo que se refiere a la moda femenina, como los bordados con seda de colores en las conocidas como *camisas margonadas*, las *mangas cosedizas*, las tocas o la prolongación recurvada del calzado, lejos, en cualquier caso, de la honda influencia andalusí que manifestará la indumentaria castellana en los siglos XIV y XV[27]; hasta la continuidad, tras la conquista cristiana, de la explotación de los olivares y, en menor medida, higuerales en Andalucía y de la huerta en Murcia, marcada, en algunos casos, por el abandono de los campos, la escasez de mano de obra o la expansión de la vid o de la ganadería[28].

A lo largo de las páginas que siguen, vamos a intentar ofrecer una panorámica sobre la indumentaria y la alimentación durante el reinado del Rey Sabio,

---

25. Sobre esta cuestión en una perspectiva de larga duración en torno a la dieta mediterránea, que implica una serie de prácticas, expresiones y tradiciones, véase *Convivium. Arqueología de la dieta mediterránea*, Madrid, Ministerio de Cultura, P&M Ediciones, 2024.

26. Muestra de este acceso a los textiles islámicos lo tenemos, por ejemplo, en aquellos «muchos pannos presçiados et de muchas naturas» regalados por el emir mameluco de Egipto a Alfonso X en la década de 1260 (*Crónica de Alfonso X*, ed. de Manuel González Jiménez, Murcia, Real Academia Alfonso X el Sabio, 1999, cap. IX, 28) o en «todas las otras ropas que traen de terra de los moros», a las que se refieren las ordenanzas de la ciudad de Sevilla (José Damián GONZÁLEZ ARCE, «Cuadernos de ordenanzas y otros documentos sevillanos del reinado de Alfonso X», *Historia. Instituciones. Documentos*, 16 (2018), 103-132, 127). De una forma similar, a nivel alimentario, podemos ver el queso y miel «que troxieren [a Sevilla] de terra de moros» (José Damián GONZÁLEZ ARCE, «Cuaderno…», 128) o la autorización que se da a los musulmanes de Murcia para la exportación de «azeyte et figos et pasas et almendras, seyendo primeramientre la tierra abondada dello» (*Privilegio rodado por el que establece las cantidades que los mercaderes murcianos y extranjeros debían de satisfacer en el reino de Murcia y en el resto de Castilla* (1271, abril, 30. Murcia) edit. en Juan TORRES FONTES, *Documentos de Alfonso X el Sabio*, Murcia, Real Academia Alfonso X el Sabio, 2008, doc. n.º CLXXX, 204), sin olvidar la temprana difusión, previa al período alfonsí, que en el ámbito hispánico tienen ciertos productos (especias, cítricos, hortalizas) llegados de Oriente, como el arroz, el limón, las berenjenas, las espinacas, las almendras o la caña de azúcar, que en algunos casos, a la altura de mediados de siglo XIII, estaban difundidos igualmente por el resto del Occidente cristiano (María Ángeles PÉREZ SAMPER, *Comer y beber. Una historia de la alimentación en España*, Madrid, Ediciones Cátedra, 2024, 17-32).

27. Gonzalo MENÉNDEZ PIDAL Y GOYRI, *La España…*, 52-53, 73, 87; María MARTÍNEZ MARTÍNEZ, «Influencias islámicas en la indumentaria medieval española», *Estudios sobre Patrimonio, Cultura y Ciencias Medievales*, 13-14 (2012), 187-222, 203, 207-215; Nieves FRESNEDA GONZÁLEZ, *Moda…*, 55, 487, 669-670.

28. Algunas notas sobre estas cuestiones en Mercedes BORRERO FERNÁNDEZ, «Cambios políticos y paisaje agrario en la Edad Media: el ejemplo del campo andaluz (siglos XIII-XV)», *Cuadernos del CEMYR*, 7 (1999), 69-93, 84-92; María MARTÍNEZ MARTÍNEZ, «La identidad del paisaje: la huerta andalusí y castellana de Murcia en el siglo XIII», *Historia. Instituciones. Documentos*, 44 (2017), 212-241, 257-262.

contextualizada dentro de la evolución bajomedieval castellana. Para ello, vamos a partir de una diversidad de fuentes, entre las que cabe referir, en primer lugar, las fuentes textuales (textos historiográficos, con la *Crónica de Alfonso X* al frente; de carácter normativo, entre las que podemos destacar los ordenamientos de Cortes y las ordenanzas municipales; de naturaleza fiscal, como el portazgo; documentos privados, como los testamentos; o fuentes literarias, como las *Cantigas de Santa María* de Alfonso X). En segundo lugar, fuentes arqueológicas y materiales, entre las que cabe incluir el estudio de restos animales, antropológicos, cerámicos y textiles. Y, por último, las fuentes iconográficas, en las que ocupa un lugar relevante la iluminación alfonsí.

Como sucede en otros ámbitos y períodos, mientras que las prácticas de las elites son fáciles de reconstruir, no lo son tanto las populares, cuyo rastro documental o literario tiende a ser muy reducido, con informaciones dispersas y fragmentarias. La ausencia de registros contables sistemáticos impide, además, trazar –más allá de mostrar algunas tendencias generales– una evolución estadística y, en algunos casos, poder ofrecer imágenes matizadas por regiones o estratos sociales.

2. Comer en época de Alfonso X: regímenes alimentarios y distinción social

Como señala Antoni Riera Melis, el pan y el vino se convirtieron a partir de los siglos XII y XIII en el centro del sistema alimentario de la cristiandad en todos los estamentos y colectivos[29], en un proceso en el que «la dieta ordinaria de los estratos sociales inferiores había perdido, durante estos ciento ochenta años [entre 1110 y 1280], la diversidad que la caracterizó durante la Alta Edad Media; los cereales habían eclipsado las restantes viandas, relegándolas, como en la época romana, a la condición de companaje»[30]. No es extraño, por ello, que cuando Alfonso X decida abandonar la Península para marchar al Imperio en 1274, la crónica real ponga de relieve particularmente el cereal y el vino que portaría con él, al señalar que «mandó cargar en Seuilla e en los puertos de Gallizia e de Asturias muchas naues de trigo e de çeuada e de vinos et de otras viandas, las que entendió que podrían yr por mar»[31], o que incluso comer buen pan («bon pan») y beber buen vino («bõos vỹos») se presente en las *Cantigas* como símbolo de hedonismo[32]. Ello convertirá al cereal y a las uvas

---

29. Antoni Riera Melis, *Alimentación...*, 126.
30. Antoni Riera Melis, *Alimentación...*, 307.
31. *Crónica...*, cap. LIX, 171.
32. Walter Mettmann, *Cantigas...*, 61, cantiga 119, v. 16.

en los «fructos de que la tierra más se aprovechan [los hombres]»[33]. En este contexto, aunque las elites podían mostrar su posición a través del consumo de pan blanco, elaborado con trigo candeal, será sobre todo el vino el que servirá, debido a las variaciones de precio, como instrumento preferente para expresar la jerarquización social[34].

En relación con la elaboración de pan, cabe destacar, entre los cereales, el trigo[35]. No obstante, la propia dependencia regional de los alimentos impondrá usos alternativos, como el centeno (Galicia), el mijo (Asturias y País Vasco) o la cebada y la avena (Castilla)[36]. Este cereal se guardará en distintos espacios, como silos subterráneos[37]; los hórreos, de los que tenemos un buen testimonio gráfico en la cantiga 187[38]; o en el ámbito monástico las cillas, utilizadas como almacén de provisiones, las cuales por lo general presentan una sección rectangular, de nave única o más frecuentemente de dos naves, distribuidas en dos pisos –uno inferior, a modo de bodega, y otro superior, a modo troje para almacenar el grano–, del que contamos con un excelente ejemplo en la cilla del monasterio de Santa María de Huerta, de mediados del siglo XIII[39].

En relación con el vino, es posible observar en estos momentos distintas categorías en función de su variedad («blanco»[40]), de su envejecimiento («aneyo», es decir, envejecido, y «nueuo»[41]), de su origen («de la cogecha» o «forrero», es decir, vino local, frente al «de acarreo», es decir, traído desde otras zonas[42], como el «vino castellano» consumido en Sevilla[43]) o de su calidad

---

33. ALFONSO X, *El Espéculo*, Madrid, Agencia Estatal Boletín Oficial del Estado, 2018, lib. V, ley 6, 349. El cultivo de cereal estaría destinado preferentemente a la elaboración de pan, como pone de relieve la frecuente denominación de este cereal como *panes,* tal como aparece en ALFONSO X, *El Espéculo*, 82, 152, 349-350.

34. Julián CLEMENTE RAMOS, *La economía…*, 135-136.

35. Julián CLEMENTE RAMOS, *La economía…*, 119-121.

36. José Ángel GARCÍA DE CORTÁZAR, «Las necesidades…», 14.

37. Una panorámica global en Antonio FERNÁNDEZ UGALDE, «El almacenamiento subterráneo y la conquista feudal en la península ibérica: aportaciones de la arqueología», en *Rural Settlements in Medieval Europe. Papers of the Medieval Europe Brugge 1997 Conference*, Zellik, Instituut voor het Archeologisch Patrimonium, 1997, 283-289.

38. Gonzalo MENÉNDEZ PIDAL Y GOYRI, *La España…*, 115.

39. María Teresa LÓPEZ DE GUEREÑO SANZ, «La cilla, el pasaje de conversos y el locutorio del cillero», en *Monjes y monasterios. El Císter en el medievo de Castilla y León*, Valladolid, Junta de Castilla y León, 1998, 255-259, 255-256. Sobre su cronología seguimos a María Teresa LÓPEZ DE GUEREÑO SANZ, «Cilla. Santa María de Huerta (Soria)», en *Monjes…*, 262.

40. ALFONSO X, *Lapidario…*, 27.

41. *Testamento de Juan Martínez, hijo de don Martín Leonardo* (1270, mayo, 26) edit. en *Colección documental…IX (1269-1300)*, doc. n.º 2288, 6-11, 10.

42. *Ordenanzas de Sevilla* edit. en José Damián GONZÁLEZ ARCE, «Cuadernos…», doc. n.º I, 103-132; *Padrón de los fueros del almojarifadgo por que toman los portazgos en Toledo y en Sevilla* en José Damián GONZÁLEZ ARCE, «Cuadernos…», doc. n.º IV, 129.

43. *Padrón de los fueros…*, 129.

(desde los vinos de baja calidad, como el «aguapié»[44], al que se le rebajaba con agua, a aquellos vinos de calidad, que son denominados por su origen, como el «bon vino de Ourens»[45]).

Este interés por el consumo del vino explica que durante este período veamos en las ciudades a sectores medios urbanos, incluidos los cabildos catedralicios[46], que poseen bodegas propias –que podrían servir también para el almacenamiento alimentario–, como la «la bodega del arcidiano don Sebastián» o «la bodega que fue de la reyna donna Johanna [Juana de Pontis, mujer de Fernando III]», citadas en Córdoba en 1281[47]; la bodega, situada en Miguelheles (Ávila) en 1260, «teiada con sus puertas medianas e con su çerradura de adaba», donde, entre otras, había «quatro cubas buenas, vieias, bien adobadas e complidas de arcos», donde se disponían las cubas de madera[48]; o «unas casas con su bodega et con seis cubas et una tina que están dentro», ubicadas en la colación de Santa María de la ciudad de Salamanca en 1275, vendidas por la judía doña Reina al canónigo de Salamanca Juan Fernández y su compañero, Nuño Rodríguez[49].

En estas bodegas, será habitual la presencia de «cubas con sus poynos», es decir, con sus soportes, que aparecen representadas en las *Cantigas*[50] (fig. 1). No obstante, también el vino se podría preservar en «cántaras», «tinas» o «tinajas»[51], que permitían a estos particulares almacenar grandes volúmenes de vino. Sabemos que, por ejemplo, en León, Juan Martínez, junto con un tal Juan Delce, poseían en total 8,5 heminas de vino, es decir, casi 160 litros, o que por esas mismas fechas Juan Yuanes contaba en las bodegas de su casa,

---

44. *El Cabildo de Ávila arrienda a Pedro Pérez un par de casas en Ávila, además de lo que pertenecía a los capitulares en distintos pueblos de Ávila* (1260, enero, 2. Ávila) edit. en Ángel BARRIOS GARCÍA, *Documentos de la Catedral de Ávila (siglos XII-XIII)*, Ávila, Institución Gran Duque de Alba, Obra Cultural de la Caja de Ahorros de Ávila, 2004, 182.

45. ALFONSO X, *Cantigas profanas*, ed. de Juan Paredes, Madrid, Castalia, 2010, 125, cantiga XXXVI, v. 10.

46. *Acuerdo del deán y cabildo para que se retengan ración y aniversarios a Tomás Pérez y para que no se saquen las cubas de la bodega del cabildo hasta que se reparen las casas capitulares* (1274) edit. en *Colección documental…IX (1269-1300)*, doc. n.º 2344, 115.

47. *Alfonso X concede al obispo de Córdoba distintos bienes a cambio de unas tiendas* (1281, julio, 5. Córdoba) edit. en Manuel GONZÁLEZ JIMÉNEZ, *Diplomatario andaluz de Alfonso X*, Sevilla, El Monte, Caja de Huelva y Sevilla, 1991, doc. n.º 482, 511.

48. *El Cabildo de Ávila…* (1260, enero, 2. Ávila), 182.

49. *Doña Rica vende a Juan Fernández y a Nuño Rodríguez una casa en la colación de Santa María* (1275, mayo, 24. Salamanca) edit. en *Documentos de los archivos catedralicio y diocesano de Salamanca (siglos XII-XIII)*, ed. de José Luis Martín *et al.*, Salamanca, Universidad de Salamanca, 1977, doc. n.º 350, 447.

50. ALFONSO X, *Cantigas de Santa María*, RBME (Real Biblioteca del Monasterio de El Escorial), T-I-1, 13v, 35v, 70r, disponible en <https://rbme.patrimonionacional.es/s/rbme/item/11337>.

51. *Testamento de don Yuanes* (1270, septiembre) edit. en *Colección documental…IX (1269-1300)*, doc. n.º 2295, 17; ALFONSO X, *Siete…*, partida V, título II, ley VI, vol. III, 162.

Figura 1. Representación de una bodega con toneles. *Cantigas de Santa María. Códice Rico. Ca*. 1280-1284. RBME, T-I-1, 35v.

también en León, con algo menos de 12 heminas, es decir, en torno a 220 litros de vino[52]. En algunos espacios, como en las tabernas, veremos el empleo de odres para almacenar y servir el vino[53], y también a nivel individual se hará uso de «calabaças enbarniçadas para vino»[54]. Junto al consumo del vino, vemos, además, otros usos regionales, como el consumo de sidra en los territorios del norte de la Península[55].

Más allá del consumo básico de pan y vino, podemos documentar para época alfonsí el consumo de una variedad de productos, de los que contamos con un conocimiento más bien fragmentario. Con un carácter general, contamos con las informaciones proporcionadas por los ordenamientos de Cortes. Así, en relación con el consumo de carne, las Cortes de Valladolid (1258) y Jerez (1268) nos informan del consumo de vacas, ovejas, carneros, corderos, cabras (fig. 2), machos cabríos, cabritos, puercos, jabalíes, lechones, gallinas, pollos, palominos, ánades, perdices, ánsares, capones, conejos, liebres o huevos[56]. En el caso de los bueyes, parece que su aprovechamiento cárnico era

52. *Testamento de Juan Martínez…* (1270, mayo, 26), 10; *Testamento de don Yuanes* (1270, septiembre), 17. Sobre la conversión de la *hemina* al sistema métrico decimal actual seguimos a Julián Clemente Ramos, *La economía…*, 28-30.
53. Alfonso X, *Cantigas…*, RBME, I-I-1, 57v, 106v, 135r, 196r.
54. *Padrón de los fueros…*, 127.
55. José Ángel García de Cortázar, «Las necesidades…», 21.
56. *Cortes…*, Cortes de Valladolid de 1258, 61; *Cortes…*, Cortes de Jerez de 1268, 71-73.

Figura 2. Ganado caprino. Alfonso X, *Cantigas de Santa María. Códice Rico.* Ca. 1280-1284. RBME, I-I-1, 77r.

secundario, pues las Cortes de Jerez establecerían que «non maten buey synon por veges o por descornadura o por tal cosa que non sea para labor»[57].

En lo que se refiere al pescado, estas Cortes de Jerez aluden al consumo de truchas, salmones, marisco, sollos, sábalos, lampreas –que se consumían también «secas»– o pijotas[58]. Documentos particulares nos informan, además, del consumo de atún procedente de las almadrabas gaditanas[59], de la captura de ballenas en Guetaria (Guipúzcoa), uno de cuyos ejemplares debía ser entregado al rey de Castilla[60], o de la sal procedente de Atienza (Guadalajara), San Felices (Soria), Medinaceli (Soria), Beteta (Cuenca), Huélamo (Cuenca), Salinas de Rosío (Burgos), «que son en Castilla Vieja», Añana (Álava), Baeza (Jaén) o Úbeda (Jaén), a la que se sumaba la sal importada[61].

Junto a esta información global para la Corona, algunas fuentes fiscales y normativas nos permiten una aproximación al contexto local (tabla 1).

---

57. *Cortes…*, Cortes de Jerez de 1268, 72. Sobre esta cuestión véase un marco general en Julián Clemente Ramos, *La economía…*, 152-157.

58. *Cortes…*, Cortes de Valladolid de 1258, 57, 62; *Cortes…*, Cortes de Jerez de 1268, 74.

59. *Alfonso X concede a la Iglesia 4.000 mrs. y situados en los almojarifazgos de Sevilla y Jerez y las almadrabas de los atunes a cambio de Marbella* (1267, diciembre, 12. Jerez) edit. en Manuel González Jiménez, *Diplomatario…*, doc. n.º 338, 367.

60. *Alfonso X concede a la villa de Guetaria todos los fueros de San Sebastián, excepto la ballena anual que han de dar al rey y la exención de portazgo* (1256, enero, 27. Miranda) edit. en Gonzalo Martínez Díez y Emiliano González Díez, *Colección de documentos medievales de las villas guipuzcoanas (1200-1369)*, San Sebastián, Juntas Generales de Gipuzkoa, 1991, doc. n.º 20, 34-35.

61. Manuel González Jiménez y M.ª Antonia Carmona Ruiz, *Documentación…*, nos. 78 (1252, diciembre, 27. Sevilla), 122 (1253, abril, 3. Sevilla), 444 (1254, diciembre, 25. Burgos), 447 (1254, diciembre, 26. Burgos), 1269 (1257, mayo, 20. Monteagudo), 2777 (1276, mayo, 25. Burgos). Sobre las modalidades de obtención de la sal véase Alfonso X, *Lapidario…*, 192.

Tabla 1. Consumo y circulación de productos alimenticios en el ámbito urbano castellano (ejemplos)[62]

Fuente	Productos
Portazgo del monasterio de Sahagún (siglo XIII)	Ovejas, puercos, pan, vino, manzanas, nueces, sal, avellanas, castañas, truchas, salmones, tocino, ajos, cebollas, legumbre, quesos, miel, manteca, aceite, pimienta, cominos.
Portazgo de Ocaña (siglo XIII)	Vino, harina, conejos, queso, cerdo, sal, corderos, hortalizas, fruta, aceite, garbanzos, pijotas, «pescado fresco», carnero, macho cabrío, vaca, ciervo, castañas, tocino, sardinas, ballena.
Ordenanzas concejiles de Oviedo (1274)	«Carnero asturiano», carnero «de Canpos», cabritos, vacas, bueyes, puercos, ovejas, pescado «de río» y «del mar», vino de León y Toro, «bon pan segondo la valía del trigo et de la escanda», «frucha», queso, «mantega», «figos lanpayeses», marisco, perdices, capones, gallinas, «gallinato», hortalizas, «agraz», uvas.
Distintas regulaciones correspondientes a Sevilla durante el reinado de Alfonso X	«Pan» (cereal), uvas, becerros, terneros, corderos, cabritos, lechones, conejos, perdices, bueyes, vacas, ovejas, cabras, puercos, ciervos, gamos, cabras montesas, sal, truchas, sardinas, atunes, carneros, vacas, «porco fresco» y «porco seco», queso, miel, vino, «ortaliças» (coles, espinacas, nabos, zanahorias, berenjenas, pepinillos, «calabaças de Alcaçer»), «fructas de áruoles» (peras, manzanas, ciruelas, higos), nueces, «çeresos», «castanno verde», «olivar», «vinnas», aceite, «lino e fauas e de otras cosas semeiables que se cogen secas», casquería, ligada a las «pixoteras o triperas», pimienta, ruibarbo, azafrán, pasas, alcaravea, comino, alcaparras, algarrobas, «aljunjulin», «pescado salgado», «matalahúva», «albohor», almendras, «atamares», «alfenna», «azuffeyra», «noz», «nuez moscada», azúcar, «alfaxem», arroz, agua rosada, aceite, salmones, «sávalos de Portogal», miel, aceitunas, «figos secos», tocino, manteca, ajos, cebollas, cominos, «alcarued», «huuas pasas», «fruta verde», «milgranas», membrillos, «arveias», «garvanços», lentejas, «atremuçes», «cannamones», «cogonbres», «turmas», zanahorias, nabos, avellanas, piñones, «flor de los cardos», almendras, «çulefa», queso y miel «que troxieren de terra de moros».

62. Julio González González, «Aranceles del portazgo de Sahagún en el siglo XIII», *Anuario de Historia del Derecho Español*, 14 (1943), 573-578, 576-578; José Luis Martín Rodríguez, «Portazgos de Ocaña y Alarilla», *Anuario de Historia del Derecho Español*, 32 (1962), 519-526, 522-523; *Ordenanzas que estableció el concejo de Oviedo...* (1274), 64-69; José Damián González Arce, «Cuadernos...», 116, 118-119, 121, 123-131.

Del mismo modo, los estudios en algunos yacimientos con niveles del siglo XIII permiten conocer el consumo cárnico, como mostramos en la tabla 2.

Tabla 2. Restos animales documentados en yacimientos (ejemplos)[63]

Yacimiento	Cronología	Restos zoológicos
Escoriaza (Guipúzcoa), castillo de Aitzorrotz	Siglos XII-XIV	Importancia del ganado bovino, seguido del ovicaprino (con mayor abundancia de cabras sobre las ovejas) y una presencia menor de restos de cerdo, junto a restos de gallinas y de caza (corzo, jabalí, cabra montesa), en el que «sin duda alguna, es el ganado bovino la base de subsistencia de origen animal de los moradores del castillo».
Priego de Córdoba (Córdoba), distintos contextos del casco antiguo de la localidad	Período inmediatamente posterior a la conquista cristiana	Ganado bovino, caprino y porcino, así como restos de ciervos, gallinas, perdiz roja, liebres y conejos, entre los que destacaría el ganado ovicaprino (cabras y ovejas). Consumo de ciervo vinculado de forma particular a la oligarquía militar que ocupaba el castillo.

Igualmente, el estudio de restos antropológicos, a través de los estudios de isótopos de carbono y nitrógeno, ha permitido un mejor conocimiento de la dieta, como muestra, por ejemplo, el caso de la *capela do Pilar* de la catedral de Lugo, con tumbas del siglo XI al XIV, entre las que existe una amplia presencia de individuos del siglo XIII. Este caso, que constituye un buen ejemplo de enterramiento privilegiado, muestra un peso particular del consumo cárnico, complementado por el pescado de agua dulce[64].

En su conjunto, todos estos testimonios nos dan cuenta de la variedad en el consumo de carne y pescado, complementado por fruta y verdura, en el que el queso se presenta como el principal derivado lácteo y en el que la caza (corzo, jabalí, cabra montesa, conejo, liebre) y la recolección de productos

---

63. Koro Mariezkurrena Gastearena y Jesús Altuna Etxabe, «Alimentación de origen animal de los habitantes del castillo de Aitzorrotz (Escoriaza, Guipúzcoa)», *Munibe*, 33:3-4 (1981), 199-229, 200-201; Rafael María Martínez Sánchez y Rafael Carmona Ávila, «Animales en contextos arqueológicos medievales de Priego de Córdoba. Una aproximación a partir de depósitos estratificados en silos y pozos», *Antiquitas*, 25 (2013), 209-236, 217-218, 222-223.

64. Olalla López Costas, *Antropología de los restos óseos humanos de Galicia: estudio de la población romana y medieval gallega*, tesis doctoral inédita, Universidad de Granada, 2013. URL: <http://hdl.handle.net/10481/26379>, 397-400, 426-427.

silvestres (castañas, nueces, avellanas, piñones) sirven como complemento, encontrándose el consumo cárnico especialmente vinculado a las elites. Dentro de las técnicas de conservación más habituales aparece el secado («seco»), aplicado al cerdo, a la lamprea, a los higos o a las uvas, o la salazón («salgado»), utilizada con el pescado y la carne, técnica a través de la cual la sal hace «salir las humidades d'ella [de la carne], e así faz durar el cuerpo grand tiempo»[65].

La normativa buscó penalizar el fraude alimentario y comercial, persiguiendo ante todo evitar el engaño que se producía cuando «los que venden vino o olio o cera o miel o las otras cosas semejantes, quando mezclan en aquella cosa que venden alguna otra que vale menos, faciendo creer a los que la compran que es limpia, et buena et pura»[66]. En este sentido, en el caso de Sevilla se establecía la confiscación de la sal y el pago de 12 mrs. de multa en el supuesto de que se echara «tierra en la sal o que es falssa»[67]; y en Oviedo se penalizaba la venta del «carnero de Asturias por de Canpos» o aguar el vino[68]. De una forma secundaria aparecen otras disposiciones con un objetivo de preservar la salud o el entorno natural, como la norma dada en las Cortes de Valladolid de 1258 de que «ninguno non eche yeruas nin cal en las aguas nin otras cosas ningunas porque mueran los pescados»[69] o la advertencia recogida en el *Libro de los doze sabios* sobre aquellos que entremeten en el cereal «trigo podrido e çevada podrida», además de «tierra e otras vilezas», de tal manera que quienes lo comen «adoleçen e moeren o pereçen con ello»[70].

En este contexto, aunque la base de la alimentación se articula en torno al pan y al vino, algunos grupos, condicionados por sus prácticas sociales o por normativas específicas, muestran algunos usos alimentarios particulares. En este sentido, veremos cómo la aristocracia laica bajomedieval manifestará un especial interés por el consumo de carne, que se convertiría en uno de sus distintivos de rango no solo por una simple necesidad alimentaria, sino también como un medio, como ha apuntado Julián Clemente Ramos, para vincularse con «la fuerza, la violencia y el poder»[71]. Ello ayuda a entender que las Cortes de 1258 dispongan, poniendo el foco en la alta nobleza, que «rric[o] omne nin otro omme ninguno de sus rregnos que non coman de dos carnes cada día, e la una en dos guisas: o caça sila caçare o si gela diere el quila caçare»[72]. Por el

---

65. Alfonso X, *Lapidario…*, 192.

66. Alfonso X, *Siete…*, partida VII, título XVI, ley VIII, vol. III, 644-645.

67. *Libro del almotacenazgo de la ciudad de Sevilla* (1279, octubre, 24. Sevilla) edit. en José Damián González Arce, «Cuadernos…», doc. n.º III, 125.

68. *Ordenanzas que estableció el concejo de Oviedo…* (1274), 64-66.

69. *Cortes…*, Cortes de Valladolid de 1258, 62.

70. John K. Walsh (ed.), *El Libro de los doze sabios o Tratado de la nobleza y lealtad*, Madrid, Real Academia Española, 1975, cap. XXVIII, 99-100.

71. Julián Clemente Ramos, *La economía…*, 139, nota 66.

72. *Cortes…*, Cortes de Valladolid de 1258, 57.

contrario, la dieta monástica, con variaciones en función de las reglas, deli-neaba un régimen alimentario especial caracterizado por el consumo de ve-getales y pescado[73], que marcaba la pauta del consumo del resto de los fieles en períodos de ayuno y abstinencia con ocasión de la cuaresma o los sábados, como muestra la cantiga 386[74], o, con un carácter más rigorista, con motivo de las penitencias públicas, de las que nos informa el *Setenario*, al referirse a aquellos que debían estar «ençerrados en algunt monesterio o en otro lugar apartado, dándoles mal a comer e a beuer por tiempo pequeñas o en toda su vida, segunt los pecados que ouiere fechos»[75]. Además, situaciones particula-res, como el abastecimiento de los castillos o de la flota, imponían el acopio de alimentos atendiendo a aspectos como su capacidad para conservarse durante períodos prolongados o su aporte calórico[76].

La ingesta de alimentos estaba articulada en torno a dos comidas princi-pales: el *yantar*, realizado a mediodía, y la *cena*, al anochecer. Estas comidas eran a nivel inmediato un medio de alimentarse, pero con frecuencia presen-tarían una dimensión social a través del banquete y de forma más secundaria, entre los sectores populares, de las romerías o de reuniones en las tabernas. Estos contextos permitían crear y fortalecer por medio de la convivialidad y la comensalidad los vínculos entre personas o grupos; aspectos que ayudan a entender la recomendación dada por Pseudo-Aristóteles a Alejandro Magno para que «coman conuusco vuestros privados e vuestros rricos omnes»[77] o la prohibición de que judíos y cristianos compartieran mesa[78]. Unos banquetes que servían para articular las relaciones dentro de la *microsociedad* del monas-terio y de la corte o en el ámbito familiar con ocasión de las bodas o de los ri-tos funerarios[79]. Estas relaciones tanto horizontales como verticales permitían desplegar unos vínculos recíprocos de jerarquía y solidaridad –o sea, de

---

73. Antoni Riera Melis, *Alimentación...*, 347-392.

74. Walter Mettmann, *Cantigas...*, 287, cantiga 386, vv. 40-41.

75. Alfonso X, *Setenario*, ley CII, 219.

76. Alfonso X, *Siete...*, partida II, título XVIII, ley X, vol. II, 158; Alfonso X, *Siete...*, partida II, título XXIV, ley IX, vol. II, 265-266.

77. Pseudo-Aristóteles, *Secreto...*, *Poridat de las poridades*, cap. II, 114.

78. Martha M. Daas, *Medieval Fare. Food and Culture in Medieval Iberia*, Londres, Lex-ington Books, 2022, 137.

79. Sobre estos últimos Alfonso X en una sentencia arbitral dada a la ciudad de Compos-tela hace referencia a la costumbre de las cofradías de que «se coma en casa del muerto» (Xosé M. Sánchez Sánchez, «Los banquetes funerarios en la Galicia medieval mentalidad, sociedad y pervivencia en las fiestas de la muerte», *Espacio, Tiempo y Forma. Serie III, Historia Medieval*, 36 (2023), 1169-1208, 1192), cuestión igualmente legislada en las *Partidas*: «Otro tal es de los que cubren las fuesas con manteles, et ponen hi pan et vino et otras viandas para dar á pobres, ca maguer lo facen como en razon de alimosna, la manera es tan mala en que se faz, que non tiene pro al vivo, et face daño al muerto por quien es fecho», Alfonso X, *Siete...*, partida I, tí-tulo IV, ley XCVIII, vol. I, 166.

integración, pero también de exclusión– en torno a nociones como la *compe-tición*, la *hospitalidad* o la *largueza*, que en su conjunto constituían un «signo de confirmación del orden social vigente», pero también, como sucede con los banquetes funerarios o las romerías, un «elemento de fijación de identidad y de la memoria colectiva»[80].

Para la celebración de estas comidas colectivas, veremos la disposición de algunos espacios particulares –en ocasiones, marcados por la polifuncionali-dad, como sucede en el contexto cortesano–, como los refectorios monásticos, de los que contamos con un buen ejemplo en el refectorio del monasterio de Santa María de Huerta, finalizado avanzado el siglo XIII[81], o las salas ricas de los palacios, entre las que destaca para el período alfonsí el salón gótico de los Reales Alcázares de Sevilla, donde quizá quepa ubicar el gran banquete, des-crito en la cantiga 386, celebrado con ocasión de la realización de Cortes en la ciudad[82]. En estas grandes celebraciones de las elites se va imponiendo, como muestran las *Siete partidas*, una normativa destinada a regular el comporta-miento a la mesa, basado en la templanza[83], con salones engalanados con col-gaduras ricas, al modo en que se representa en la cantiga 67 (fig. 3)[84]. Para estas celebraciones, se hace uso de mesas, citadas en la documentación[85], de las que contamos igualmente con distintas representaciones en las *Cantigas*, donde es-tas, bien sobre pies fijos, bien más frecuentemente sobre borriquetas, aparecen cubiertas con manteles, habitualmente lisos de color blanco[86].

80. Jean-Pierre Devroey, «Food and Politics», en Massimo Montanari (ed.), *A Cultural History of Food in the Medieval Age*, Londres – Nueva York, Bloomsbury Academic, 2016, 73-90, 84; Paul H. Freedman, «Medieval and Modern Banquets: Commensality and Social Categori-zation», en *Commensality from Everyday Food to Feast*, Londres, Bloomsbury Publishing, 2015, 99-108, 99; Lars Kjær y A. J. Watson, «Feasts and Gifts: Sharing Food in the Middle Ages», *Journal of Medieval History*, 37 (2011), 1-5, 3-5; María Ángeles Pérez Samper, *Comer...*, 127.

81. Concepción Abad Castro, «La panda del refectorio», en *Monjes...*, 247-245, 243.

82. Walter Mettmann, *Cantigas...*, 286-288, cantiga 386.

83. Alfonso X, *Siete...*, partida II, título VII, ley V, vol. II, 47-48, marcado por la im-pronta de *Disciplina clericalis* de Pedro Alfonso, como apuntan Carlos Alvar y Guillermo Al-var Nuño, *Normas de comportamiento en la mesa durante la Edad Media*, Madrid, Grupo Editorial Sial Pigmalión, 2020, 196.

84. Alfonso X, *Cantigas...*, RBME, I-I-1, 100r, sobre el que llama la atención Laura Ro-dríguez Peinado, «El arte textil en el siglo XIII. Cubrir, adornar y representar: una expresión de lujo y color», en *Alfonso X El Sabio. 1221-1284. Las Cantigas de Santa María. Códice Rico, Ms. T-I-1. Real Biblioteca de San Lorenzo de El Escorial*, Madrid: Patrimonio Nacional, Testimonio Compañía Editorial, 2011, vol. II, 339-374, 362.

85. *Testamento de Juan Martínez...* (1270, mayo, 26), 10; *Testamento de Pedro Ibáñez* (1274, junio, 7), 105.

86. Gonzalo Menéndez Pidal y Goyri, *La España...*, 125-126; Amparo García Cua-drado, *Las Cantigas...*, 242; Laura Rodríguez Peinado, «El arte...», 368; José Guerrero Lovillo, *Las Cántigas. Estudio arqueológico de sus miniaturas*, Madrid, Consejo Superior de In-vestigaciones Científicas, 1949, 292-294.

Figura 3. Representación de un banquete. ALFONSO X, *Cantigas de Santa María. Códice Rico. Ca.* 1280-1284. RBME, I-I-1, 100r.

Aunque lejos todavía del complejo ritual tardogótico, vemos ya en la corte alfonsí algunos oficiales vinculados a la mesa real, como el «copero mayor», el «cozinero mayor», el «bodeguero mayor», el «zatiquero» (encargado del pan), el «repostero mayor» o el «despensero»[87]. Podemos observar, además, cómo sectores acomodados (corte real, caballeros, médicos) disponen, tal como muestran las iluminaciones de las *Cantigas*, de un criado encargado de espantar a las moscas con el *aventadero* o *moscadero*, realizado con plumas de pavo[88], y cómo en algunos banquetes hacen acto de presencia músicos[89]. Del mismo modo, para el ámbito monástico, sabemos, por ejemplo, de la presencia en el monasterio de Silos (Burgos) en 1260 de «dos cozineros de su refictorio» o en San Pedro de Arlanza (Burgos) en 1266 de un «cozinero» y un «moço de la cocina»[90].

Un elemento fundamental de estas celebraciones colectivas será el dispendio. Muestra de ello se encuentra en el traslado a Burgos de 50 cargas de vino nuevo con ocasión de las bodas del infante don Sancho, futuro Sancho IV

87. Manuel GONZÁLEZ JIMÉNEZ, *Diplomatario...*, docs. n.º 23, 288, 480, 484, 503bis, 508, 515, 518, 520, 521; ALFONSO X, *El Espéculo*, lib. IV, ley LV, 280; *Carta Real [Documentos de Alfonso X dirigidos al Reino de León]* (1253), ed. de María Teresa Herrera y María Nieves Sánchez, Madison, Hispanic Seminary of Medieval Studies, 1999 (CORDE). URL: <https://corpus.rae.es/cordenet.html>; Walter METTMANN, *Cantigas...*, 287, cantiga 386, v. 43.

88. Gonzalo MENÉNDEZ PIDAL Y GOYRI, *La España...*, 130.

89. ALFONSO X, *Cantigas de Santa María*, BNCF (Biblioteca Nazionale Centrale di Firenze), BR 20, 46v, consultado a partir de la ed. facsímil Madrid, EDILÁN, 1989.

90. *Ordenanza del obispo de Burgos [Cartulario de Silos]*, ed. de Marius Férotin, París, Imprimerie Nationale, 1897 (CORDE). URL: <https://corpus.rae.es/cordenet.html>; *Partición de la renta monasterial entre el abad y el convento de Arlanza, determinada por el obispo de Burgos* (1266, septiembre, 6), ed. de Luciano Serrano, Madrid, Centro de Estudios Históricos, 1925, 276 (CORDE). URL: <https://corpus.rae.es/cordenet.html>.

(1278)[91], o en el consumo de grandes cantidades de vino con motivo de romerías, que eran distribuidas entre los asistentes, como da cuenta la celebrada en Arconada (Palencia), con ocasión de la fiesta de la Asunción de Santa María[92]. Con el fin de evitar gastos desmesurados y sobre todo que los miembros de los estamentos inferiores pudieran instrumentalizar estas celebraciones en competición con las elites, la legislación suntuaria se encargó, por ejemplo, de limitar el número de asistentes y la duración de las bodas[93] o de prohibir que «ningún escudero que non coma con cauallero»[94].

También, junto a este elemento cohesionador, la alimentación servía como un medio para visualizar la situación de vasallaje a través de la recepción de alimentos por parte del monarca, su familia o la nobleza, reflejado en la toma de *conducho*, de *yantar* o de *comestión*, redimidos habitualmente, ya en la segunda mitad del siglo XIII, en tributos en mctálico[95]. Contamos, relacionado con la exacción de yantar, con una de las cantigas de Payo Gómez Chariño, en la que, jugando con el doble sentido de *yantar* como tributo y como comida, el trovador dialoga con un rey, quizá el propio Alfonso X, al que acusa de glotonería y de comer a costa del reino[96].

Como reverso de esta situación de abundancia, asistimos a períodos de escasez, de los que da muestra, por ejemplo, la «gran carestía» referida por los estudiantes de la Universidad de Salamanca en 1271, que conduce al rey a autorizarles que puedan llevar pan y vino a la ciudad[97], o el caso particular de «domna Mayor, muyer que fu de Diego Perez», quien en 1275 se ve obligada a vender unos heredamientos por «que el tienpo era muy caro & ella que non auia moble ninguno pora contenellos de comer & de vestir» a sus tres hijos[98]. Períodos que ayudan a entender aspectos como el relajamiento de los tabúes

---

91. *Cédula Real del Infante don Sancho rogando a la ciudad de Burgos que permita que Gonzalo García, su camarero, entre en ella 50 cargas de mosto de vino nuevo que necesita para el gasto de sus bodas, a pesar de la prohibición concejil de introducir vino foráneo en tiempo anterior a Navidad* (1278, octubre 6), Archivo Municipal de Burgos, HI-2911.

92. Walter Mettmann, *Cantigas...*, 210-212, cantiga 351.

93. *Cortes...*, Cortes de Valladolid de 1258, 63; *Cortes...*, Cortes de Jerez de 1268, 79.

94. *Cortes...*, Cortes de Valladolid de 1258, 59.

95. Nilda Guglielmi, «Posada y yantar: Contribución al estudio del léxico de las instituciones medievales (conclusión)», *Hispania: Revista Española de Historia*, 102 (1966), 165-219; Miguel Ángel Ladero Quesada, *Fiscalidad y poder real en Castilla (1252-1369)*, Madrid, Editorial Complutense, 1993, 37.

96. Alfonso X, *Cantigas profanas*, cantiga XLIV, 146-147, analizado en Aurora Juárez Blanquer, «El tributo del *yantar* en el siglo XIII: una tensón de Payo Gómez Chariño», *Cuadernos de Estudios Medievales y Ciencias y Técnicas Historiográficas*, 12-13 (1984), 109-118.

97. Manuel González Jiménez y M.ª Antonia Carmona Ruiz, *Documentación...*, n.º 2311 (1271, enero, 31. Cuenca).

98. Concha Casado, *Colección diplomática del Monasterio de Carrizo*, León, Centro de Estudios e Investigación San Isidoro, 1983, 2 vols., vol. II, 97.

alimentarios, con el fin de asegurar el sustento[99]; las fórmulas mágicas recogidas en el *Libro de las formas e imágenes que son en los cielos*, llamadas a asegurar la comida de forma ilimitada, convertir el agua en vino o hacer que las gallinas, los huertos o las viñas se multipliquen a voluntad[100]; o el uso estratégico con fines propagandísticos del acaparamiento de alimentos por parte del rey[101]. De esta forma, dispendio y escasez forman un binomio indisoluble, en el que el primero no se puede entender sin la segunda.

Las casas contaban con un conjunto de utensilios denominados en un documento de 1274 como las «preseas que pertenecen a la cocina»[102], es decir, por un lado, aquellos empleados para cocinar, como «calderas», que se acompañaban de las «pregancias» o «clamilleras» para colgarlas sobre el fuego, «espetos de fierro», «ollas» o «sartenes»[103]; por otro lado, aquellos otros que entrarían dentro del ajuar de mesa, como las cucharas («cuyares»), los cuchillos («coitelos»), las «escudiellas», «greales», «vasos», «picheles», «alcuzas para tener azeit» o «aguamaniles», realizados en plata, madera o cerámica, pero también en «cobre estañado» y, en algún caso, en cristal[104]. Dentro de los materiales para fabricar vasos y escudillas se desaconsejará el uso de algunos

---

99. Melitta Weiss ADAMSON, *Food...*, 182.

100. ALFONSO X, *Lapidario...*, 339, 344, 350, 356, 357.

101. PSEUDO-ARISTÓTELES, *Secreto...*, *Secreto de los secretos*, cap. XII, 75.

102. *Testamento de Nicolás Martínez...* (1274, diciembre, 5), 115.

103. *Testamento de Juan Martínez...* (1270, mayo, 26), 10; *Codicilo de Fernando Abril, tesorero de la Iglesia de León* (1271, mayo, 23) edit. en *Colección documental del Archivo de la Catedral de León. IX (1269-1300)*, doc. n.º 2307, 50; *Testamento de Domingo Iohannes, canónigo de León* (1271, octubre, 3) edit. en *Colección documental...IX (1269-1300)*, doc. n.º 2311, 59; *Testamento de don Juan, canónigo de la Iglesia de León* (1275, septiembre, 27) edit. en *Colección documental...IX (1269-1300)*, doc. n.º 2354, 129; *Testamento de Domingo Iohannes...* (1271, octubre, 3), 58; *Testamento de Pedro Ibáñez* (1274, junio, 7) edit. en *Colección documental...IX (1269-1300)*, doc. n.º 2338, 105; *Testamento de Nicolás Martínez...* (1274, diciembre, 5), 115; *Testamento de Juan Martínez...* (1270, mayo, 26), 10; *Testamento de Domingo Iohannes...* (1271, octubre, 3), 59; *Testamento de don Juan...* (1275, septiembre, 27), doc. n.º 2354, 129. Distintas figuraciones en las *Cantigas*, estudiadas en Gonzalo MENÉNDEZ PIDAL Y GOYRI, *La España...*, 128.

104. José Luis MARTÍN RODRÍGUEZ, «Portazgos...», 523; *Testamento de Juan Martínez...* (1270, mayo, 26), 10; *Codicilo de Fernando Abril...* (1271, mayo, 23), 50; *Testamento de Domingo Iohannes...* (1271, octubre, 3), 59; *Testamento de don Adán, arcediano de León* (1272, noviembre, 24) edit. en *Colección documental...IX (1269-1300)*, doc. n.º 2319, 79; *Testamento de Gil Nicolás, canónigo de León* (1274, septiembre, 8) edit. en *Colección documental...IX (1269-1300)*, doc. n.º 2341, 109; *Ordenanzas que estableció el concejo de Oviedo...* (1274), 67; *Testamento de Gil Nicolás...* (1274, septiembre, 8), 110; *Testamento de Nicolás Martínez...* (1274, diciembre, 5), 115; *Testamento de Pelayo Pérez, prior de la Iglesia de León* (1283, agosto, 17) en *Colección documental...IX (1269-1300)*, doc. n.º 2427, 213; Walter METTMANN, *Cantigas...*, 267, cantiga 84; ALFONSO X, *Lapidario...*, 40, 55, 261, 259. Representación iconográfica en Alfonso X, *Cantigas...*, RBME, I-I-1, 61v, 77r, 126r, 129v, 169v. *Cf.* Gonzalo MENÉNDEZ PIDAL Y GOYRI, *La España...*, 126.

materiales, como el plomo, «porque fazen enfermar de malenconía», o el cobre, que provoca «muchas enfermedades»[105].

Conocemos las formas de estas «preseas que pertenecen a la cocina» gracias tanto a la iconografía, como las iluminaciones de las *Cantigas*[106] o el *Retablo de san Juan Bautista* (Museo Nacional del Prado[107]), como a la arqueología, de la mano de intervenciones como las realizadas en el alfar de la calle Hospital Viejo de Logroño (La Rioja), que ha permitido poner de relieve la presencia de cerámicas comunes de cocina, con un predominio de pastas anaranjadas con núcleo interno gris y piezas de mesa con una tendencia creciente al vidriado y al esmaltado, con tipologías como platos, escudillas, jarros, ollas o tapaderas[108]; o las documentadas en Calatrava la Vieja (Ciudad Real), correspondiente a cronologías de los tres primeros cuartos del siglo XIII, entre las que se encuentran platos, fuentes, escudillas, redomas, botellas, jarros, jarritas, cántaros, tazas, saleros, ollas, marmitas, pucheros o tapas de cerámica, en los que está muy presente tanto la tradición castellana como islámica, no siendo extraña en este sentido la presencia de piezas con vedrío[109].

Sabemos que, al menos, entre sectores acomodados de la población, existían ámbitos específicos para cocinar, referidos en algunas fuentes como «una coçina que hy estaba derribada»[110] o «unas casas con su cocina e con su establia»[111]. También disponían de cocinas los monasterios, de las que contamos con dos buenos ejemplos para el siglo XIII en las cocinas de los monasterios de Santa María de Huerta (Soria) (fig. 4) y de Sobrado (La Coruña).

Las técnicas culinarias predominantes en este período serán la cocción, el asado y la fritura, como se desprende de los utensilios de cocina utilizados o de la disposición de cocinas como la referida de Santa María de Huerta, que

---

105. Alfonso X, *Lapidario…*, 99, 181.

106. Distintos ejemplos en Alfonso X, *Cantigas…*, RBME, I-I-1, 35v, 61v, 66v, 100r, 138v, 187r; Alfonso X, *Cantigas…*, BNCF, BR 20, 29r, 46v-47r. *Cf.* Gonzalo Menéndez Pidal y Goyri, *La España…*, 126; Amparo García Cuadrado, *Las Cantigas…*, 242-246.

107. Último cuarto del siglo XIII. Madera, 250,5 x 198,2 cm. Museo Nacional del Prado, Sala 052A.

108. María Milagros Martínez González, *La producción cerámica en la Baja Edad Media: el alfar de la calle Hospital Viejo de Logroño (La Rioja)*, tesis doctoral, Universidad de La Rioja, 2013, URL: <https://investigacion.unirioja.es/documentos/5c13b162c8914b6ed377 66f8>, 584-585.

109. Manuel Melero Serrano, Manuel Retuerce Velasco y Miguel Ángel Hervás Herrera, «Cerámica del siglo XIII en Calatrava la Vieja (Ciudad Real)», en *Actas del VIII Congreso Internacional de Cerámica Medieval en el Mediterráneo: Ciudad Real-Almagro del 27 de febrero al 3 de marzo de 2006*, Ciudad Real, Asociación Española de Arqueología Medieval, 2009, vol. II, 759-772.

110. *Testamento de Ruy Sánchez* (1282, octubre, 7. Salamanca) edit. en *Documentos de los archivos…*, doc. n.º 390, 488.

111. *Carta de donación* (1256), ed. de María Teresa Herrera y María Nieves Sánchez, Madison, Hispanic Seminary of Medieval Studies, 1999 (CORDE). URL: <https://corpus.rae.es/cordenet.html>.

Figura 4. Cocina monástica del monasterio cisterciense de Santa María de Huerta (Soria). Siglo XIII. Fotografía: Ana Vega Pérez de Arlucea

apunta de forma particular a la cocción en húmedo en grandes ollas pendientes de cadenas y al asado al espetón en caballetes de hierro[112].

Sobre la gastronomía de este momento es poco lo que podemos saber, debido a la ausencia de recetarios. No obstante, fuentes literarias o documentales nos dejan algunos testimonios puntuales, que permiten fijar la antigüedad de algunas manifestaciones culinarias bien conocidas para la tardía Edad Media y la Alta Edad Moderna, como la salsa de pimienta conocida como *pebrada*, con la que san Lorenzo pide ser condimentado en el *Martirio de San Lorenzo* de Gonzalo de Berceo[113]; el consumo de «bizcocho», que «es pan muy ligero de traer porque se cuece dos veces et dura mas que otro et non se daña»[114], asociado a la alimentación en el mar; la «carne salada», vinculada igualmente con

---

112. Carmen Abad-Zardoya, «Cocinas y refectorios en el monasterio medieval. Formas, usos y dotaciones», en *El ritmo cotidiano de la vida en el monasterio medieval*, Aguilar de Campoo (Palencia), Fundación Santa María la Real – Centro de Estudios del Románico, 2015, 245-284, 260-262. Una perspectiva general sobre estas técnicas en Rolf Eberenz, «De lo crudo a lo cocinado sobre el léxico fundamental de la culinaria en la historia del español (siglos XIII a XVII)», *Revista de Filología Española*, 96:1 (2016), 81-112, 87-92.

113. Gonzalo de Berceo, *Obra…*, *Martirio de San Lorenzo*, 489, estrofa 104.

114. *Crónica…*, cap. LXIX, 196; Alfonso X, *Siete…*, partida II, título XXIV, ley IX, vol. II, 265.

la provisión de las flotas[115]; «los quesos assaderos de las vacas de la oba»[116]; el punto de sal en las «verças de prado»[117]; las «vacas» que «cozían en calderas grandes»[118]; el queso y miel «que troxieren de terra de moros», que se podían adquirir en Sevilla[119]; el uso de «specias d'Ultramar»[120], ya comunes en Europa desde inicios del siglo XII[121]; los «fresuelos» fritos[122]; los «crespillos» o «boñuelos»[123]; o la «polienta»[124].

3. VESTIR EN ÉPOCA DE ALFONSO X: HACIA LOS ORÍGENES DE LA MODA

Aunque estamos lejos de la atención que las fuentes cronísticas del siglo XV muestran por la descripción de los vestidos que reyes y nobles portan con ocasión de grandes ceremonias, es posible poner de relieve la importancia que ya en el siglo XIII manifiesta la indumentaria como medio para visualizar la jerarquización social. Para ello, cabe atender a distintos parámetros, como la forma de la prenda –con la disposición de algunas tipologías vestimentarias particulares para cada grupo–, el coste de los materiales, la perfección técnica del paño y sus colores, las guarniciones, el número de prendas superpuestas –en las que se disponían aberturas y cortes, como sucede en las sayas encordadas, con el fin de facilitar la visualización de las prendas interiores– o la cantidad de paño, que tiene su mejor expresión en los vestidos talares y rozagantes; incluso algunas prendas, como las referidas sayas encordadas, exigían para ajustarlas al cuerpo de la participación de otra persona, creando trajes rígidos y entallados que manifestaban la ociosidad voluntaria de sus portadores y que se convierten de forma indirecta en símbolo de estatus[125].

---

115. ALFONSO X, *Siete…*, partida II, título XXIV, ley IX, vol. II, 265.
116. *Testamento de Nicolás Martínez…* (1274, diciembre, 5), 115.
117. Walter METTMANN, *Cantigas…*, 275, cantiga 88.
118. Walter METTMANN, *Cantigas…*, 211, cantiga 351, v. 21.
119. *Padrón de los fueros…*, 128.
120. Walter METTMANN, *Cantigas…*, 144, cantiga 34.
121. Pere BENITO MONCLÚS, «Food systems», en Massimo Montanari (ed.), *A Cultural History of Food in the Medieval Age*, Londres – Nueva York, Bloomsbury Academic, 2016, 37-55, 53.
122. ALFONSO X, *General Estoria. Primera parte*, ed. de Sánchez Prieto-Borja, Madrid, Fundación José Antonio de Castro, 2001, 2 vols., vol. I, lib. XVII, cap. XV, 442.
123. ALFONSO X, *General…*, vol. II, lib. XVII, cap. XXXIII, 465-466.
124. ALFONSO X, *General…*, vol. II, lib. XVII, cap. XVI, 444.
125. Gonzalo MENÉNDEZ PIDAL Y GOYRI, *La España…*, 53, 55, 60, 69, 73, 82; María BARRIGÓN, «Clothing, Furnishings and Ceremonies at the Castilian Court (c. 1214-1332)», en *Textiles of Medieval Iberia: Cloth and Clothing in a Multicultural Context*, Woodbridge (Suffolk), Boydell & Brewer Press, 2022, 233-263, 243; Juan Vicente GARCÍA MARSILLA, «La moda no es capricho. Mensajes y funciones del vestido en la Edad Media», *Vínculos de Historia*, 6 (2017), 71-88, 75-77, 80-82; Laura RODRÍGUEZ PEINADO, «El arte…», 343-345, 374. En relación con las

Esta capacidad de la indumentaria de marcar el estatus social condujo a que la legislación suntuaria fijara su atención en el consumo textil. De esta manera, veremos cómo el monarca, en línea con la recomendación de *Poridat de poridades* y *Secreto de los secretos*, buscará diferenciarse del resto de sus súbditos vistiendo «mui bien e de buenos pannos, de guisa que sea estremado de todas las otras yentes»[126], sobrepujando así «a los otros en fermosura»[127]. En este sentido, las Cortes de Valladolid de 1258 fijarán «que uista el rey como touier por bien e quantos pares de pannos el quisiere»[128], mientras que el resto del reino no podría confeccionar más de cuatro pares de paños al año[129], además de quedar reservadas al monarca algunas prendas, como el uso de la capa de escarlata[130], frente a las limitaciones suntuarias que, por ejemplo, se imponían a los escuderos[131] o a los ricoshombres[132].

Esta legislación suntuaria afectaba igualmente a las minorías[133], que además se encontraban sujetas a un conjunto de normas derivadas del IV Concilio de Letrán (1215), dirigidas específicamente a facilitar su identificación, dado que los judíos «andan vestidos los unos assí como los otros [los cristianos]», las cuales se centraban en el corte de pelo y el uso de barba[134] o en la disposición de que «trayan alguna señal cierta sobre las cabezas»[135].

Además de marcar el estatus, de forma adicional, los paños se insertarán dentro de las prácticas de la liberalidad regia, formando parte del regalo diplomático y de la munificencia del rey[136].

Los vestidos eran realizados en una diversidad de paños, confeccionados en lana, seda o lino, de los que contamos con una perspectiva más o menos sistemática para el período gracias a la regulación de precios de las Cortes de

---

tipologías particulares asociadas a las elites laicas, contamos con el denominado como «manto caballeroso» (ALFONSO X, *Siete...*, partida II, título XXI, ley XVII, vol. II, 211-212), las prendas que Bernis y Menéndez Pidal denominan como tipos II B, III C y VI B, propias de reyes, infanzones, caballeros y ricoshombres (Gonzalo MENÉNDEZ PIDAL Y GOYRI, *La España...*, 60), la condición del brial como traje talar femenino de lujo (Gonzalo MENÉNDEZ PIDAL Y GOYRI, *La España...*, 73) o el capiello, portado por el rey, infanzones y caballeros (Gonzalo MENÉNDEZ PIDAL Y GOYRI, *La España...*, 82).

126. PSEUDO-ARISTÓTELES, *Secreto...*, *Poridat de las poridades*, cap. II, 112. Muestra del relieve de estas vestiduras se encuentra en el deseo de proteger y castigar la destrucción de los paños del rey en ALFONSO X, *El Espéculo*, título XIV, ley VII, 59.

127. PSEUDO-ARISTÓTELES, *Secreto...*, *Secreto de los secretos*, cap. VIII, 71.

128. *Cortes...*, Cortes de Valladolid de 1258, 55.

129. *Cortes...*, Cortes de Valladolid de 1258, 57.

130. *Cortes...*, Cortes de Valladolid de 1258, 57.

131. *Cortes...*, Cortes de Valladolid de 1258, 59.

132. *Cortes...*, Cortes de Valladolid de 1258, 57.

133. *Cortes...*, Cortes de Valladolid de 1258, 59; *Cortes...*, Cortes de Jerez de 1268, 68.

134. *Cortes...*, Cortes de Valladolid de 1258, 59; *Cortes...*, Cortes de Jerez de 1268, 68-69.

135. ALFONSO X, *Siete...*, partida VII, título XXV, ley XI, vol. III, 675.

136. *Crónica...*, cap. XVIII, 52.

Jerez de 1268, que nos aporta información, bien sobre producciones de importación, entre las que destacarían las sedas procedentes del ámbito andalusí y los paños flamencos de lana, bien sobre paños locales[137].

Las distintas tipologías indumentarias nos son bien conocidas en la actualidad gracias a los exhaustivos análisis de Gonzalo Menéndez Pidal y Carmen Bernis Madrazo, Amparo García Cuadrado o Nieves Fresneda González[138]. En su conjunto, el período viene definido por un aumento significativo en la variedad de prendas frente a períodos precedentes (fig. 5), la supeditación de la moda femenina a las iniciativas de la moda masculina o la amplia equivalencia existente entre moda masculina y femenina, como vemos en la tabla 3[139].

Tabla 3. Tipología de prendas en la Castilla de la segunda mitad del siglo XIII[140]

Categoría	Grupo	Prendas masculinas	Prendas femeninas
Prendas interiores	*Paños menores* o prendas interiores	Camisa, bragas, calzas	Camisa
Trajes vestidos sobre la camisa	*En cuerpo* o prendas de debajo	Saya	Saya, brial
Trajes cortos vestidos sobre la saya	Prendas de encima	Pellote	Pellote
Trajes de encima largos, vestidos sobre la saya[141]		Piel, aljuba, almejía	Piel, almejía
Trajes de encima de abrigo	Prendas de abrigo, sobretodo o exteriores	Garnacha, tabardo	Garnacha, tabardo
Capas		Manto, capa, redondel	Manto, capa, redondel

---

137. Laura Rodríguez Peinado, «El arte…», 342, 370; *Cortes…*, Cortes de Valladolid de 1258, 65-66.

138. Gonzalo Menéndez Pidal y Goyri, *La España…*, 37-42, 51-104; Amparo García Cuadrado, *Las Cantigas…*, 83-113, 142-162, 165-178; Nieves Fresneda González, *Moda…*.

139. Carmen Bernis Madrazo, *Indumentaria…*, 19, 25; Gonzalo Menéndez Pidal y Goyri, *La España…*, 73.

140. Gonzalo Menéndez Pidal y Goyri, *La España del siglo XIII*, 55-93, 98-100, 101-102; Laura Rodríguez Peinado, «El arte…», 343-347; Nieves Fresneda González, *Moda…*, 59-237, 287-388, 425-620, 673; Carmen Bernis Madrazo, *Indumentaria…*, 19-27.

141. La piel, la aljuba y la almejía serían habituales entre musulmanes y judíos; en el caso femenino, cuando aparecen usadas entre cristianas, estas buscarían representar la moda tradicional (Gonzalo Menéndez Pidal y Goyri, *La España…*, 65, 80).

Categoría	Grupo	Prendas masculinas	Prendas femeninas
Tocados	–	Cofia, capiello de los caballeros, capiello redondo y capiello en forma de boina, capirote, sombrero	Cinta, guirnalda, prendero, cofia, tocado con redecilla o crespina, toca, capiello, bonete, sombrero, capirote
Calzado	–	Abarcas, suelas, zapatos, zapatas, estivales, sandalias, zuecos, borceguíes, huesas, galocha	
Aderezos	Complementos	Cintos y cintas, bronchas, botones, cascabeles, hebillas, anillos	Cintos y cintas, bronchas, botones, cascabeles, sortijas, sartales, zarcillos y arracadas, manillas, fíbulas y broches, hebillas, anillos, collares, pendientes, brazaletes, pulseras

Las vestiduras de las elites laicas y religiosas compartían un conjunto de aspectos comunes, capaces de definir una reconocible estética del poder, articulada, en primer lugar, en torno al consumo de telas islámicas o *mudéjares*, uno de cuyos aspectos más característicos serán las bandas epigráficas y la decoración «a ruedas» (*pallia rotata*), es decir, a base de círculos que encierran figuras afrontadas en torno a un eje central, que, en el caso alfonsí, se dotan de una dimensión imperial[142], como aparece descrito en la *General Estoria*, al tratar la figura del patriarca José:

---

142. Gonzalo Menéndez Pidal y Goyri, *La España...*, 39-40; Etelvina Fernández González, «*Que los Reyes...*», 371-372; Laura Rodríguez Peinado, «El arte...», 346; José Guerrero Lovillo, *Las Cántigas...*, 316-323. Diversas figuras, siempre relevantes (el rey, santa María, ángeles o el pontífice), aparecen vistiendo estos paños en Alfonso X, *Cantigas...*, RBME, I-I-1, 157v, 160v, 184r; Alfonso X, *Cantigas...*, BNCF, BR, 20, 25r, 36r, 41v, 72r, 96r, 105r; Alfonso X, *Libro del axedrez, dados e tablas*, RBME, T-I-6, 1r, disponible en <https://rb-digital.realbiblioteca.es/s/rbme/item/13125>, este último sigue el modelo del manto con el que

Figura 5. De izquierda a derecha: Pellote y brial. Pellote, saya encordada, camisa margonada, manto e impla. Saya encordada con mangas cosedizas y capa con cuerdas. Saya y manto de tradición mozárabe. ALFONSO X, *Libro de los Juegos*. 1283. RBME, T-I-6, 8r.

E aquellas mugieres que afeitavan a Josep pusiéronle una redeziella sobre los cabellos labrada con aljófar e con piedras preciosas, e vistiéronle paños de seda jalde labrados con oro e con plata a señales de ruedas vermejas por sus logares otrossí con oro. E dedentro d'aquellas ruedas avié unas figuras de aveziellas pequeñas de color verde, e el paño era forrado e envestido de cendal doblado de color verde, e las bocas de las mangas labradas con piedras preciosas de muchos colores[143].

En segundo lugar, el empleo de seda, junto con hilo de oro, plata o cobre, para confeccionar *paños ricos*, entre los que destacan producciones *orientales*

fue enterrado Alfonso X en la catedral de Sevilla. Entre los mantos del rey representados en las *Cantigas*, es llamativa la presencia en varias ocasiones de un manto con sembrado de castillos dentro de círculos (RBME, I-I-1, 157v, 160v, 184r), que quizá de forma hipotética cabría ponerlo en relación con la conocida como corona de Sancho IV (catedral de Toledo). Este gusto por textiles que genéricamente podemos denominar como *orientales* o islámicos, lejos de corresponder a un gusto específico de la Península (y aunque esta se beneficia de su cercanía con el ámbito islámico), corresponde a una pauta de consumo común al Mediterráneo y al ámbito euroasiático desde la Tardía Antigüedad, incluida la Europa feudal, capaz de articular una estética del poder más allá de posibles significados religiosos y de visiones binarias islam-cristianismo, María Judith FELICIANO, «Muslim Shrouds for Christian Kings? A Reassessment of Andalusi Textiles in Thirteenth-Century Castilian Life and Ritual», en *Under the Influence: Questioning the Comparative in Medieval Castile*, Leiden, Brill, 2004, 101-131 y David NOGALES RINCÓN, «A la usanza morisca: el modelo cultural islámico y su recepción en la corte real de Castilla», *Ars Longa*, 27 (2018), 45-64, 49-51, 58-59.

143. ALFONSO X, *General…*, vol. I, libro VIII, cap. VII, 417.

Figura 6. Caballero portando cota de armas con decoración heráldica. ALFONSO X, *Cantigas de Santa María. Códice Rico. Ca.* 1280-1284. RBME I-I-1, 92r.

o andalusíes como el *xamete* o el *ciclaton*[144]. En tercer lugar, el gusto heráldico, materializado en los denominados como *paños scutulados* o a escudos[145], que, aunque nacen de un interés por lo emblemático arraigado en las sociedades del Occidente medieval, se valen para su plasmación visual de los esquemas decorativos de los textiles *orientales* y andalusíes, lo que ha llevado a que con frecuencia estos sean etiquetados por la historiografía como *mudéjares* o *andalusíes* (figs. 7 y 8). Aunque los casos más llamativos se refieren al ámbito regio y a su entorno inmediato[146], el testimonio visual de la cantiga 63 muestra la trasposición de los emblemas de un caballero a su cota de armas[147] (fig. 6).

En cuarto y último lugar, los *adobos*, es decir, los adornos de la ropa, cuyo uso estaba regulado por la legislación suntuaria, entre los que se encuentran los perfiles en pieles, los *orofreses* (guarniciones de oro) y *argenfreses* (guarniciones de plata), los galones o las cintas[148]. Algunas prendas, como los pellotes o las capas, podrían llevar además forros de pieles (*pennas*), de los que la *General Estoria* dice que permitían que se «afortaleciessen los paños e se vistiessen más

---

144. Algunos ejemplos sobre la composición de estos tejidos en Bárbara Culubret WORMS, «Catálogo de los tejidos hispanomusulmanes estudiados», *Bienes Culturales: Revista del Instituto del Patrimonio Histórico Español*, 5 (2005), 147-160.

145. Laura RODRÍGUEZ PEINADO, «El arte…», 347-348.

146. ALFONSO X, *Libro…*, RBME, T-I-6, 65r, así como textiles conservados vinculados a Fernando III (manto), el infante Fernando de la Cerda (saya, pellote, capiello) o el arzobispo Sancho de Aragón (casulla). Véase al respecto María BARRIGÓN, «Clothing…», 259-260 y Etelvina FERNÁNDEZ GONZÁLEZ, «Que los Reyes…», 387-389.

147. ALFONSO X, *Cantigas…*, RBME, T-I-1, 92r.

148. Laura RODRÍGUEZ PEINADO, «El arte…», 344; *Cortes…*, Cortes de Jerez de 1268, 68.

Figura 7. Fragmento del manto de Fernando III de Castilla, con decoración de castillos y leones, y cenefa con atauriques de tipo almohade, procedente de la catedral de Sevilla. Seda e hilo de oro. Antes de 1252. Armería del Palacio Real, Patrimonio Nacional

apuestamente e a mayor pro», realizados en piel de conejo, cordero, «esquiroles» (ardilla), «çeruales» (lince), jineta, liebre, cabrito, carnero o nutria[149].

En lo que se refiere a las vestiduras laicas, contamos para este período con algunos conjuntos casi completos y en buen estado de conservación, como, el manto de Fernando III (Real Armería de Madrid) (fig. 7); el manto, guantes y capiello de Alfonso X (capilla real de Sevilla, catedral de Sevilla); la garnacha, braga y camisa de María, hermana de Alfonso X, desaparecida prematuramente en 1235 (monasterio de San Isidoro de León); la saya y pellote de Leonor de Castilla, reina de Aragón, fallecida en 1244, y la saya, pellote, manto, capiello, anillo y cinto del infante Fernando de la Cerda, hijo de Alfonso X, fallecido en 1275 (monasterio de Las Huelgas de Burgos); la camisa, saya encordada y tocado de Leonor, hija de Alfonso X, fallecida en 1275 (monasterio de

---

149. ALFONSO X, *General…*, vol. I, libro III, cap. XVII, 121; *Cortes…*, Cortes de Jerez de 1268, 70.

Santo Domingo de Caleruega, Burgos); o el bonete y manto del infante don Felipe, hermano de Alfonso X, fallecido a fines de 1274 o inicios de 1275 (Museo Arqueológico Nacional e Instituto Valencia de Don Juan, entre otros centros) y la zapata rica cerrada y abotinada de su mujer doña Inés Téllez Girón (Museo Arqueológico Nacional), procedentes de Villarcázar de Sirga (Palencia)[150].

A pesar de la imagen ofrecida por la tratadística y vinculada a las grandes ceremonias, en su día a día parece que el monarca debía vestir otras prendas más ordinarias, y no siempre en buen estado, especialmente en tiempos de dificultades, como da cuenta la tensón entre el trovador García Pérez y Alfonso X, en el que el primero critica al rey por vestir una pelliza vieja[151].

Este vestir cortesano de la corte alfonsí y su entorno debió servir como modelo para otros estratos nobiliarios inferiores, en el que se manifiesta la capacidad de la corte para irradiar las nuevas tendencias, tal como pone de relieve una cantiga de escarnio contra los infanzones, donde el rey critica la adopción de algunas novedades cortesanas como las «saias encordadas», de «cintas sirgadas», mantos «coñas pontas trastornadas» y las «mangas mui curtas e esfraldadas»[152].

Frente a estos paños usados por las elites, el campesinado recurriría a textiles de baja calidad, con tejidos realizados en lanas autóctonas y fibras vegetales, como el lino o el cáñamo, confeccionados en villas modestas, que presentarían colores naturales y pardos, y tipologías características, poco sujetas a la evolución de la moda, como el *balandre*, propio de pastores y labradores, con el que aparece representado un aldeano en la cantiga 31, junto con otras prendas citadas en la documentación que no han podido ser identificadas, como el *capisayo* y el *argayo*[153].

---

150. Algunas referencias básicas sobre estos conjuntos en Manuel GÓMEZ-MORENO MARTÍNEZ, «Preseas reales sevillanas», *Archivo Hispalense: Revista Histórica, Literaria y Artística*, 27-32 (1948), 191-204; María Jesús SANZ, «Ajuares funerarios de Fernando III, Beatriz de Suabia y Alfonso X», en *Sevilla 1248. Congreso Internacional Conmemorativo del 750 Aniversario de la Conquista de la Ciudad de Sevilla por Fernando III, Rey de Castilla y León: Sevilla, Real Alcázar. 23-27 de noviembre de 1998*, Madrid, Centro de Estudios Ramón Areces, 2000, 419-450; Etelvina FERNÁNDEZ GONZÁLEZ, «*Que los reyes vistiesen paños de seda, con oro, e con piedras preciosas*: indumentarias ricas en los reinos León y Castilla (1180-1300). Entre la tradición islámica y el Occidente cristiano», en *El legado de Al-Andalus. El arte andalusí en los reinos de León y Castilla durante la Edad Media*, Valladolid, Fundación del Patrimonio Histórico de Castilla y León, Junta de Castilla y León, 2007, 365-408; *Vestiduras ricas: el Monasterio de las Huelgas y su época, 1170-1340: del 16 de marzo al 19 de junio de 2005, Palacio Real de Madrid*, Madrid, Patrimonio Nacional, 2005; Laura RODRÍGUEZ PEINADO, «El arte...», 344-348; Nieves FRESNEDA GONZÁLEZ, *Moda...*, 449, 565.

151. ALFONSO X, *Cantigas profanas*, 67-69, cantiga X.

152. ALFONSO X. *Cantigas profanas*, 129-130, cantiga XXXVIII.

153. Julián CLEMENTE RAMOS, *La economía...*, 151-152; Laura RODRÍGUEZ PEINADO, «El arte...», 343, 370; Gonzalo MENÉNDEZ PIDAL Y GOYRI, *La España...*, 72; Carmen BERNIS MADRAZO, *Indumentaria...*, 23.

En el caso de los eclesiásticos, existe, como es bien sabido, un conjunto de vestiduras litúrgicas (amito, alba, cíngulo, sobrepelliz, etc.) utilizadas en el rito[154], que en el caso de los grandes eclesiásticos se caracterizarían por unos materiales y una estética no muy diferente a la de las elites laicas, como muestra, en fechas cercanas al reinado del Rey Sabio, el ajuar del arzobispo Rodrigo Jiménez de Rada, fallecido en 1247 (monasterio de Santa María de Huerta, Soria), o la casulla del arzobispo de Toledo Sancho de Aragón (catedral de Toledo), caracterizada por su decoración heráldica[155] (fig. 8).

Fuera de la liturgia, la apariencia externa de los clérigos quedaría regulada buscando asegurar su honestidad, como muestran, por ejemplo, las constituciones para la diócesis de León dadas por el obispo don Martín Fernández en 1267, que limitaban el uso de ciertos colores (verde, rojo) y tipologías indumentarias:

> Stablecemos que los clérigos ayan coronas guisadas, non muy grandes nen muy pequeñas, et vestiduras conuenientes, conuién a saber, non viadas nen a meatat nen felpadas nen entretaiadas nen uermeias nen uerdes nen muy longas nen muy curtas, nen capas con brocha nen con cuerda, nen camisa en el cuerpo nen en la manga, nen saya con cuerda. Nen tragan baruas luengas, meguera que sean mancebos (…). Otrosí que los prestes e los que an pessonages que tragan capas sin mangas e garnachas cerradas[156].

En esencia, más allá de estas restricciones, la indumentaria de los clérigos no debía ser muy diferente de la del resto de los laicos. En este sentido, veremos cómo, por ejemplo, Nicolás Martínez, canónigo de la Iglesia de León, lega en 1274 su «manto», «garnacha», «guardacos» y «saya»[157] o el igualmente canónigo leonés Pedro Gallardo refiere en 1275 «el mío manto e la mía garnacha de pres»[158], siendo en las *Cantigas* frecuente que estos clérigos aparezcan representados portando capiellos en forma de boina, usadas igualmente por los médicos[159].

---

154. ALFONSO X, *Setenario*, leyes CVI-CVII, 249-260. Véase igualmente Amparo GARCÍA CUADRADO, *Las Cantigas…*, 123-135; Laura RODRÍGUEZ PEINADO, «El arte…», 349.

155. Un marco general en Laura RODRÍGUEZ PEINADO, «El arte…», 349. Sobre ambos conjuntos: *Vestiduras pontificales del Arzobispo Rodrigo Ximénez de Rada, S. XIII*, Madrid, Ministerio de Cultura, Instituto de Conservación y Restauración de Bienes Culturales, 1995; Cristina PARTEARROYO LACABA, «Casulla del arzobispo de Toledo don Sancho de Aragón (1264-1275)», en *Alfonso X el Sabio. Sala San Esteban. Murcia. 27 octubre 2009 / 31 enero 2010*, Murcia, Tres Fronteras, 2009, 136-137.

156. *Constituciones para la diócesis…*, 462, nos. 1, 2. En un sentido similar se pronuncian las Cortes de Valladolid de 1258 (*Cortes…*, Cortes de Valladolid de 1258, 55).

157. *Testamento de Nicolás Martínez…* (1274, diciembre, 5), 113, 115.

158. *Testamento de Pedro Gallardo, canónigo de León* (1275, marzo, 9) edit. en *Colección documental…IX (1269-1300)*, doc. n.º 2347, 118.

159. Sobre esta cuestión, véanse los apuntes de José GUERRERO LOVILLO, *Las Cántigas…*, 178-180. Sobre la vinculación entre esta tipología y los clérigos GONZALO MENÉNDEZ PIDAL Y GOYRI, *La España…*, 84.

Figura 8. Detalle de la casulla del arzobispo de Toledo Sancho de Aragón. Seda e hilos de oro entorchados de membrana de piel dorada y enrollada en un hilo de seda. 273 x 529 cm. Catedral de Toledo

El inventario de bienes de la catedral de Salamanca de 1275 es una buena muestra del patrimonio textil de una gran institución eclesiástica en época de Alfonso X. En él es posible documentar la presencia de telas ricas, marcadas por la impronta oriental, entre las que destacan producciones de seda con hilo de oro entretejido (manípulo de «xamete»), paños viados (manípulo del epistolero de «seda viada», un «panno vermeio viado», dos «pannos vermeios et viados con vias de oro»), teñidos en púrpura (un «fazaruelo pequeño de púrpura»), con decoraciones de pavos (dos capas viejas de púrpura, «la una de pavones et la otra de estrellas») o con motivos herálidcos (dalmática «pintada de leones negros», dalmática «pintada de castiellos», casulla blanca «entre-texida de leones negros»)[160]. Sabemos que algunos de estos paños incorpora-dos al tesoro eclesiástico procedían de donaciones de los reyes o de grandes nobles –hecho que ayuda a entender, más allá de los gustos compartidos, la confluencia estética entre contextos laicos y eclesiásticos–, como manifiesta el inventario del tesoro de la catedral a Toledo redactado hacia 1255-1258, que cita, por ejemplo, «dos pedaços que fiincaron del panno del Rei de Nauarra», el paño que «dio nuestro sennor don Sancho (…) de que fiziemos una capa»

---

160. *Juan Fernández, canónigo, y Nuño Rodríguez, compañeros de la Iglesia de Salamanca, como cumplidores del testamento de Juan Bermúdez, que fue tesorero de la catedral de Salamanca, hacen el inventario de todos los bienes muebles de la catedral* (1275, diciembre, 18. Salamanca) edit. en *Documentos de los archivos catedralicio y diocesano de Salamanca (siglos XII-XIII)*, Salamanca, Universidad de Salamanca, 1977, doc. n.º 352, 449-454.

o los paños que dio el «rey don Alfonso» de que «fiziemos dos capas, et una almática»[161].

A estos cabe sumar los hábitos vinculados a las órdenes religiosas masculinas y femeninas, realizados en tejidos bastos y basados en el empleo de saya y cogulla (varones) y de saya, velo, impla y capa (mujeres), de los que contamos con abundantes representaciones figuradas en las *Cantigas*[162].

4. CONCLUSIONES

Alimentación e indumentaria fueron ámbitos hacia los que lo moral, lo religioso, lo sanitario o lo económico mostraron una especial atención por su capacidad para poner en relación las prácticas de consumo con lo corporal. En el plano social, el consumo alimentario y textil permitió identificar y jerarquizar la sociedad bajomedieval, cada vez más articulada y regulada normativamente, y definir realidades simbólicas capaces de servir como vehículo de diferenciación, de integración y de exclusión, en un contexto en el que alimentación e indumentaria se acaban por definir, tomando prestada la expresión de Miguel Ángel Ladero Quesada, como «bienes de cultura»[163], partiendo de la idea de que, como apunta Juan Antonio Quirós Castillo con relación a la alimentación, «más allá de cualquier determinismo o del *sentido común*, los sistemas alimenticios son construcciones sociales y están condicionados culturalmente»[164]. Aspectos, en definitiva, fundamentales en sociedades en las que el poder político tenía como responsabilidad asegurar la desigualdad social, a la que se atribuía un origen natural.

Estas prácticas de consumo, de las que participan particularmente las elites, sitúan el período alfonsí como un momento con personalidad propia, inserto dentro del modelo cultural gótico y sujeto a cambios lentos, pero progresivos, que anuncian el paso de la alimentación a la gastronomía y de la indumentaria a la moda, que irrumpen con fuerza y se consolidan a lo largo del siglo XIV y especialmente XV.

---

161. *Esto es lo que falló el Thesorero don Rodrigo Yuánez despues que recebio el Thesoro en el reuestiario* (*ca.* 1255-1258) edit. en José VILLAAMIL Y CASTRO, *Inventarios de mobiliario litúrgico*, Madrid, Nueva Imp. de San Francisco de Sales, 1906, 67, 70. Un marco general de estas prácticas en María BARRIGÓN, «Clothing…», 253-254 y Lauren Ann WILSON, «Status», 122-123.

162. Gonzalo MENÉNDEZ PIDAL Y GOYRI, *La España…*, 140; Amparo GARCÍA CUADRADO, *Las Cantigas…*, 135-140; Laura RODRÍGUEZ PEINADO, «El arte…», 349; José GUERRERO LOVILLO, *Las Cántigas…*, 180-182.

163. Miguel Ángel LADERO QUESADA, «La alimentación en la España medieval: estado de las investigaciones», *Hispania: Revista Española de Historia*, 159 (1985), 211-220, 211.

164. Juan Antonio QUIRÓS CASTILLO, «Los comportamientos alimentarios del campesinado medieval en el País Vasco y su entorno (siglos VIII-XIV)», *Historia Agraria: Revista de Agricultura e Historia Rural*, 59 (2013), 13-41, 16.

RITOS Y CEREMONIAS EN LA ÉPOCA DE ALFONSO X: GENEALOGÍA DE LA TRADICIÓN CASTELLANA DE LAS ASCENSIONES REALES

Jaume Aurell
Universidad de Navarra

La época de Alfonso X, tan rica en acontecimientos culturales, también tuvo su dimensión ritual. Alfonso X es un punto de llegada y un punto de partida de la ceremonia de las autocoronaciones, un ritual muy característico y original de los reinos ibéricos, cuyo itinerario se pueden rastrear desde la época visigótica. Este artículo se propone indagar en los orígenes de esta ceremonia, indagar en los diferentes pasos de su evolución y desenmascarar toda su rica simbología e implicaciones para la teoría y la práctica política en la Europa medieval. La autocoronación es aparentemente un gesto transgresor, como lo ponen de manifiesto las detalladas narraciones que hemos preservado de Alfonso XI de Castilla y Pedro IV de Aragón en el siglo XIV. Sin embargo, su transgresión ritual nos lleva a preguntarnos por qué actuaron así, si existían precedentes de este particular gesto, y hasta qué punto eran conscientes de los diferentes ritmos de introducción de las ceremonias de unción y coronación en sus propios reinos, en su búsqueda de la justificación de la autocoronación. Pretendo establecer una genealogía conceptual de la autocoronaciones de los reyes castellanos, desde las fuentes visigodas, asturianas y leonesas hasta la práctica en el Reino de Castilla, reflexionar sobre los precedentes de este gesto que transgredía el rito más establecido de que los reyes fueran coronados por los obispos, y por qué progresaron (o retrocedieron) hacia la práctica de la autocoronación durante el siglo XIV.

Soy consciente de la cantidad y calidad de la bibliografía sobre coronaciones castellanas y aragonesas. Pero también es evidente que no existen trabajos monográficos dedicados al gesto específico de la autocoronación ibérica, una ceremonia singular incluso en la Europa medieval, por no decir en toda la historia, hasta que Napoleón se coronó Emperador. Teniendo en cuenta la particularidad de este acercamiento a las autocoronaciones, y mi énfasis en la genealogía comparada de estas ceremonias más que en un relato particular de alguna de ellas, voy a centrarme en la evolución ibérica desde la unción de Wamba en 672 hasta la autocoronación de Alfonso XI en 1332.

1. LOS ORÍGENES DE LA UNCIÓN REAL: EL REINO VISIGODO

Tanto los ritos de coronación como los de unción tienen relevancia en el contexto de las ceremonias reales, aunque hay que distinguirlos claramente, ya que su significado e implicaciones políticas, ideológicas y religiosas son muy diferentes. A pesar de la transposición de esferas y rituales temporales y espirituales que tuvo su origen en tiempos de Constantino, los emperadores romanos de Occidente nunca fueron ungidos ni coronados. Su ceremonia de investidura nunca tuvo una dimensión religiosa. Tras la caída del Imperio Romano de Occidente, el emperador bizantino no introdujo la práctica de la coronación hasta que León I fue coronado por el obispo de Constantinopla en 457. Tras este acontecimiento, la práctica de la coronación –siempre mediando el Patriarca, el Papa u el obispo– se extendió entre las monarquías germánicas a partir del siglo VI, culminando con la coronación imperial de Carlomagno en el 800. El ritual de la coronación se estableció ceremonialmente y se consolidó litúrgicamente mediante el Pontifical del Papa León III (795-816)[1].

El rito de la unción, a su vez, tuvo otra trayectoria de expansión. Se introdujo tras la coronación, ya que la primera monarquía en practicarlo fue la visigoda, basándose en los relatos de las unciones de los reyes de Israel, las teorías de Isidoro de Sevilla, las resoluciones de los Concilios de Toledo y los escritos históricos del obispo Julián de Toledo. Así, el rey visigodo Wamba parece haber sido el primer rey europeo en ser ungido, en 672[2]. Un siglo más tarde, la ceremonia de la unción se extendió del reino visigodo a Francia (los primeros en recibirla fueron los hijos de Carlomagno, Pepino y Luis), y después a algunas monarquías anglosajonas y al Imperio bizantino[3]. La ceremonia de la unción llegaría finalmente a Roma con la unción del hijo de Carlomagno, Carlos, que también se describe en el Pontifical de León III[4]. Así pues, Roma no tomó este ritual de su propia tradición, sino de los reyes francos, que a su vez lo

---

1. Louis DUCHESNE, *Le Liber Pontificalis*, París, Hachette, 2023, 6-7.
2. Janet L. NELSON, «The Earliest Surviving Royal *Ordo*: Some Liturgical and Historical Aspects», en Brian Tierny y Peter Linehan (eds.), *Authority and Power*, Cambridge, Cambridge University Press, 1980, 29-48 (aquí 29).
3. Louis DUCHESNE, *Le Liber Pontificalis*, 38.
4. Louis DUCHESNE, *Le Liber Pontificalis*, 6 y 38, nota 35.

obtuvieron de la tradición visigoda, que a su vez lo habían obtenido de las narraciones bíblicas de las unciones de los reyes de Israel[5].

Un acontecimiento clave en esta historia es la ceremonia de unción del rey Wamba en Toledo, en 672[6]. La ceremonia se narra en la *Historia Wambae* de Julián, una exaltación del *rex Gothorum* que funciona como narración histórica, exposición de un *speculum principum* y también de *exemplum* que ilustra algunas verdades doctrinales. Algunos historiadores sostienen que Wamba (672-680) fue el primer rey visigodo, y en consecuencia el primer rey europeo, en ser ungido. Sin embargo, otros especialistas, como Peter Linehan, sostienen que la de Wamba no fue la primera unción real que presenció Toledo, basándose en su insistencia en ser ungido en la *sedes antiqua*, es decir, Toledo, lo que implicaría que había habido algunas otras unciones anteriormente en sedes diferentes[7]. Michel Zimmermann sostiene que la práctica de esta ceremonia pudo iniciarse en el año 633[8]. Claudio Sánchez Albornoz afirma que la unción era una *traditio* establecida entre los reyes visigodos, pero no podemos saber a partir de cuándo[9]. En cualquier caso, todos coinciden en que la de Julián es la primera descripción y narración histórica que tenemos de una unción real en España o en cualquier otro lugar de Occidente[10].

Wamba, y quizá algunos de sus antepasados, consideraban la unción como un medio de reforzar su autoridad real, frecuentemente amenazada por conspiraciones aristocráticas. En una decisión sin precedentes, adoptaron el ritual bíblico de la unción real, paralelamente a la práctica habitual de las unciones episcopales. San Isidoro, que ejerció una influencia asombrosa en el pensamiento y la práctica política visigoda, legitima el poder la unción tanto sacerdotal como real en su obra *De ecclesiasticis officiis* (escrita entre 598 y 515), al

---

5. Una buena síntesis del itinerario de las primeras unciones y coronaciones durante la Antigüedad tardía y la Alta Edad Media en Louis Duchesne, *Le Liber Pontificalis*, 38, n.º 43-45.

6. Julián, obispo de Toledo (680-690), *Historia Wambae*, caps. 3-4 (escrito hacia 675). Un relato detallado e instructivo de la investidura y unción de Wamba en Suzanne Teillet, *Des Goths à la nation gothique: Les origines de l'idée de nation en Occident du Ve au VIIe siècle*, París, Les Belles Lettres, 1984, 607-617.

7. Peter Linehan, *History and the Historians of Medieval Spain*, Cambridge, Clarendon, 1993, 56. Como es bien sabido, Wamba es uno de los reyes medievales ibéricos cuya figura y personalidad ha generado más relatos narrativos y legendarios a su alrededor: Aengus Ward, *History and Chronicles in Late Medieval Iberia. Representations of Wamba in Late Medieval Narrative Histories*, Leiden, Brill, 2011.

8. Michel Zimmermann, *Clovis: histoire et mémoire. Vol. 1: Le baptême de Clovis, son écho à travers l'histoire*, París, Presses de l'Université Paris-Sorbonne, 1997, 9-28.

9. Claudio Sánchez Albornoz, «La *ordinatio principis* en la España goda y postvisigoda», en *Estudios sobre las instituciones medievales españolas*, México, Universidad Nacional Autónoma de México, 1965, 705-738, 712.

10. Parece ser que otras monarquías europeas iniciaron esta práctica no antes de finales del siglo VIII: Marc Bloch, *Les rois thaumaturges*, París, Gallimard, 1983, 464 y ss.

igual que Jesucristo es tanto rey como sacerdote eterno y ha recibido la unción de su Padre Dios[11].

Esta sería la primera evidencia *escrita* que tenemos sobre la unción de reyes, pero no tenemos ninguna evidencia *práctica* hasta Wamba, en 672 – es decir, algunas décadas después de la obra de Isidoro. La unción de Wamba en Toledo fue narrada por el obispo Julián de Toledo en su *Historia Wambae*, escrita hacia 675, es decir, pocos años después de los hechos. Julián cuenta que el pontífice Quirico, con sus manos, derramó el óleo sobre la coronilla del monarca, que permanecía de rodillas; realizada la bendición, al momento se manifestó una señal de salvación, puesto que una columna de humo brotó sobre la cabeza del rey, apareciendo entonces una abeja, señal de buenos presagios[12].

Esta transposición de una ceremonia episcopal –lo propio de la ordenación sacerdotal es la unción por el obispo– en una de entronización real perduraría durante mucho tiempo tanto en la tradición occidental como en la oriental. Con toda seguridad, el fundamento de esta transferencia de la esfera espiritual a la política se retrotrae a principios del siglo IV, cuando el emperador Constantino adoptó algunos de los símbolos espirituales del cristianismo. Pero, más allá de estos evidentes precedentes, una conexión más estrecha con la unción de Wamba quizá pueda hallarse en la figura del emperador Teodosio, que fue aclamado Augusto en 379 y nació en Cauca, Galicia, en el noroeste de la Península Ibérica.

Teodosio se convirtió en un modelo para los futuros gobernantes hispanos, sobre todo en la época de la España visigoda. El *Historiarum adversus paganos* de Orosio (escrito hacia 416-417) desempeñó un papel importante en la transposición y traducción de temas teodosianos y significados políticos para los reyes visigodos[13]. Orosio, al igual que Teodosio, parece haber nacido en Hispania, en la ciudad de Braga o Tarragona. Destacó en su crónica una visión de Hispania como un todo unitario (utilizando la palabra en singular), más que como un conjunto de provincias romanas, planteamiento que potenciaría la unidad visigoda en la Península Ibérica durante los siglos VI y VII. Insistió en la idea de que el *Imperator* romano estaba rodeado de un aura religiosa, incluso en la época pagana, y ésta era especialmente potente en Hispania[14]. Es

---

11. Isidoro de Sevilla, *De ecclesiasticis officis*, «De crisma», edición a cargo de Christopher M. Lawson, Turnhout, Brepols, 1989, 106.

12. Julián, Obispo de Toledo, *Historia Wambae*, cap. II. 2-4; Ver Isidro G. Banco Torviso, «*Hunctus rex*. El imaginario de la unción de los reyes en la España de los siglos VI al XI», *Cuadernos de Prehistoria y Arqueología de la Universidad Autónoma de Madrid*, 37-38 (2011-12), 749-766 y Andrés Altés Domínguez «La simbología de la abeja en la unción de Wamba», *Estudios Medievales Hispánicos*, 6 (2018), 29-41.

13. Suzanne Teillet, *Des Goths…*, 112-160.

14. Robert Étienne, *Le culte impérial dans la péninsule ibérique d'Auguste à Dioclétien*, París, de Boccard, 1958. Para una visión general de todo el Imperio, véase Jean Beaujeu, *La religion romaine à l'apogée de l'Empire*, París, Les Belles Lettres, 1955.

muy posible que estos postulados facilitaran la sacralización de Teodosio, considerado por San Agustín como el *imperator cristiano* ideal, y al que Rufino de Aquilea se refiere a él como *Princeps religiosus*[15]. Este emperador *Christianus* y *Princeps religiosus* podría entonces aparecer fácilmente como antecesor y modelo de los ungidos reyes visigodos cristianos, ya que el cronista Julián de Toledo aplicaría este mismo título a Wamba algunos siglos después[16].

Algunos autores han llegado a sostener que la sucesión ibérica de príncipes religiosos (el *Imperator Christianus* Teodosio y el *Princeps religiosus* Wamba) culminaría en el título de *Reyes Cat*ólicos atribuido a Fernando de Aragón e Isabel de Castilla. Esta idea es adoptada por varios historiadores castellanos de principios de la Edad Moderna, que buscaban continuidades en la Corona de España, de los visigodos a los castellanos, y luego a los Habsburgo, a pesar de las rupturas dinásticas, y estaría relacionada también con las pretensiones imperiales de Alfonso X[17].

Más allá de estas hipotéticas continuidades o discontinuidades, y del hecho de que las alabanzas de Teodosio son una proyección evidente de la aclamación de Constantino como emperador cristiano[18], Teodosio emerge como el precedente natural de los gestos simbólicos de Wamba, como emperador hispano alabado por ser «amigo de los godos» y *princeps religiosus*. Obviamente, esto se corresponde con una larguísima tradición clásica del «buen Príncipe» como gobernante legítimo, expuesta entre otros por Jenofonte y Cicerón[19]. Esta tradición pagano-clásica se superpone curiosamente a la cristiano-bíblica, profusamente expuesta por Eusebio y Gregorio Magno[20]. Así, al igual que el «buen emperador» Teodosio lucharía sabia y valientemente contra el «mal tirano», Wamba haría lo propio contra los eventuales enemigos del reino[21]. Más allá del significado moral («mal rey») y religioso («fiscal de la Iglesia»), el otro significado tradicional de la palabra *tyrannus* es «usurpador».

---

15. Jean GAUDEMET, *L'Église dans le monde romain (IVᵉ-Vᵉ siècles)*, París, Sirey, 1967, 493-494.

16. Julián utiliza este título trece veces en su *Historia Wambae* (Suzanne TEILLET, *Des Goths...*, 600).

17. Diego SAAVEDRA FAJARDO, *Corona gótica, castellana y austriaca*, Madrid, Biblioteca Autores Españoles, Madrid, 1861. Véase también Suzanne TEILLET, *Des Goths...*, 83.

18. Los cronistas de finales del siglo IV aplicaron a Teodosio lo que los cronistas de principios de siglo habían aplicado a Constantino: Jacques MOREAU, *Lactance. De la mort des persécuteurs*, París, Éditions du Cerf, 1954, vol. 1, 1 y 52.

19. Esta tradición tiene un origen estoico: Jean BEAUJEU, *La religion...*, 73-75.

20. Suzanne TEILLET, *Des Goths...*, 346-349.

21. Sobre las raíces griegas de la palabra *tyrannus*, véase Jean GAUDEMET, *Institutions de l'Antiquité*, París, Sirey, 1967, 152-156; sobre el sentido peyorativo de la palabra latina *tyrannus*, véase Jean BÉRANGER, «*Tyrannus*. Notes sur la notion de tyrannie chez les Romains particulièrement à l'époque César et de Cicéron», *Revue des Études Latines*, 13 (1935), 85-94.

Esta última acepción, utilizada también por Amiano Marcelino y Jerónimo, tendrá muchas implicaciones en el reino visigodo, que cuenta con una larga tradición de usurpaciones y amenazas al rey, y es utilizada específicamente en este sentido en la *Historia Wambae* de Julián, a finales del siglo VII[22]. La antítesis entre princeps *religiosus* y el *tyrannus*, creada algunos siglos antes, revivirá en la narración de Julián. La vida ejemplar del rey de Toledo, Wamba, que lucha contra el usurpador Paulo, es la transposición medieval de la lucha de Teodosio contra los tiranos Máximo y Eugenio narrada por Rufino, que a su vez se inspira en la lucha de Constantino contra los tiranos Majencio y Licinio, narrada por Eusebio. Por otro lado, la expresión *princeps religiosus* significa tanto legitimación como piedad. Si el soberano legítimo se somete humildemente a Dios, recibirá el favor divino y reforzará su poder y autoridad. Por último, es interesante señalar que Wamba tomó el modelo de la época clásica romana, mientras que su predecesor Leovigildo había tomado como modelo al emperador bizantino Justiniano. En cualquier caso, los soberanos de Toledo siempre quisieron aparecer como sucesores de los emperadores romanos[23].

Teniendo en cuenta estos precedentes, no es de extrañar que, en términos de práctica política y simbolismo, la ceremonia de investidura y unción de Wamba significara más para algunos comentaristas contemporáneos y posteriores que el Tercer Concilio de Toledo, lo que constituye una prueba singular de su relevancia. Toledo en 589 no estaba preparada para desarrollarse como capital ceremonial del reino, ya que su primacía aún parecía precaria. Y, sin duda, la ceremonia real visigoda más relevante era la unción y no la coronación. Los cronistas posteriores hablarían del rey visigodo «coronado en el reino», basándose en el relato de Isidoro sobre el primer monarca católico de España[24]. Sin embargo, Isidoro estaba utilizando una metáfora en lugar de describir un acontecimiento histórico. No se trataba de una coronación ritual, que se habría mencionado en la narración de la ceremonia de entronización de Wamba, sino de una imagen vívida, similar a la del cetro real[25].

Una de las cuestiones clave es por qué Wamba (o uno de sus predecesores recientes) decidió consolidar su autoridad y poder específicamente con la ceremonia de la unción y no con otros ritos simbólicos. Durante la primera mitad del siglo VII, en particular en sus *Sententiae*, Isidoro de Sevilla, siguiendo

---

22. Suzanne TEILLET, *Des Goths...*, 92, n.º 394.

23. Jaques FONTAINE, *Isidore de Séville et la culture classique dans l'Espagne Wisigothique*, París, Études augustiniennes, 1959.

24. Peter LINEHAN, *History...*, 387, que cita a Isidoro, *Historia Gothorum* (escrita hacia 725), c. 52: «Regno est coronatus» (288, 24).

25. Suzanne TEILLET, *Des Goths...*, 541, y Marc REYDELLER, *La Royauté dans la littérature latine de Sidone Apollinaire à Isidore de Séville*, Roma, École française de Rome, 1981, 536-539.

a su vez las ideas de Gregorio Magno, sostenía que la soberanía del rey cristiano procedía de los reyes de Israel y no de los emperadores. Hace referencia al rey Saúl y al rey David más que a los emperadores, incluso después de que estos últimos se hicieran cristianos. Cristo («el Ungido») asumió la dignidad de la realeza, heredando la idea hebrea de realeza. Se convirtió así en el modelo y fundamento de la realeza cristiana, ya que tanto la realeza como el sacerdocio judío habían desaparecido tras el nacimiento de Cristo. Isidoro proclama en su *Crónica*: «Cessante regno ac sacerdotio Iudaeorum dominus Christus ex virgine nascitur»[26].

Puesto que la realeza cristiana y el sacerdocio no pueden escindirse, la realeza cristiana real y sacerdotal tienen que estar siempre juntas. Comienza, pues, un cierto paralelismo entre Obispo y Rey, y surge naturalmente una transposición de ciertos símbolos y liturgias (la unción del Obispo entre ellos). Debido a la difusión de las ideas de Gregorio de Tours, Gregorio Magno y, particularmente en Hispania, de Isidoro de Sevilla, pronto surgiría en el reino visigodo el símbolo del «rex-sacerdos» (rey-sacerdote). Varios años después de la muerte de Isidoro, el rey Wamba sería ungido en una solemne ceremonia en 672. Además, esta práctica político-teológica resultaría ser una importante herencia para las dinastías ibéricas posteriores, en particular las castellanas. El rey consagrado confirma su función real, mientras que el obispo consagrado confirma su función sacerdotal.

La introducción de la unción real consolidó definitivamente la dimensión religiosa de la monarquía visigoda, justificada por el cuarto Concilio de Toledo (633), con la actividad conexa de Isidoro de Sevilla, y algunos textos del rey Recesvinto[27]. Así como el tercer Concilio de Toledo (589) había confirmado el origen imperial del poder del rey visigodo, el cuarto Concilio de Toledo confirmó su origen divino. La elección del rey se convirtió en un acto muy solemne, en el que participaban tanto los nobles como los obispos del reino. Así, la elección de Wamba tuvo como consecuencia dos ceremonias que transmitían ambas vertientes de la tradición: la *acclamatio*, como recuerdo de la elección imperial; y la unción, como espejo del origen divino de su poder. El *sacramentum* (juramento) que acompañaba a estas dos ceremonias confirmaba el deseo del rey de ser veraz ante Dios y ante sus súbditos.

La *Historia Wambae*, panegírico histórico y narración ejemplar del ascenso y dominio de Wamba, es en realidad un *speculum principum*, un espejo de príncipes. Al igual que su predecesor Recesvinto (653-672) encarnó el cenit de la transposición de la ideología imperial, Wamba representó el progreso de la tendencia religiosa –bíblica y eclesiástica– como ideal monárquico

---

26. Isidoro, *Crónica*, 237, citado en Suzanne Teillet, *Des Goths...*, 508.

27. Isidoro sostiene que el poder real se origina por un compromiso entre los deberes del rey y sus súbditos: véase especialmente el canon 75 del cuarto Concilio de Toledo.

inspirado por Gregorio Magno. Wamba tomó el modelo de los reyes bíblicos y los obispos cristianos más que el de los emperadores romanos. En la *Historia Wambae* aparece como sucesor de los reyes del Antiguo Testamento y no como heredero del emperador romano. Los paralelismos con el rey judío Saúl son constantes en la crónica, tanto por sus virtudes personales como por sus actividades militares. Renunció al título de emperador utilizado por los reyes visigodos hasta su predecesor Recesvinto, para adoptar, en su lugar, el título de rey *religiosus*[28].

Así, Wamba adoptó la tradición judía de la unción real, que tenía su paralelo en la unción de los obispos cristianos, pero que hasta entonces no había tenido precedentes en el ámbito temporal. Wamba aparece en la narración de Julián como el rey sagrado y religioso más que como el rey poderoso o militar. Confirmó su dimensión sagrada gracias a la unción real que recibió al principio de su reinado.

La ceremonia de investidura de Wamba comprende básicamente la *electio,* que da legitimidad política al rey; el *sacramentum,* ceremonia específicamente visigoda que vincula al rey con sus súbditos; y la unción. El *sacramentum* y la unción se ritualizan en la nueva ceremonia religiosa de entronización, independiente de la elección. Por consiguiente, no se mencionan otros ritos en la investidura, como la coronación o la elevación, que era la ceremonia practicada en los reinos francos, pero que parece ser desconocida (o no practicada) por los reyes visigodos[29]. Así pues, la unción habría sido vista como una forma de aumentar la solemnidad de la entrada del rey y de confirmar su dimensión sagrada. La rica doctrina que subyace a esta práctica de la unción queda gráficamente plasmada en algunos textos de la liturgia visigoda conservados en manuscritos posteriores[30].

Como explica Isidoro de Sevilla en sus *Etimologías,* la unción real tiene un claro paralelismo con la doble unción, real y sacerdotal, de Israel, que es figuración e imagen de la unción de Cristo y, en consecuencia, de la unción cristiana: el bautismo. Explica que el rey visigodo lleva un manto de púrpura como signo externo de su unción, que le confiere «el nombre real y soberano»[31]. Otras monarquías contemporáneas utilizaban signos externos para la entrada real,

---

28. Suzanne Teillet, *Des Goths...*, 600.

29. Pero también hay otras razones para pensar que la coronación fue practicada por los reyes visigodos, al menos después de Wamba, ya que existe un Libro Ceremonial elaborado en el siglo X en León que parece ser copia de otro elaborado en el primer año de Wamba como rey: véase Claudio Sánchez Albornoz, «La *ordinatio*...», 708; Justo Pérez de Urbel, «Antifonario de León. El escritor y la época», *Archivos Leoneses,* VIII (1954), 300 y ss.

30. Thomas Deswarte, *De la destruction a la restauration. L'idéologie du royaume d'Oviedo-Léon (VIIIᵉ-XIᵉ siècles),* Turnhout, Brepols, 2003, 184-187.

31. « *Et sicut nunc regibus indumentum purpurea insigne est regiae dignitatis, sic illis unctio sacri ungenti nomen ac potestatem regiam conferebat* » (Isidoro, *Etimologías,* 7, 2, 2).

como la *elevación* o la coronación, pero la unción expresa una realidad sacramental (un signo externo que efectúa lo que significa) más que un significado meramente simbólico. La infusión del óleo real va acompañada de la señal de la cruz, trazada por el obispo sobre la cabeza de Wamba[32].

La unción confiere al rey las dos dimensiones de las dos unciones sucesivas del rey David: la interna y constitutiva (realizada por Samuel), y la externa y declarativa (realizada por los hombres de Judá)[33]. La unción real, elaborada teóricamente por Isidoro de Sevilla y realizada por Wamba, aparece como una transposición sacramental de la unción bíblica y adapta litúrgicamente el rito de la confirmación bautismal[34]. La unción sacerdotal y real judía tiene ahora su paralelismo con la nueva unción episcopal y real cristiano-visigoda[35]. También hay muchos paralelismos entre las ceremonias reales y episcopales visigodas de la *ordinatio*. Esta ceremonia era originalmente independiente de la unción, ya que la instalación solemne del rey era practicada por los reyes merovingios y los emperadores bizantinos contemporáneos, por lo que es plausible que los reyes visigodos la practicaran también, antes de la incorporación de la ceremonia de unción por Wamba. La elección encarna propiamente el hecho de la atribución de la soberanía, representando el *sacramentum* y la unción sucesivos tanto la confirmación como la sacralización de la realeza. Wamba fue elegido rey como consecuencia de la decisión de Recesvinto, pero esperó diecinueve días antes de su unción. Este retraso se debió quizá a la preparación del nuevo ceremonial de la unción, que serviría de precedente para los reyes sucesores, pero también pudo deberse a otras muchas razones de más peso[36].

Con esta nueva ceremonia de unción, la Iglesia se convierte en el intermediario necesario entre Dios y el nuevo rey. No es sólo el pueblo quien confirma la autoridad del rey con el *sacramentum*, sino también la Iglesia, que confirma el carisma del rey y su vínculo con Dios («non est potestas nisi a Deo», Rom. 13, 1) con la unción.

---

32. Sigo la descripción detallada de la unción de Wamba en Suzanne TEILLET, *Des Goths...*, 607-611.

33. La primera unción de David en I Reyes, 16: 13; la segunda en II Reyes, 2: 4. Marc REYDELLET, *La royauté...*

34. Janet L. NELSON, «National Synods, Kingship as Office and Royal Anointing: An Early Medieval Syndrome», *Councils and Assemblies*, 7 (1971), 41-59, aquí 52.

35. La aparición de la unción episcopal sigue siendo incierta: Pierre BATIFFOL, «La liturgie du sacre des évêques», *Revue d'Histoire ecclésiastique*, 23 (1927), 733-763, aquí 745-749.

36. Suzanne TEILLET, *Des Goths...*, 611-613; José ORLANDIS, «La Iglesia visigótica y los problemas de la sucesión al trono en el siglo VII», *Settimane di Studio del Centro italiano di studi sull'alto Medioevo*, 7 (1960), 343 y 350.

2. LA RESTAURACIÓN DE LA UNCIÓN TRAS LA INVASIÓN ISLÁMICA: ASTURIAS

Los historiadores difieren en la interpretación de los efectos de la invasión islámica de Iberia a partir de 711, y en la medida en que ese año puede considerarse una ruptura absoluta o relativa con la tradición. En cualquier caso, el escenario político cambió radicalmente, y las sociedades cristianas sólo pudieron sobrevivir como organizaciones estructuradas bajo el reino de Asturias en Occidente y las provincias pirenaicas en Oriente. A partir del siglo VIII, la línea genealógico-ideológica imaginaria que vincula la unción de Wamba con la autocoronación de Alfonso XI en el siglo XIV, da un giro hacia Asturias, en lugar de hacia los Pirineos. Los reyes castellanos se sintieron sucesores de los visigodos –siguiendo Asturias León-Castilla como línea principal de su tradición– mientras que los reyes de la Corona de Aragón se identificaron con la doble tradición franco-visigoda y por tanto no consideraron la tradición ceremonial visigoda como base de sus prácticas políticas.

Los críticos coinciden en que la restauración más probable de la ceremonia de la unción tras la invasión islámica tuvo lugar durante la entronización del rey Ordoño II (914-924). La reanudación de la tradición de la unción bajo Ordoño II a principios del siglo X es uno de los vínculos más claros de la dinastía astur-leonesa con la visigoda. También existen pruebas documentales (distintas de las fuentes cronísticas) de la unción de otros reyes leoneses después de Ordoño II, como Ramiro II (931), Bermudo II (982) y Fernando I (1038)[37].

Algunos autores, como Claudio Sánchez Albornoz, sostienen que la ceremonia de la unción se realizó también antes de Ordoño II, concretamente con Alfonso II (829) y Alfonso III (866); pero sólo aporta pruebas historiográficas de obras elaboradas algunos siglos después y no fuentes documentales[38]. Sin embargo, las pruebas de archivo que existen no son suficientemente convincentes, ya que todas ellas son historiográficas. Siempre es difícil saber cuáles de las fuentes que mencionan la unción de reyes leoneses son las más exactas, pero en general las documentales son más creíbles que las historiográficas, ya que estas últimas suelen estar más condicionadas por el espíritu de su propia

---

37. Claudio SÁNCHEZ ALBORNOZ, «La sucesión al trono en los reinos de León y Castilla», en *Estudios sobre las instituciones medievales españolas*, México, Universidad Nacional Autónoma de México, 1965, 639-689, 687, y Claudio SÁNCHEZ ALBORNOZ, «La *ordinatio*…», 723-724, donde da las referencias documentales e historiográficas concretas.

38. Claudio SÁNCHEZ ALBORNOZ aporta en «La *ordinatio*…», 724, n.º 98 fuentes historiográficas para la unción real de los Reyes, en las que se incluyen Alfonso II y Alfonso III; pero parece contradecirse en Claudio SÁNCHEZ ALBORNOZ, «La sucesión…», 687, n.º 148, en la que aporta evidencias documentales, el primer rey ungido es, muy significativamente, Ramiro II (944), es decir, después de Ordoño II. Véase también Percy Ernst SCHRAMM, *Las insignias de la realeza en la edad media española*, Madrid, Instituto de Estudios Políticos, 1960, 1-63.

época que por el de la época que tratan. En cualquier caso, partiendo de la historicidad de la unción de Ordoño II, podemos concluir que dos siglos y medio después de la unción de Wamba, esta ceremonia resurge con el propósito de reforzar la dimensión religiosa y espiritual de la realeza[39].

Ciertamente, en el complejo proceso identitario que conecta a las monarquías cristianas peninsulares con la tradición visigoda, la Crónica de Alfonso III o *Chronica Visigothorum* es un eslabón importante. Este texto tomó la tradición de la *Historia Gothorum* de Isidoro de Sevilla, impulsada por Alfonso III (866-910) al fijar sin ambigüedades la orientación neogótica de Asturias, y creó una narración muy influyente de la batalla de Covadonga. La Crónica de Alfonso III incluye la referencia más temprana a la restauración de la unción de los reyes visigodos después de 711. Ciertamente, el autor de la Crónica de Alfonso III concede a la unción real un lugar muy relevante, ya que comienza su crónica con la narración de la unción de Wamba, basada en el relato de la *Historia Wambae* de Julián. Los historiadores coinciden en que los relatos de las unciones de Alfonso II y Alfonso III son falsas interpolaciones posteriores en la crónica, precisamente para proporcionar a Ordoño II precedentes relevantes de la práctica de la unción[40]. Los autores discrepan sobre la continuidad de esta práctica entre los sucesores de Ordoño II, pero hay acuerdo en que se practica al menos de forma intermitente[41]. En cualquier caso, todos ellos coinciden en que la reaparición de la unción real a partir de Ordoño II, y la proliferación de narraciones históricas que subrayan su relevancia ceremonial, suponen un creciente y progresivo retorno a la dimensión religiosa de la realeza.

3. Unción y coronación en Castilla y León (siglos XI y XII)

Sin embargo, en una expresión típica de esta historia de línea torcida, este giro sagrado gozaría de poca continuidad en Iberia. De hecho, los reyes hispanos pronto serían reconocidos en toda Europa por su renuencia a ser ungidos o coronados. Juan de París, en su defensa de la antihierocracia, declaró que los reyes eran reyes incluso sin unción y que en muchos países cristianos,

---

39. Thomas Deswarte, *De la destruction...*, 181-183.

40. Peter Linehan, *History...*, 146-147.

41. Linehan sostiene que la unción se convierte en una práctica más excepcional que ordinaria (Peter Linehan, «León, ciudad regia, y sus obispos en los siglos X-XIII», en *El Reino de León en la Alta Edad Media*, 6, Fuentes y Estudios de Historia Leonesa, León, CISI, 1994, 409-457 (aquí 423-428 y 433). Deswarte opta por una continuidad más permanente de la práctica (*De la destrucción...*, 183).

como Hispania, no se practicaba en absoluto la unción de los reyes[42]. También existen testimonios similares del rey escocés John Balliol y de Gerald de Gales[43]. De hecho, Portugal nunca coronó a sus reyes y Navarra no introdujo la coronación y la unción hasta después de 1257, y sólo se practicaron de forma escasa e intermitente[44]. Los reyes allí eran físicamente resucitados por otros, en un eco de la antigua tradición germánica. Como veremos, los reyes castellanos abandonaron pronto el ritual de la coronación, y sólo lo practicarían en casos aislados. Aragón no introdujo la ceremonia hasta 1204 y, tras algunas interrupciones de la práctica, se autocoronó en 1328 con Alfonso el Benigno. Sin embargo, paradójicamente, como hemos visto, fue en Iberia donde se originó la práctica –o, más correctamente, donde se adaptó del Israel bíblico–, desarrollándose la costumbre de la unción real bajo los visigodos y transmitiéndose desde allí a las monarquías francesa y anglosajona y al imperio bizantino[45].

Sin embargo, la originalidad de este periodo radica en que por primera vez se asocia la ceremonia de la unción a la coronación. El primer testimonio iconográfico de la corona real (*diadema*) en el reino de León aparece en una miniatura del salterio de Fernando I (1037-1065)[46]. Estas fuentes iconográficas proliferaron durante la primera mitad del siglo XII, especialmente entre las miniaturas en las que los reyes de Asturias y León aparecían con la corona, el cetro y el trono como atributos de poder[47]. Siguiendo esta evidencia iconográfica, algunos historiadores han defendido que la ceremonia de coronación estuvo asociada a la unción desde los orígenes de la monarquía asturiana[48]. Pero las evidencias documentales e iconográficas de la presencia de la corona no confirman la existencia de una ceremonia específica de coronación hasta el

---

42. Ernst KANTOROWICZ, *The King's Two Bodies*, Princeton, Princeton University Press, 326 y Peter LINEHAN, *History…*, 443.

43. Peter LINEHAN, *History…*, 390.

44. Para el debate de los reyes de Portugal sobre su eventual unción y coronación, véase Peter LINEHAN, *The Processes of Politics and the Rule of Law*, Aldershot, Ashgate-Variorum, 2004.

45. Sobre los orígenes visigodos de las coronaciones, véase Thomas DESWARTE, «Le Christ-roi: autel et couronne votive dans l'Espagne wisigothique», en Bruno Béthouart y Jérôme Grévy (eds.), Églises et pouvoirs, Boulogne-sur-Mer, Les Cahiers du Littoral, 2007, 71-83.

46. Fernando GALVÁN FREILE, «La representación de la unción regia en el antifonario de la catedral de León», *Archivos Leoneses*, 49 (1995), 143.

47. Manuel C. DÍAZ Y DÍAZ, Fernando LÓPEZ ALSINA y Serafín MORALEJO ÁLVAREZ, *Los tumbos de Compostela*, Madrid, Edilán, 1985, en el epígrafe «Láminas», I-VI y VII-XXII; Claudio SÁNCHEZ ALBORNOZ, «La *ordinatio*…», 725. Los Reyes de León aparecen con coronas en las miniaturas del *Códice Vigilamus*, *Liber Horarum* de Fernando I, *Liber Testamentorum* de Oviedo y *Libro de estampas* de León. Véase Gonzalo MENÉNDEZ PIDAL Y GOIRI, *Sobre miniatura española en la Alta Edad Media*, Madrid, 1938, 9, 33, 45, 55.

48. Claudio SÁNCHEZ ALBORNOZ, «La *ordinatio*…», 720 y ss.; Fernando GALVÁN FREILE, «La representación…», 143.

siglo XI, con Fernando I[49]. Y, lo que es más interesante, es a mediados del siglo XI cuando la corona parece emerger realmente como signo relevante de la autoridad real. Hay dos pruebas de ello: una iconográfica y otra documental.

Las miniaturas compuestas en esta época asignan una indudable relevancia a la corona. En 1055, el escriba Fructuoso recibió el encargo del rey Fernando I de elaborar un Libro de Horas. Insertó algunas miniaturas. Hay un sorprendente capitel en forma de rica corona; y el rey aparece en otras miniaturas luciendo una gran corona. Esta imagen contrasta fuertemente con el *Códice Vigilano*, en el que algunos reyes visigodos (Chindasvinto, Recesvinto, Égica) y una reina y reyes leoneses (Urraca, Sancho, Ramiro) están representados sin corona: ellos (los visigodos) llevan una mitra o (en el caso de los leoneses) una aureola. Esta imagen fue elaborada en el año 975, unas décadas antes del *Libro de Horas* de Fernando, lo que podría ser una prueba de que la corona aún no estaba consolidada como signo de autoridad y majestad –o al menos de que tenía menos relevancia que los símbolos religiosos de la mitra y la aureola. Es muy importante señalar aquí la fecha de elaboración de los códices, miniaturas e imágenes, y no la de los monarcas cuya imagen se muestra.

La prueba documental de la consolidación de la corona como signo de autoridad y poder en la época de Fernando I es la ceremonia de *descoronación* a la que se sometió al final de su reinado, para mostrar fehacientemente su deseo de morir pobre y penitente, tal como se cuenta en la *Historia Silense*[50].

Sin embargo, esta presencia creciente de la corona en las fuentes iconográficas e historiográficas no confirma la existencia de una *ceremonia de coronación*. La primera ceremonia de coronación parece ser la de Alfonso VII en 1111. Ciertamente, la *Historia Silense*, compuesta a principios del siglo XII, describe la coronación de Ordoño II, un siglo y medio antes que la de Alfonso VII. Pero algunos historiadores sostienen que este relato es una invención del cronista, inspirado en el precedente carolingio relatado por Eginhard en su *Vita Karoli*, para reforzar precisamente la tradición recuperada por Alfonso VII. Más allá de la evidente precocidad, dados sus precedentes visigodos, de los reyes asturianos, leoneses y castellanos en las prácticas de unción y coronación, considerar a Alfonso VII como el primer rey castellano entronizado con una ceremonia de coronación es una cronología que encaja mejor con la tendencia general de las monarquías europeas, que tardaron en reintroducir este rito[51]. La descripción que el cronista de la *Historia Silense* hace

---

49. Jesús Domínguez Bordona, *La miniatura española*, Barcelona, Gustavo Gili, 1930, tomo 1, láminas 26 y Claudio Sánchez Albornoz, «La *ordinatio*...», 725, nota 100.

50. *Historia Silense*, edición a cargo de Francisco Santos Coco, Madrid, Sucesores de Rivadenevra, 1921, 90-91.

51. Alexander Pierre Bronisch, «Krönungsritus und Kronenbrauch im Reich von Asturien und León», *Studi Medievali*, 39 (1998), 338, 349-358, 365-366.

de Ordoño II es ciertamente muy expresiva y no deja lugar a dudas de la realidad de este ritual, puesto que explica que todos los obispos, abades, condes y priores de Hispania («Yspanie») se reunieron para aclamarle como rey, y le impusieron la corona como rey de León («impositoque ei diadema»)[52].

Sin embargo, este relato es contextualmente más sugestivo de la época en que fue escrito (principios del siglo XII) que de la época que describe (principios del siglo X), lo que confirmaría la hipótesis de que este episodio de la coronación de Ordoño II fue una intercalación artificial. Pero, en cualquier caso, estas ceremonias habrían sido restauradas en algún momento entre esos dos periodos. Además, como veremos en el siguiente apartado, fue precisamente a principios del siglo XII cuando se produjo el giro hacia la *autocoronación*.

La coronación de Alfonso VII tuvo lugar en Santiago de Compostela en 1111, según se narra en la *Historia Compostellana*[53]. El rey, aún niño, fue ungido y coronado (*aureo diademate coronatum*) por el obispo Gelmírez de Santiago de Compostela, en la iglesia de Santiago[54]. Esta coronación estaba urgida por las circunstancias históricas que la rodeaban –a saber, la minoría de edad de Alfonso y el deseo de su madre, la reina Urraca, de consolidar su futura soberanía–, pero este acontecimiento sirvió también de relevante precedente para las generaciones reales que le sucedieron[55]. En efecto, a la coronación de 1111 siguió una repetición de la ceremonia en 1126 («aureo diademate coronatum»[56]), con ocasión de la muerte de la madre del rey, la reina Urraca, y la celebración de la entronización del rey imperial en 1135 («imposuerunt super caput eius coronam ex auro mundo et lapidibus pretiosis»)[57]. La recuperación de un atributo del poder real (la coronación) utilizado por los emperadores romanos y luego por los reyes visigodos es una prueba de que la dimensión temporal de la monarquía astur y leonesa no dejaba de crecer[58]. La difusión de los ceremoniales de coronación a principios del siglo XII en Iberia, el Ceremonial de Cardeña entre ellos, fue una consecuencia natural de la restauración de esta ceremonia[59].

---

52. *Historia Silense*, 37-38.

53. *Historia Compostellana*, lib. I, cap. LXVI, edición a cargo de Emma Falque Rey, Turnhout, Brepols, 1988. Véase también Thomas DESWARTE, *De la destruction…*, 206.

54. Claudio SÁNCHEZ ALBORNOZ, «La *ordinatio…*», 726, n.º 106.

55. Bernard F. REILLY, *The Kingdom of León-Castilla under Queen Urraca, 1109-1126*, Princeton, Princeton University Press, 1982, 73.

56. *Chronica Adefonsi Imperatoris*, edición a cargo de Luis Sánchez Belda, Madrid, Diana, 1950, 5.

57. *Chronica Adefonsi Imperatoris*, 55-56.

58. Sobre el uso romano de la Corona, véase André CHASTANGOL, *L'évolution politique, sociale et* économique *du monde romain de Dioclétien à Julien*, París, Sedes, 1985, 170-174; sobre el reino visigodo, véase María R. VALVERDE CASTRO, «Simbología del poder en la monarquía visigótica», *Studia Historica: Historia Antigua*, 9 (1991), 139-148.

59. *Ceremonial de Cardeña*, editado por Francisco de Berganza, Valladolid, Junta de Castilla y León, 2010, 681-684. Algunas hipótesis sobre el origen ultrapirenaico de este ceremonial,

4. LA AUTOCORONACIÓN COMO USURPACIÓN EN LA CASTILLA DEL SIGLO XII

El comienzo del siglo XII también fue testigo de la introducción de un nuevo tema en las narraciones: la ceremonia poco ortodoxa de la autocoronación. Dos crónicas (la *Historia Silense*, hacia 1115, y la crónica del obispo Pelagio de Oviedo, hacia 1118) introdujeron también la narración de cierto rito inesperado y poco ortodoxo practicado por el usurpador Paulo (enemigo del rey visigodo Wamba) y el violento rey Sancho II, enemigo de su hermano Alfonso VI, que acabó sucediéndole como rey de Castilla. El nuevo rito fue la autocoronación. Pelagio de Oviedo cuenta que, en 1072, el rey usurpador Sancho II, tras haber derrotado a su hermano Alfonso VI, «él mismo se colocó la corona sobre su cabeza en León»[60].

Aunque Sancho II recibe algunos elogios en la crónica, el gesto es sin duda interpretado por Pelagio como un signo de usurpación, ya que Paulo, el duque de Narbona, que luchó contra Wamba cuatro siglos antes, es descrito en la *Historia Silense* como un usurpador por haber sido nombrado rey después de haber colocado la corona sobre su propia cabeza, por lo que el paralelismo es evidente[61]. Es seguro que el compilador de la *Historia Silense* conocía el relato de la autocoronación de Paulo, fijado algunos siglos antes en la *Historia Wamba* de Julián. En su crónica, Julián siempre define a Paulo como «tyrannus», en contraposición al religioso rey Wamba. Tras reprochar a Paulo que profanara el antiguo tesoro visigodo con el fin de tomar la corona de Recaredo para su propia coronación, narra el relato de su autocoronación para demostrar que era un usurpador[62].

El mismo paralelismo entre la transgresión de los reyes castellanos autocoronados y la de los reyes visigodos usurpadores lo expone el cronista Rodrigo Jiménez de Rada, arzobispo de Toledo, quien afirma en su historia de España (hacia 1245) que Sancho II se coronó a sí mismo, y en su historia de los árabes que los reyes se habían coronado en época visigoda[63]. Estos dos gestos transgresores (las autocoronaciones del visigodo Paulo y del castellano Sancho) se contraponen al comportamiento de Fernando I (1037-1065), que aparece como un rey legítimo que respeta las normas de ascenso al poder,

---

y su eventual uso en las coronaciones leonesas y castellanas, en Claudio SÁNCHEZ ALBORNOZ, «La *ordinatio*…», 731-734.

60. *Crónica del obispo Don Pelayo*, edición a cargo de Benito Sánchez Alonso, Sucesores de Hernando, Madrid, 1934, 78. Para la autocoronación de Sancho II, véase Alexander Pierre BRONISCH, «Krönungsritus…», 357; Thomas DESWARTE, *De la destruction*…, 206; Peter LINEHAN, *History*…, 398.

61. *Historia Silense*, 5-6.

62. Thomas DESWARTE, «Le Christ-Roi…», 76.

63. Peter LINEHAN, *History*…, 398 y 392.

aceptando la corona de forma convencional, siendo (supuestamente) coronado en 1038 y nombrado rey[64]. Así, el gesto de la autocoronación se considera, al menos durante el siglo XII, una transgresión de una recepción natural de la autoridad, más que una práctica legítima de la autonomía real.

A finales del siglo XII, los ritos de unción y coronación, aunque sólo se practicaban de forma intermitente, estaban bien establecidos en el reino de Castilla. Algunos autores han argumentado que éste es probablemente el signo más importante de la transición de una monarquía electiva a una hereditaria[65]. Pero, quizá más interesante para los objetivos de este artículo, el equilibrio y la intermitencia entre unción y coronación de que fueron testigos los reyes leoneses y castellanos desde el siglo IX al XII (de Ordoño II a Alfonso VII) es un acontecimiento teológico-político clave, que tendría una profunda influencia en los dos siglos siguientes.

5. La consolidación de la práctica de la autocoronación

Si a principios del siglo XII se produjo el giro narrativo de la autocoronación, a partir del siglo XIII las cosas fueron aún más radicales, en cuanto a la aparente secularización de las prácticas ceremoniales reales. A partir de entonces, los cronistas suprimen de sus relatos toda mención a la unción, llegando a describir las ceremonias de entronización simplemente como coronaciones. Desacralizan póstumamente a los monarcas castellanos. La corona se convierte pronto en un símbolo de soberanía temporal, que los reyes podían utilizar independientemente de los obispos con el rito de la autocoronación, gesto que éstos, obviamente, no podían realizar. Además, el cronista Rodrigo Jiménez de Rada sugiere, en su narración de la coronación de Fernando I, que fue a la aclamación de la aristocracia y no a la acción del obispo a lo que Fernando debía su trono[66].

Por cierto, no tenemos constancia de las coronaciones ni de la unción de los sucesores de Alfonso VII, Enrique I (1214-1217) y Fernando III (1217-1252). Ni *la* crónica de Rodrigo Jiménez de Rada, *La Crónica Latina de los reyes de Castilla*, ni *La Crónica General* dicen nada sobre estas coronaciones[67]. Sólo tenemos noticias indirectas de la ceremonia de investidura de Alfonso X (1252-1284), que probablemente consistió en un simple gesto tradicional de

---

64. *Crónica de don Pelayo*, 71.
65. Claudio Sánchez Albornoz, «La sucesión…», 687. El autor recoge numerosos ejemplos de unción y coronación de reyes leoneses y castellanos, pero no parece distinguir una de otra como formas distintas de concepción ideológica y doctrinal de la relación entre ámbito temporal y religioso.
66. Peter Linehan, *History…*, 398.
67. Claudio Sánchez Albornoz, «La *ordinatio*…», 734.

«elevación»[68]. Peter Linehan ha argumentado convincentemente que la auto-coronación de Alfonso X en 1252, narrada por Antonio Ballesteros en 1963, basándose a su vez en el relato del Marqués de Mondéjar de 1700, fue una creación historiográfica inducida por el contexto histórico específico de la España de principios del siglo XVIII, y no la realidad histórica del siglo XIII[69].

Finalmente, el hijo de Alfonso X, Sancho IV (1284-1295), fue coronado por cuatro obispos en la catedral de Toledo en 1284[70]. Significativamente, fue la primera coronación en Castilla desde 1111: la coronación imperial de Alfonso VII en 1135 fue, en cierto sentido, reiterativa, o al menos tuvo un significado imperial más que propiamente monárquico[71]. Curiosamente, durante la segunda mitad del siglo XIII, la figura de Wamba fue reconstruida gracias a la apropiación de Alfonso X y a la difusión del *Poema de Fernán González*[72]. La coronación de Sancho IV fue un gesto cargado de significación política, destinado a reforzar la legitimidad del rey ante la otra preferencia de su padre Alfonso X en la persona de Alfonso de la Cerda. Esta decisión contradice una vez más la idea de que la coronación sólo tuvo un significado simbólico secundario[73]. El hijo y sucesor de Sancho IV, Fernando IV (1295-1312), no fue coronado ni ungido. Su cronista no se refiere específicamente a las ceremonias de coronación o unción, sino a un ritual más general de entronización cuando tenía nueve años, en el altar central de la catedral de Toledo, en 1295: «Pusiéronle ante el altar mayor en la Iglesia mayor de Toledo, e rescibiéronle por rey e por señor, e él juró de guardar los fueros a los fijosdalgo, e a todos los demás de su reyno. Otrosí lo juró por él la noble reyna Doña Maria, su madre»[74].

El arzobispo de Toledo estuvo presente en la ceremonia, pero sólo fue un observador cualificado, no el oficiante. Las cosas parecen seguir, al menos por

---

68. Véase la sobria narración de la elevación de Alfonso X en su propia crónica: *Crónica de Alfonso X el Sabio según el Ms. II/2777 de la Biblioteca del Palacio Real (Madrid)*, edición a cargo de Manuel González Jiménez, Murcia, Alfonso X el Sabio, 1999, 4. Ver Manuel GONZÁLEZ JIMÉNEZ, *Alfonso X el Sabio*, Barcelona, Ariel, 2004.

69. Peter LINEHAN, *Past and Present in Medieval Spain*, Aldershot, Variorum, 1992; Manuel GONZÁLEZ JIMÉNEZ, *Alfonso X...*, 44-46 y Joseph F. O'CALLAGHAN, *El rey sabio. El reinado de Alfonso X de Castilla*, Sevilla, Universidad de Sevilla, 1999, 48.

70. Peter LINEHAN, «The Politics of Piety: Aspects of the Castilian Monarchy from Alfonso X to Alfonso XI», *Revista Canadiense de Estudios Hispánicos*, 9 (1985), 389-391.

71. La coronación imperial de Alfonso VII fue transformada por algunos cronistas del siglo XIII, como Rodrigo Jiménez de Rada, en autocoronación. Sin embargo, no tomo este argumento como central en este trabajo, ya que este movimiento historiográfico tiene evidentes implicaciones imperiales, lo que daría a la coronación de Alfonso una dimensión más eclesiástica que propiamente monárquica. Véase Peter LINEHAN, *History...*, 463-465.

72. Peter LIHEHAN, *History...*, 483-486.

73. José Manuel NIETO SORIA, *Iglesia y poder en Castilla. El episcopado, 1250-1350*, Madrid, Universidad Complutense, 1988, 59.

74. César GONZÁLEZ MÍNGUEZ, *Fernando IV de Castilla (1295-1312)*, Vitoria, Colegio Universitario de Álava, 1976, 31.

una vez, una línea progresiva hacia la secularización. Sin embargo, las tendencias torcidas de la línea se reafirman pronto. A principios del siglo XIV, Castilla experimentó otro giro en las ceremonias de coronación, con la aparición de un nuevo ceremonial, complementario del Ceremonial de Toledo, y elaborado hacia la década de 1280. Este nuevo ceremonial fue probablemente encargado por el mismo Alfonso XI (1312-1350) que tenía parientes en Portugal, y fue elaborado por un obispo portugués de Coímbra (1319-1333) llamado Ramón, y redactado hacia la década de 1320[75]. Alfonso XI siguió este ceremonial en su investidura, que consistía básicamente en las tres ceremonias sucesivas de nombramiento de caballero, unción y coronación[76]. Este ceremonial confirma que la coronación era el núcleo de la ceremonia, ya que la parte del texto dedicada específicamente a la ceremonia comienza: «Aquí es pintado et figurado como el Rey se va coronar, et como van con él todos sus fiios d'algo, et como entran por la puerta de la çiudat, et como los obispos con su clereçia lo sallen a reçebir con grand procesión» y sólo después dice «Et esto faran en el dia que el Rey ouiere [hubiere] de seer sagrado [ungido]»[77].

La autocoronación de Alfonso se narra en la *crónica del rey Alfonso Onceno*[78]. El cronista explica que el rey quería ser armado caballero y coronado porque estaba decidido a engrandecer su reino: «E por que este Rey era buen ome en el su cuerpo, tovo por bien de resçebir la honra de la coronación e otrosí la honra de la cavallería, ca avia voluntad muy grande de hazer por la honra de sus reynos»[79].

Este texto nos permite comparar las rúbricas ceremoniales que debían seguirse con la actuación real de Alfonso el día de su coronación. No siguió el ceremonial que él mismo había encargado. Peter Linehan expresa bien el contraste entre el «deber ser», tal y como estaba previsto por el ceremonial, y lo «qué pasó realmente», tal y como lo narra la crónica: «El contraste entre las dos percepciones del lugar del rey en la sociedad, la del obispo y la del cronista, se hace más patente en sus relatos de lo que debería haber ocurrido

---

75. Este documento se conserva en el Monasterio de El Escorial, por lo que a veces se le llama «El ceremonial de El Escorial». Véase Claudio SÁNCHEZ ALBORNOZ, «Un ceremonial…», 741-742; Peter LINEHAN, *History…*, 584-592.

76. La transcripción y algunos comentarios interesantes sobre el ceremonial en Claudio SÁNCHEZ ALBORNOZ, «Un ceremonial…», transcripción en 753-763.

77. Claudio SÁNCHEZ ALBORNOZ, «Un ceremonial…», 756.

78. Sobre la autocoronación de Alfonso XI: Peter LINEHAN, «La mecanización del ritual: Alfonso XI de Castilla en 1332», en Jacques Chiffoleau, Lauro Martines, Agostino Paravicini Bagliani (eds.), *Ritti e rituali nelle società medievali*, Spoleto, Centro Italiano di Studi sull'Alto Medioevo, 1994, 309-327; María del Pilar RAMOS VICENT, *Reafirmación del poder monárquico en Castilla: la coronación de Alfonso XI*, Madrid, Universidad Complutense, 1983; Peter LINEHAN, *History…*, 584-601.

79. *Crónica del rey don Alfonso el Onceno*, edición a cargo de Diego Catalán, Madrid, Gredos, 1977, 507.

y de lo que realmente ocurrió con ocasión del nombramiento de Alfonso XI como caballero[80].

Alfonso XI fue primero armado caballero por el brazo mecánico del Santiago automatizado en Santiago (25 de julio de 1332)[81], luego ungido en el Monasterio de Las Huelgas (Burgos) en agosto de ese mismo año[82], delante de la misma escultura mecánica (trasladada de Santiago a Burgos para la ocasión[83]), antes de coronarse finalmente en esa misma ceremonia. El Santiago automatizado permitió al rey de Castilla, tanto en Santiago como en Burgos, afirmar su independencia de todos los poderes terrenales, tanto espirituales como seculares[84]. Sin embargo, la discordancia entre el Ceremonial de El Escorial y el ritual seguido por Alfonso XI en sus ceremonias de investidura es especialmente llamativa en el momento de la coronación, inmediatamente posterior a su unción. Así lo explica el cronista:

> Et desque el Rey fue ungido, tornaron al altar el Arçobispo e los Obispos e bendixieron las coronas que estaban en el altar. E desque fueron bendichas, el Arçobispo arredrose del altar, e fue asentar a su façistor; e los Obispos eso mesmo cada uno se fue asentar en su lugar. E desque el altar fue desenbargado dellos, el Rey subió al altar, e tomó su corona de oro con piedras preciosas e de muy gran presçio, e púsola en la cabeça: e tomó él la otra corona, e púsola a la Reyna, e tornó fincar los ynojos ante el altar, segund de que antes estava: e estovieron ay hasta que fue alçaron el cuerpo de Dios. E después que el cuerpo de Dios fue alçado, el Rey et la Reyna fuéronse a sentar cada uno en su lugar; et estuvieron ansí, las coronas en las cabeças, hasta la misa acabada[85].

El ceremonial había planeado la ceremonia de otra manera:

---

80. Peter LINEHAN, *History...*, 592. Sobre la comparación entre el *Ordo* del obispo Ramón y la *Crónica* de Alfonso XI, véase Peter LINEHAN, «The Politics of Piety...», 391-393.

81. «Y el rey armose de todas sus armas (...) e tomó él por sí mesmo todas las armas del altar de Santiago, que gelas non dio ninguno; e ficieron llegar la ymagen de Santiago que estava encima del altar al rey, e llegose el rey a ella, e fizo que le diese una pezcoçada en el carrillo. E desta guisa recibió cavalleria este rey don Alonso del apóstol Santiago» (*Crónica del rey don Alfonso el Onceno,* 507).

82. «E descosieron al rey el pellote e la saya del onbro derecho, e unjolo el arzobispo en la espalda derecha con olio desdicho quel arzobispo tenía para esto» (*Crónica del rey don Alfonso el Onceno,* 510).

83. «Y el rey partió de la çibdad de Santiago, e fue al Padrón otrosí en romería, por que en aquel lugar aportó el cuerpo de Santiago» (*Crónica del rey don Alfonso el Onceno,* 507).

84. Sobre el Santiago automatizado y su función en el nombramiento de caballero y unción de Alfonso XI: Peter LINEHAN, *History...*, 592-593 y 598-599. La escultura mecánica de Santiago es hoy todavía visible en el claustro de la iglesia del Monasterio de las Huelgas de Burgos.

85. La relación de las ceremonias de nombramiento de caballeros, unción y coronación de Alfonso XI, en *Crónica del rey Don Alfonso el Onceno,* cap. II. 120-121, en *Crónica del rey Alfonso el Onceno,* 506-510; la cita del texto en página 510.

Et después que el Rey fuese fecho cavallero de Santiago. En senyal de mayor gloria, el que dixiere la missa le ponga una mitra obispal en la cabeça, et sobre la mitra la corona real et diga esta oración: Accipe signum glorie diadema Regni coronam imperii[86].

En el relato del cronista no se menciona la mitra. Peter Linehan sostiene que las mitras pertenecían a un mundo más amplio que el que Castilla había conocido, del mismo modo que todo el ceremonial evocaba escenas que el resto del mundo no había presenciado desde la época de Alfonso VII. Alfonso XI (o, más bien, la *narración* de las ceremonias de instalación de Alfonso XI) revivió prácticas que los papas se habían esforzado por eliminar durante los dos siglos anteriores[87]. Esta idea refuerza mi convicción de que las autocoronaciones de Alfonso XI de Castilla y de Pedro IV de Aragón, realizadas en 1332 y 1336 respectivamente, no fueron gestos no calculados o ingenuos, sino ritos secularizados estratégicos, premeditados y calculados para ganar autosuficiencia en su soberanía. Por su parte, Alfonso XI seguramente también tenía en mente la coronación de Alfonso IV de Aragón, realizada cuatro años antes, en 1328, en la que el papel de los eclesiásticos se redujo al mínimo. En un periodo de ocho años (1328-1336), la Península fue testigo de tres coronaciones de gran magnificencia y suntuosidad, dos de ellas ejecutadas de forma autoperpetrada.

Circunstancialmente, tal vez la realización efectiva del gesto de Alfonso XI se vio favorecida por la difícil situación del Papa Juan XXII en Aviñón, pero en cualquier caso esto no pudo ser motivo suficiente para justificar o legitimar tal transgresión gestual. Además, cuando Benedicto XII sustituyó a Juan XXII como Papa en 1334, mantuvo una vigilancia más estrecha sobre los asuntos españoles, pero no pudo impedir la autocoronación de Pedro IV de Aragón en 1336.

Después de Alfonso XI, su hijo Enrique II Trastámara (1367-1379) también fue coronado en el Monasterio de las Huelgas de Burgos. La crónica dice que el rey «coronose allí por Rey» y luego recibió el homenaje de los nobles mediante el besamanos, una tradición feudal que había sido restaurada en la ceremonia de coronación en algún momento incierto anterior[88]. Juan I (1379-1390) también fue coronado y el cronista utilizó una expresión paralela: «él (el rey) se coronó»[89]. Si el restablecimiento de esta tradición feudal sustituyó al antiguo juramento sagrado, se trataría de un signo más de la secularización de la

---

86. Claudio SÁNCHEZ ALBORNOZ, «Un ceremonial…», 762-763.

87. Peter LINEHAN, *History…*, 601.

88. Pedro LÓPEZ DE AYALA, *Crónica del rey Don Pedro*, edición de Eugenio Llaguno y Amirola, Madrid, 1875, 540.

89. Juan Manuel NIETO SORIA, *Ceremonias de la realeza. Propaganda y legitimación en la Castilla Trastámara*, Madrid, Nerea, 1993, 28; Luis SUÁREZ FERNÁNDEZ, *Historia del reinado de Juan I de Castilla*, vol. I, Madrid, Universidad Autónoma de Madrid, 1977, 26-27.

monarquía castellana[90]. Este giro del *sacramentum* religioso al homenaje feudal-secular, iniciado en algún momento del siglo XIII, explicaría también el abandono de la práctica de la unción después de Alfonso VII, para ser restaurada, paradójicamente, por Alfonso XI durante el siglo XIV, del mismo modo que la coronación de Alfonso VII había sido recientemente revivida por Sancho IV en 1284. La fe no decaía, pero la monarquía aumentaba cada vez más su autonomía respecto a la Iglesia, su poder frente a la nobleza y su tendencia a la autocracia[91].

La transposición de la doctrina cristiana a una ideología imperial y monárquica entre los siglos IV y IX, de Constantino a Carlomagno, es muy conocida. Pero quizá no sean tan conocidas las formas rituales y los significados simbólicos litúrgicos que adquiere esta transposición en la Península Ibérica durante esos siglos. Donde Wamba quiso ser ungido para consolidar su poder y autoridad en el siglo VII, Alfonso XI quiso evitar ser ungido para ganar autonomía de la esfera espiritual y reforzar su autoridad en el siglo XIV. La autocoronación de Alfonso y la ausencia de la unción sacra confirman el proceso de secularización y la progresiva autonomía de las esferas temporal y espiritual experimentada por la corona castellana.

Sin embargo, como hemos intentado demostrar en este artículo, esta autonomía real o secularización no debe considerarse como una evolución «progresivo-lineal». Hubo muchas rupturas y altibajos en esta supuesta progresión. Por un lado, esta línea torcida desmitifica la idea de una supuesta teocracia de la España visigoda que perviviría en la monarquía española de los Austrias y marcaría en gran medida todo el desarrollo de España, hasta el franquismo del siglo XX. Pero también niega la típica especificidad española («Spain is different»), en este caso la experiencia de una secularización real radical, ausente en otras monarquías clásicas europeas como las de Francia e Inglaterra.

Como consecuencia de esta variación en los modelos de unción y coronación entre los reyes ibéricos, los críticos han oscilado entre la tesis de la secularización y la tesis de la sacralización. Tal vez no hayan subrayado suficientemente las rupturas en cada uno de los dos eventuales desarrollos, centrándose en cambio en las continuidades, buscando una evolución lineal. Yo diría que sería muy útil aplicar a este problema histórico la hipótesis de la teología política, bien establecida en la filosofía política pero ausente del debate historiográfico[92]. Esto podría ayudar a explicar el significado de las ceremonias

---

90. Sobre la tradición feudal de los besamanos, Claudio SÁNCHEZ ALBORNOZ, «La *ordinatio...*», 734-736.

91. Con esta hipótesis, sigo a José Antonio MARAVALL, *La oposición política bajo los Austrias*, Barcelona, Ariel, 1972, 156-157; Claudio SÁNCHEZ ALBORNOZ, «La *ordinatio...*», 737, y Peter LINEHAN, *History...*, 430.

92. Como es bien sabido, Ernst KANTOROWICZ lo utilizó para su estudio *Los dos cuerpos del rey*, y lo eligió como subtítulo: «Un estudio de teología política».

rituales de instalación real, en particular la unción y la coronación, y su capacidad para transponer ciertas categorías sagradas a la esfera temporal. Este enfoque evita la excesiva polarización (secularización vs. sacralización) en la que ha caído la historia del significado simbólico en las monarquías ibéricas medievales, y permite ver todo el proceso en términos de transposición de ciertas categorías sagradas a la esfera temporal[93].

---

93. Ciertamente, Juan Manuel NIETO SORIA («Origen divino, espíritu laico y poder real en la Castilla del siglo XIII», *Anuario de Estudios Medievales*, 27/1 (1997), 43-100, en particular 97-98) ha defendido la hipótesis de la transferencia, tomada de la idea de Kantorowicz de los «Misterios de Estado». Otros historiadores han sostenido la teoría de la secularización de la monarquía castellana, que contrasta fuertemente con otros linajes reales europeos, empezando por los vecinos Portugal y Aragón: Teófilo RUIZ, «Une royauté sans sacre: la monarchie castillane du Bas Moyen Âge», *Annales. Économies, Sociétés, Civilizations*, 39 (1984), 429-453; Peter LINEHAN, *History...*, 426 y ss.; Joseph F. O'CALLAGHAN, *El rey sabio...*, 47-49; Adeline RUCQUOI, «De los reyes que no son taumaturgos: fundamentos de la realeza en España», *Relaciones. Estudios de historia y sociedad*, XIII (1992), 55-83.

ALFONSO X, LAS FIESTAS Y LOS JUEGOS: POLÍTICAS REGIAS Y PRÁCTICAS SOCIALES

Juan Carlos Martín Cea
Universidad de Valladolid

Introducción

«Porque toda manera de alegría quiso Dios que oviessen los omnes en sí naturalmenientre por que podiessen sofrir las cueítas e los trabajos cuando les viniessen… fallaron e fizieron muchas maneras de juegos e de trebejos con que se alegrassen…»[1]. Así, con esta hermosa declaración, comienza el *Libro de los juegos: acedrex, dados e tablas* de Alfonso X *El Sabio*, la última de las obras surgidas de su «scriptorium» en vida del monarca, ya que fue terminada en 1283, cuando éste se encontraba muy enfermo y sumido en una profunda crisis personal y política por la rebelión protagonizada por su hijo, el infante don Sancho; considerado a menudo –y, en mi opinión, de manera injusta– como un trabajo «menor» dentro de la producción cultural alfonsí, el *Libro de los juegos* sorprende, como acabamos de comprobar en su prólogo, por la naturalidad y el tono abiertamente positivo con que se contemplan los juegos y, por extensión, las fiestas, como algo inherente a los seres humanos, que responde a su necesidad instintiva de disfrutar de la vida y de las diversiones para poder enfrentar, así, las duras condiciones de su existencia; lejos, pues, de ser perniciosos, los juegos no sólo resultan «muy buenos» sino que además son queridos y bendecidos por Dios, pero, eso sí, siempre que se practiquen «cadaúnos en el tiempo

---

1. Para este trabajo hemos utilizado la excelente versión de Raúl Orellana Calderón (ed.), *Libro de los juegos: acedrex, dados e tablas. Ordenamiento de las tafurerías*, Madrid, Fundación José Antonio de Castro, 2017, 21.

e en el logar ó conviene»[2]. Es difícil encontrar una valoración tan afable en los textos de la época y, menos aún, que se defienda su utilidad tanto para los hombres como para las «mugieres…, los viejos e flacos…» y, en general, para todos aquellos que «han por fuerça de fincar en las casas e buscar algunas maneras… con que hayan placer»[3]; como de costumbre, la modernidad y el talante profundamente humanístico del pensamiento alfonsí, brillan de nuevo con todo su esplendor en esta obra crepuscular que anticipa con varios años de antelación los caminos por los que transitará después la cultura renacentista.

Por lo demás, no es ésta, ni mucho menos, la única ocasión en la que los trabajos de Alfonso X se ocupan de las fiestas; las encontramos, por supuesto, en sus Crónicas, en varias de sus creaciones literarias, como en las *Cantigas de Santa María*, y, sobre todo, en numerosos epígrafes de las *Siete Partidas*, donde se nos proporciona incluso la siguiente definición «institucional» de las mismas:

> Fiesta tanto quiere decir como día honrado en que los cristianos deben oir las oras, et decir et facer cosas que sean á alabanza et á servicio de Dios, et á honra del santo en cuyo nombre la facen[4].

No parece, a primera vista, una definición excesivamente original, puesto que se atiene y reproduce, de hecho, la doctrina canónica fijada por la Iglesia –algo lógico, por otra parte, al tratarse de un corpus jurídico del siglo XIII–, pero, si continuamos avanzando en el contenido de la ley, veremos que los legisladores añaden una novedad importante: el intento de establecer una tipología elemental de las fiestas; concretamente en el texto se habla de tres grandes categorías de las mismas: las primeras son aquellas

> …manda santa eglesia guardar á honra de Dios et de los santos, asi como los domingos et las fiestas de nuestro señor Iesu Cristo, et de santa Maria, et de los apóstoles et de los otros santos et santas[5].

Las segundas son las que

> …mandan guardar los emperadores e los reyes por honrra de sí mismos, así como los días en que nascen ellos et sus fijos los que deuen regnar, et aquellos en

---

2. *Ibidem*, 21.

3. *Ib.*, 21.

4. Hemos utilizado en el presente trabajo la edición de 1807 de la Imprenta Real, publicada con ocasión del V centenario del nacimiento de Alfonso X: *Las Siete Partidas, Ed. de 1807 de la Imprenta Real* (Madrid: Real Academia de la Historia, Agencia Estatal Boletín Oficial del Estado, 2021), Tomo I, Partida I, Tít. XXIII, ley I, 487.

5. *Ib.*, 487.

que son bien andantes, auiendo gran batalla con los enemigos de la fe, et venciéndolos; et los otros dias que mandan por honrra dellos[6].

Y, finalmente, las terceras son aquellas conocidas como

...ferias, que son por provecho comunal de todos los homes, asi como aquellos dias en que cogen sus frutos[7].

Pues bien, partiendo básicamente de esta tipología, auspiciada por el propio monarca, vamos a tratar de desentrañar cuáles son las políticas regias impulsadas en torno a las fiestas y en qué medida se ven refrendadas en la realidad social de la época, siendo conscientes evidentemente de que la indiscutible heterogeneidad de las fiestas desborda y sobrepasa con creces el corsé de los marcos jurídicos. Una vez analizado este aspecto, pasaremos después a abordar el no menos polifacético mundo de los juegos, utilizando asimismo las normativas legislativas para volver a contrastar de nuevo las iniciativas impulsadas desde la corte con su reflejo en la vida cotidiana de los hombres y las mujeres en la Castilla de aquellos momentos.

1. LAS FIESTAS RELIGIOSAS

Cuando Alfonso X accede al trono en 1252, la Iglesia ya ha conseguido imponer su propio modelo de jerarquización del tiempo; controla, de facto, el tiempo diario, mediante la fijación de las horas canónicas, el tiempo semanal, con la institucionalización del domingo como día del Señor, e igualmente el tiempo anual a través del calendario cristiano, en el que se conmemoran escalonadamente a lo largo del año los principales hitos de la vida de Jesucristo, la Virgen y los grandes santos, que coinciden –y no por casualidad– con los ciclos biológicos de los cultivos que sirven de sustento a la población. No es, desde luego, un modelo cerrado, puesto que admite, como veremos, nuevas incorporaciones o traslados de festividades, pero delimita y oficializa el tiempo de Dios o, lo que es lo mismo, los días que los cristianos deben reservar para honrar a su Creador[8]. No resulta, por consiguiente, extraño que, a la hora de definir el concepto de fiesta, las *Partidas* den prioridad a este tiempo «sagrado», por encima de los restantes. La inmediata pregunta que surge entonces es: ¿Cuántas festividades religiosas se celebraban en tiempos del rey *Sabio*?

---

6. *Ib.*, 487.

7. *Ib.*, 488.

8. Sobre estos aspectos, sigue siendo muy recomendable el clásico libro de Jacques LE GOFF, *Tiempo, trabajo y cultura en el Occidente medieval*, en particular, el artículo sobre «Tiempo de la Iglesia y tiempo del mercader en la Edad Media», Madrid, Taurus, 1983, 45-62.

Y la respuesta la encontramos, cómo no, recogida en la *Tercera Partida*, que sanciona como «días de guardar» las tres grandes Pascuas: la de Navidad, con su semana siguiente, la de Resurrección, con la semana previa de la pasión y la posterior hasta celebrar la «ochaua», y la de Çinquesma o Pentecostés con sus tres días subsiguientes; igualmente serían fechas de precepto la de la Ascensión de Jesucristo a los Cielos, las relativas a las efemérides de la Virgen María –en principio, su nacimiento (8 de septiembre), la Anunciación (25 de marzo), la Natividad (25 de diciembre), la Purificación (2 de febrero) y la Asunción (15 de agosto), a las que más tarde se sumará la proclamación de su virginidad (8 de diciembre)–, las dedicadas a los Apóstoles y a san Juan Bautista y, por supuesto, todos los domingos del año[9].

Pero la lista de las fiestas religiosas no se agota, ni mucho menos aquí, ya que también es preceptivo respetar las «quatro» témporas que caen en los «quatro tiempos del año»[10] –que se desarrollaban los miércoles, viernes y sábados de invierno, verano, *«estío»* y otoño, que es como se denominaban las estaciones en el lenguaje de la época–, el miércoles de ceniza, con el que comenzaba la Cuaresma Mayor, las festividades patronales de localidades, parroquias o cofradías, y la recién creada fiesta del Corpus Christi, instituida por Urbano IV en 1264, que está llamada a alcanzar una enorme notoriedad en los siglos posteriores, al erigirse como prototipo de celebración cívica en las villas y ciudades de toda Castilla[11]. Sobre esta festividad, en particular, resulta especialmente llamativa la postura de Alfonso X, que jugó un papel muy activo a la hora de promocionar su culto; lo hizo, por ejemplo, en el plano legal a través de las *Siete Partidas*, donde hay varias leyes que se ocupan de regular el ritual de la consagración, explicando la importancia de cada uno de los pasos de la liturgia, su significado simbólico, la calidad de los materiales a utilizar tanto en los cálices como en los corporales o el comportamiento que los fieles deben mostrar, hincando las rodillas en señal de recogimiento y veneración, tanto en la iglesia –durante la transubstanciación y la comunión–[12], como cuando sale, como hostia consagrada, para ser administrada a los enfermos en la extremaunción; un comportamiento que incumbe también a «judíos e moros», a los que se exige, so determinadas penas, mantener respeto a su paso[13]. No obstante, es en las *Cantigas* donde el apoyo real al Corpus Christi resulta

---

9. *Las Siete Partidas*, Tomo II, Partida III, Tít. II, ley XXXIV, 375.

10. *Ib.*, Tomo I, Partida I, Tít. XXIII, ley V, 490.

11. Sobre la fiesta del Corpus Christi, sus orígenes y su impacto, véase María Asenjo González, «Fiestas y celebraciones en las ciudades castellanas de la Baja Edad Media», *Edad Media: Revista de historia*, 14 (2013), 50-53.

12. Alfonso X, *Las Siete Partidas*, Tomo I, Partida I, Tít. IV, leyes CVIII-CXIII, 179-182.

13. *Ib.*, Ley CXIX, 186. Concretamente, se les recomienda que imiten a los cristianos, arrodillándose a su paso, pero, si no lo hacen acogiéndose a sus creencias, deben apartarse sin la menor dilación para dejar pasar al cortejo.

más eficaz, al hacerlo con un lenguaje sencillo y cercano a la sensibilidad popular; de hecho, son varios los milagros que se centran en disipar las dudas sobre la autenticidad de que la hostia consagrada contiene el cuerpo y la sangre de Cristo con historias que llegan al corazón de la gente y que se convierten en catalizadoras de su progresivo éxito devocional; son casos como el que se narra en la C. 149, donde se cuenta cómo un clérigo alemán, que recelaba del misterio de la transubstanciación cada vez que oficiaba la misa, perdió sin querer una hostia consagrada y, cuando comenzó a buscarla desesperado, se le apareció la Virgen con el Niño Jesús en sus brazos, para recriminarle su desconfianza y asegurarle que esto «que remueves y tocas con tus manos y del que haces tres partes y bebes su sangre» no es pan ni vino, sino el cuerpo y la sangre del Redentor que dio su vida en la cruz para salvar al género humano, tras lo cual el sacerdote encontró al instante la hostia desaparecida y «se la comió llorando» sin volver a mostrar jamás la menor duda al respecto[14] (fig. 1).

En cualquier caso, y si hacemos un balance de las fiestas oficiales reconocidas por la Iglesia, estas podrían rondar prácticamente el centenar o, lo que es lo mismo, casi una tercera parte del año; son muchas, probablemente demasiadas, y además mostrando una querencia a incrementarse, lo que explica que, al final del reinado y en los sínodos ya documentados en la primera mitad del siglo XIV, comiencen a introducirse medidas para reducirlas, tal y como sucedió, por ejemplo, en el sínodo palentino de 1345, donde el Obispo don Vasco propuso abreviar «la muchedumbre de fiestas porque los omes trabaian… e los pobres se agrauiarían»[15]. Y es que los cristianos deben guardar y respetar las fiestas conforme a los preceptos establecidos por la santa Iglesia, que consisten según nos refieren nuevamente las *Partidas* en abstenerse de realizar cualquier tipo de trabajo servil, acudir a la iglesia «muy apuestamente et con grant homildat» a escuchar los oficios divinos y la misa y ayunar durante las vigilias de las principales festividades –incluyendo la Cuaresma mayor y las Cuatro Témporas–, rechazando los placeres y «sabores» de este mundo; por su parte, los clérigos deberán esforzarse en mantener limpios y «apuestos» los recintos de sus templos, así como su indumentaria y apariencia física, y los jueces, a su vez, renunciar a juzgar o a realizar emplazamientos y llamamientos a testigos[16].

Ahora bien, la verdad es que, aunque la Iglesia ha conseguido imponer su cosmovisión de las fiestas religiosas como tiempos consagrados a venerar al

---

14. Hemos preferido utilizar en el presente trabajo la reciente versión de Elvira Fidalgo Francisco (trad.), *Traducción al castellano de las «Cantigas de Santa María» de Alfonso X el Sabio*, Alicante, Biblioteca Virtual Miguel de Cervantes, 2022, 214-215, en lugar de la habitual edición de Walter Mettman, al entender que su traducción al castellano resulta más cómoda para el lector.

15. Jesús San Martín Payo, «Sínodos diocesanos del obispo don Vasco (1344-1352)», *Publicaciones de la Institución Tello Téllez de Meneses*, 2 (1949), 145-147.

16. Alfonso X, *Las Siete Partidas*, Tomo I, Partida I, Tít. XXIII, leyes II-V, 488-490.

Figura 1. C. 149, Códice Rico

Señor, lo cierto es que las pautas y los comportamientos de las gentes no siempre se ceñían a los ideales deseados; para empezar, el propio clero –tanto el secular como el regular–, que debería dar ejemplo, mantenía con frecuencia unas conductas muy poco modélicas; al revés, los datos registrados en los milagros de las *Cantigas*, esa maravillosa ventana por la que nos asomamos a la realidad social del momento, abundan en relatos en los que curas, prelados, monjes, monjas, abades y abadesas, protagonizan actuaciones indignas de su estatus: son lujuriosos y vulnerables a las tentaciones de la carne, conviven abiertamente con barraganas o mancebas, alumbran hijos ilegítimos fruto de sus relaciones clandestinas, se dejan arrastrar por el juego y los vicios tabernarios e incluso son capaces de pactar con el mismísimo diablo para conseguir sus placeres más siniestros.

Dos escenas procedentes del *Códice Rico* nos pueden servir para visibilizar estas conductas: la primera es la que cuenta cómo la joven tesorera de un convento –rara vez se especifica la identidad del mismo en estos casos– sucumbió por amor a las seductoras propuestas de un caballero con el que huyó y tuvo varios hijos; más tarde y, atormentada por su conciencia, decidió renegar de los errores cometidos y volver al monasterio para confesar su pecado; sin embargo, cuando llamó a sus puertas «temblando y pálida», descubrió estupefacta que nadie la había echado en falta, puesto que la Virgen, de la que era gran devota, había ocupado su puesto durante su ausencia; asombrada tras encontrar sus hábitos intactos y las llaves que custodiaba justo en el lugar donde las había dejado, convocó «sin orgullo y sin vergüenza» a todas las hermanas del convento para comentarles el portento ocurrido y, juntas, se congratularon del milagro realizado (C. 94)[17]; la segunda está protagonizada por un sacerdote parisino, asimismo gran devoto de María a la que rezaba todos los días, pero «a la lujuria tan entregado que no pensaba en otra cosa», hasta que una noche, mientras remaba en su barca por el Sena para encontrarse con su amante, sufrió un accidente y volcó, ahogándose en el río; atrapado por el demonio y destinado a consumirse eternamente en el infierno, fue rescatado por la Virgen que lo sacó de las aguas al cabo de cuatro días y lo devolvió nuevamente a la vida, tras lo cual no cesó de agradecerle el apoyo recibido, recomendado a todos cuantos le oían que nunca, pese a sus yerros, se olvidaran de invocar a María (C. 111)[18] (figs. 2 y 3).

Por lo demás, tampoco los fieles mostraban demasiado entusiasmo a la hora de seguir las prescripciones establecidas por la Iglesia; acudían, eso sí, mayoritariamente a la misa, pero lo hacían más bien por obligación que por devoción, ya que la liturgia se oficiaba en latín –un idioma que desconocían– y les resultaba aburrida y rutinaria; por eso, son abundantes las recriminaciones eclesiásticas que les exhortaban a guardar silencio –en especial, a las mujeres–, a permanecer en el templo al menos hasta que finalizara la comunión y a vestir de manera honesta y apropiada; solo la homilía, que se oficiaba habitualmente en castellano, les sacaba a menudo de su letargo, en especial, cuando

---

17. Elvira FIDALGO FRANCISCO (trad.), *Traducción al castellano…*, 141-142.
18. *Ib.*, 162.

Figura 2. C. 94, Códice Rico

se contaba con la presencia de los frailes predicadores que acudían, invitados casi siempre por las autoridades, a impartir sus sermones en las grandes festividades, como, por ejemplo, al inicio de la Cuaresma, los domingos de Ramos

Figura 3. C. 111, Códice Rico

o de Resurrección, Pentecostés o el día de la Ascensión; también disfrutaban en las fiestas señaladas, como en la misa del gallo navideña, en las que se veneraba a los patronos del pueblo o de la parroquia o en las que se celebraban en ocasiones especiales, como en las bodas, tedeums o en los funerales y las misas de réquiem de personajes ilustres, sobre todo porque en ellas se rompía con la monotonía de la liturgia ordinaria y se permitían cánticos o rituales especiales que fomentaban su atractivo.

Mayor entusiasmo suscitaban todavía las procesiones y peregrinaciones, que, junto con las predicaciones de las que hemos hablado hace un instante, estaban transformando la religiosidad popular. Las claves de su éxito son complejas y variadas, pero, sin duda, uno de los motivos fundamentales por los que generaban un fervor creciente entre la gente es que en ellas actuaban como protagonistas activos y no tan solamente como espectadores; sucedía, desde luego, en las predicaciones de dominicos y franciscanos, que les hablaban con un lenguaje sencillo y directo, trufado de alusiones a su vida cotidiana; ocurría nuevamente cuando decidían emprender el camino del peregrinaje, que a su vez se estaba renovando con la aparición de nuevos santuarios, en particular, los dedicados a la Virgen, que se multiplican espectacularmente por todos los rincones de Castilla y que se instalan incluso en localidades del Camino de Santiago, como Villasirga o Castrogeriz, donde sus milagros empiezan a eclipsar a los del propio Apóstol, como se comprueba en la C. 175, donde es María y no Santiago, quien se encarga de sostener con sus manos al hijo de un peregrino alemán, ahorcado tras ser injustamente acusado del robo de un vaso de plata que el malicioso posadero de Tolosa había escondido en sus alforjas[19]; este milagro, documentado por primera vez en el *Liber Miraculorum* del *Codex Calixtinus* y del que se elaboraron numerosas versiones debido a su enorme éxito, nos sirve, a la vez, para constatar los cambios que se estaban produciendo en la religiosidad popular del momento, que empieza a perder interés por las peregrinaciones clásicas para reemplazarlas por otras situadas en enclaves más cercanos, posibilitando de este modo un aumento progresivo de las «romerías» regionales o locales que podían repetirse varias veces en la vida, lo que fomentaba la vinculación de los fieles con sus santos preferidos; y ni que decir tiene que entre ellos sobresale la figura de María (fig. 4).

A su vez, también las procesiones concitaban un fervor creciente; de hecho, su número no para de crecer y seguirá haciéndolo en los siglos venideros, porque a los fieles les entusiasmaba manifestar su devoción públicamente, bien fuera desfilando en honor a su patrón o en las grandes fiestas religiosas –como, por ejemplo, en el domingo de Ramos o, más adelante, en el Corpus Christi– o simplemente para suplicar la intercesión del Señor para hacer frente a sus penurias, sobre todo cuando estas se traducían en amenazas tan apremiantes como la que encontramos recogida en la C. 143; en esta ocasión, es una sequía dura y persistente la que amedrentaba a la población de Jerez,

---

19. *Ib.*, 245-246.

Figura 4. C.175, Códice Rico

que procesionaba, como consta en la viñeta del *Códice Rico*, «con… grand co-yta demandando aguas a Ihesu Chisto», hasta que se toparon con un fraile franciscano, que, tras escuchar sus lamentos, les recomendó en un improvi-sado sermón que encaminaran sus oraciones a María; dicho esto, los fieles, si-guiendo su consejo, comenzaron a suplicar a la Virgen, golpeando la tierra con sus manos, e inmediatamente empezó a caer «tanta lluvia que hizo reír a cuan-tos lloraban» y, así, todos juntos, contentos y radiantes, regresaron a la villa[20]. Es, en suma, una muestra más de cómo estas demostraciones de piedad iban conquistando el corazón de las gentes, hasta el punto de que algunas de ellas, como las «ledanías» o las «rogatiuas», a las que, en cierta forma, se alude en la Cantiga, acabarían transformándose en manifestaciones consuetudinarias; de hecho, ya en esta época se constata la existencia de una «ledanía… que es llamada mayor que facen los hombres en el día de sant Marcos», con su pro-cesión, para rogar a Dios que les proteja de los «peligros et tempestades que solían acaescer» en estas fechas de primavera –el 25 de marzo–, tan cruciales para la consecución de una buena cosecha[21] (fig. 5).

2. LAS FIESTAS DE LA REALEZA, PARADIGMA DE LA FIESTA CÍVICA

El segundo grupo de festividades reflejado en *Las Siete Partidas* es el que se re-fiere a los días que «son establescidos de los Emperadores e de los Reyes e de los otros grandes señores por cosas que les acaescen», como su nacimiento o el de sus hijos, o con motivo de haber logrado alguna «buena andança contra sus enemigos o quando fiziesse su fijo cauallero o lo casasse o a alguna de sus fijas, o otro día en quel auiniesse alguna grand honra semejante destas»[22]; son, en definitiva, el prototipo de las «fiestas cívicas», es decir, aquellas que se ocu-pan de enaltecer a quienes ostentan el poder y a homenajearlos por sus éxitos o por las vicisitudes familiares que refuerzan su imagen pública e institucional, como sus bodas o las de sus vástagos, el nacimiento de sus herederos, su inves-tidura como caballeros o el resto de los eventos a los que se alude en esta ley de la *Tercera Partida*; hemos elegido esta última versión, en lugar de la ya citada en la *Primera Partida*, porque aporta, en relación a aquella, varias novedades dignas de mención: la primera es la presencia de los «grandes señores» en el texto, junto a los monarcas o los emperadores; la segunda es la alusión explícita

---

20. *Ib.*, 206.

21. La cita procede del Códice B.R.3, Partida I, Tít. XXIII, ley VIII y lo recoge en nota a pie de página la edición citada de *Las Siete Partidas…*, Tomo I, 490-491. Más información sobre estas procesiones, generalizadas en la Baja Edad Media, en Juan Carlos MARTÍN CEA, «Fiestas, juegos y diversiones en la sociedad rural castellana de fines de la Edad Media», *Edad Media: Revista de historia*, 1 (1998), 111-142.

22. ALFONSO X, *Las Siete Partidas…*, Tomo II, Partida III, Tít. II, ley XXXVI, 377.

Figura 5. C.143, Códice Rico

a ceremonia de proclamación de «caballero», en favor de los hijos varones de monarcas y grandes dignatarios; y la tercera es la que incluye también a las hijas, concretamente cuando se habla de sus bodas, como merecedoras de este reconocimiento festivo en un plano de igualdad con respecto a sus hermanos masculinos. Son tres detalles sumamente interesantes, porque subrayan la importancia creciente que los ritos feudales están adquiriendo en el ceremonial político de la época y porque retratan inmejorablemente la trascendencia que tiene la familia, tanto en el ámbito señorial como en el real; una familia que se convierte inexorablemente en el espejo de la acción de gobierno –bien sea en el reino o en los «estados» señoriales– y cuyas vicisitudes, tanto en las «alegrías» como en los momentos difíciles, dejan de ser acontecimientos privados para adquirir una dimensión pública con la que se identifica emocionalmente el conjunto de la sociedad política.

Sin embargo, hay que reconocer que las crónicas no son especialmente explícitas a la hora de narrar las celebraciones familiares de Alfonso X *El Sabio*; de hecho, su nacimiento es registrado lacónicamente en una breve reseña en la *Primera crónica general* en la que se informa de su llegada al mundo como príncipe heredero, pero sin mención alguna a alegrías o festejos por ello[23]. Y algo parecido sucederá después, cuando se describe la descendencia del propio Alfonso tanto con su legítima esposa, la reina Violante, con la que tuvo once hijos, como con sus diferentes amantes, con las alumbró a otros tres hijos más; tampoco aquí se detiene la Crónica en informar de las posibles fiestas o celebraciones con las que se recibió a cada uno de los vástagos; sólo parece estar interesada en dejar constancia de que, tras el nacimiento del infante don Fernando, fue inmediatamente reconocido como el nuevo y legítimo heredero al trono[24]. ¿Cómo interpretar, por lo tanto, este desconcertante silencio? ¿Acaso la corte alfonsí no festejaba la llegada de un infante o una infanta? Para responder adecuadamente a estas preguntas, es necesario tener en cuenta el propio carácter de las Crónicas, que están muy lejos de alcanzar el espectacular despliegue narrativo del que gozarán en la Baja Edad Media; ahora, y pese al gran trabajo realizado en este ámbito desde el «scriptorium» alfonsí, la cronística básicamente se limita a la descripción sucinta de los principales hechos del reinado, lo que explica que apenas se entretenga en los pormenores de cada alumbramiento, pero esto no significa en absoluto que la llegada de los recién nacidos no fuera festejada por la corte aprovechando la ceremonia del bautismo.

Las bodas, en cambio, sí despiertan mayor atención, quizá porque en ellas el componente político juega obviamente un papel determinante; aun así, el matrimonio del príncipe Alfonso con doña Violante, la hija de Jaime I de Aragón, apalabrado en 1243 y efectuado en 1249, es ignorado por completo en la crónica oficial de su reinado, mientras que, por el contrario, su supuesto compromiso

---

23. *Primera Crónica General. Estoria de España que mandó componer Alfonso El Sabio y se continuaba bajo Sancho IV en 1289. Ed. de Ramón Menéndez Pidal, 1906,* Madrid, Agencia Estatal Boletín Oficial del Estado, 2022, 748.

24. *Crónicas de los Reyes de Castilla,* tomo I, Biblioteca de Autores Españoles, vol. 66, Madrid, Ed. Atlas, 1953, 5.

nupcial con Cristina de Noruega así como la posterior anulación del mismo, al comprobarse que la reina Violante estaba encinta, es descrito con todo lujo de detalles para justificar la «gran vergüenza» del Rey, que se vio obligado a renunciar a su intención de divorciarse y a improvisar una salida diplomática al conflicto, desposando a la princesa nórdica con su hermano don Felipe[25]; este episodio, cuya autenticidad ha sido puesta en entredicho en numerosos trabajos de Manuel González Jiménez, con datos que desmienten la versión oficial[26], nos sirve, desde luego, para detectar las serias limitaciones que la Crónica de Alfonso X ofrece sobre su reinado, ya que, como es bien sabido, fue escrita varios años después de su fallecimiento y no precisamente con un tono laudatorio hacia el monarca; por lo demás, y a pesar de sus numerosas imprecisiones, la Crónica nos refiere también someramente las bodas de los infantes don Pedro y don Juan en la ciudad de Burgos en 1281, así como las del heredero al trono, el infante don Fernando de la Cerda en 1269, siendo esta la única ocasión en que el autor se explaya en su relato, aportando numerosos detalles sobre el desarrollo del evento; gracias a ello, podemos contar con un testimonio de la época que nos sirve para ilustrar el complejo ceremonial que conllevaba una boda real.

Tal y como venía siendo costumbre, el matrimonio entre don Fernando y doña Blanca, hija del rey de Francia, había sido concertado tiempo atrás –en 1266– por las cancillerías de sus padres, Alfonso X y Luis IX, cuando los futuros contrayentes eran aún muy jóvenes, ni tan siquiera adolescentes; tres años después, se oficializaba el compromiso en Toledo con la celebración de los esponsales por poderes y en otoño de 1269 la novia hacía su entrada en Castilla desde Navarra, acompañada de un nutrido cortejo en el que destacaba «don Felipe, su hermano, así como otros prelados é condes é ricos omes del reino de Francia»; para entonces, en Castilla ya se habían iniciado los preparativos, convocando a todos los Grandes del reino en Burgos, mientras Alfonso X, por su parte, se desplazaba hasta la localidad fronteriza de Ágreda para recibir a su suegro, Jaime I de Aragón, con quien regresó después a la ciudad del Arlanzón, sede de las bodas; luego, según cuenta la Crónica, cuando el monarca tuvo constancia de la presencia de la novia en Logroño, «salió ende é fuélos á rescebir» hasta allí con un séquito en el que figuraban varios de sus hermanos e hijos, familiares de doña Violante, el príncipe Eduardo de Inglaterra, el arzobispo de Toledo «é muchos prelados é ricos omes é fijosdalgo del reino». Una vez hecho el «resçibimiento», todos juntos retornaron a Burgos, entrando primero la

---

25. *Crónicas…*, Tomo I, 5.

26. Concretamente, el autor desmonta la cronología del evento al situarla en 1257-1258, en lugar de 1254, como hace la crónica, y sugiere que la verdadera intención de su llegada a Castilla es reforzar la alianza con Noruega para disputar con más apoyos el trono imperial, motivo por que se concertó su matrimonio con su hermano Felipe; Manuel GONZÁLEZ JIMÉNEZ, *Alfonso X El Sabio, 1252-1284*, Colección Corona de España, Reyes de Castilla y León, Palencia, Ed. La Olmeda, 1993, 65-66.

comitiva castellana y, al día siguiente, la francesa. Para entonces, toda la ciudad rebosaba de gentes y las fiestas –o las «alegrías», como se recalca en el lenguaje de la época– eran constantes por las calles y las plazas; particularmente llamativas fueron las ceremonias de investidura de caballeros, entre las que brillaron las realizadas por el rey, que armó, por ejemplo, a Eduardo de Inglaterra y a varios de sus acompañantes, y por el príncipe Fernando, que hizo lo propio con sus hermanos, don Pedro y don Juan, así como a otros «muchos ricos omes é caballeros del reino… é condes é duques de Francia»; estos rituales, con los que confraternizaba y se jerarquizaba la aristocracia feudal mediante el intercambio de juramentos de pleito y homenaje, siguen, por tanto, desempeñando un papel primordial en las grandes ocasiones y, aunque su función política esté entrando en declive, mantienen todavía un fuerte potencial simbólico; de ahí que el cronista enfatice el desaire que protagoniza don Sancho al negarse a recibir la investidura de su hermano. Finalmente, el 30 de noviembre, ambos cónyuges contrajeron matrimonio, dando lugar a nuevas «alegrías» que se prolongaron durante «grand parte de aquel año en la cibdad, generando grandes costas en dar mantenimiento á todas las gentes del reino que allí eran»[27].

Hasta aquí llega básicamente la narración del cronista que deja, sin embargo, varios temas sin tocar; así, por ejemplo, no sabemos nada del ceremonial religioso, ni de las vestimentas de los novios, ni de la composición del cortejo nupcial, ni del banquete oficial, ingredientes que sí que aparecen de manera detallada en relatos posteriores, puesto que eran los que revelaban el prestigio de los contrayentes; tampoco tenemos noticia alguna de las fiestas propiamente dichas, en las que, a buen seguro, no debieron de faltar ni justas, ni torneos, ni juegos de cañas, ni corridas de toros o bailes y banquetes; y, menos aún, tenemos constancia de en qué medida los grupos populares fueron partícipes de los diferentes festejos, algo de lo que sí se preocupan –y mucho– de aclarar los cronistas bajomedievales. Pero, en cualquier caso y a tenor de lo expuesto, sí podemos hacernos una idea de la importancia que tienen las bodas reales tanto en el plano político como en el simbólico, donde actúan y ejercen como escaparate del poder y del prestigio social de quienes las organizan.

Por lo demás, este sucinto relato de la Crónica en torno a la boda del infante don Fernando nos proporciona algunas someras referencias sobre los recibimientos y las «entradas reales», unas ceremonias que, si bien no han alcanzado el esplendor del que gozarán en los siglos inmediatos[28], sí merece la

---

27. Crónicas…, Tomo I, 13.

28. Sobre estas cuestiones son muy interesantes los trabajos de Rosana DE ANDRÉS DÍAZ, «Las "entradas reales" castellanas en los siglos XIV y XV, según las crónicas de la época», En la España Medieval, 4 (1984), 47-62, José Manuel NIETO SORIA, Ceremonias de la realeza. Propaganda y legitimación en la Castilla trastámara, Madrid, Ed. Nerea, 1993, o María ASENJO GONZÁLEZ, «Fiestas y celebraciones…», 54-58.

pena comentar; acabamos de ver hace un instante cómo Alfonso X se desplazaba, por ejemplo, a Ágreda para recibir a Jaime I, el monarca aragonés, o
cómo se producían las entradas de las comitivas reales en Burgos de manera
perfectamente escalonada; no son en absoluto casos excepcionales, puesto que
ejemplos similares se repiten habitualmente en la documentación de la época,
sobre todo durante las campañas militares, las negociaciones diplomáticas, las
convocatorias de Cortes, los periodos de inestabilidad o enfrentamiento con la
nobleza, etc.; hay que añadir, por otra parte, que el modelo de vida itinerante
de la corte y del séquito real favorece la proliferación de estos encuentros, aunque no todos disfrutan de la misma consideración, ya que hay circunstancias,
como las citadas, que les dotan de especial significado; y es entonces cuando la
visita del rey se transforma en una «fiesta cívica» o, lo que es lo mismo, en un
rito de exaltación de la majestad real.

Por desgracia, las fuentes disponibles no suelen aportar apenas datos sobre el desarrollo de dichos rituales durante el reinado de Alfonso X, pero, aun
así, podemos esbozar algunos de sus ingredientes más característicos; para
empezar, habría que señalar que estas ceremonias no tienen nada de improvi-
sado, sino que se preparan con bastante antelación mediante la llegada de he-
raldos y aposentadores que se encargan de prevenir a las autoridades locales y
de buscar alojamientos para los componentes del séquito real; luego, cuando
el cortejo se presentaba en la villa, tenía lugar el primer «rescibimiento», en el
que tanto los vecinos como los integrantes del concejo saludaban a la comitiva y les agasajaban con música, juegos y manifestaciones de alegría, generalmente en las afueras, frente a la puerta más noble de acceso a la localidad;
a continuación, y tras depositar en manos del rey o de sus oficiales las varas
de la justicia y otros símbolos del poder local, como, por ejemplo, las llaves de
municipio –en un gesto de reconocimiento de su hegemonía jurisdiccional–,
se producía la entrada triunfal propiamente dicha por la calle principal, con-
venientemente engalanada con paños, guirnaldas o construcciones efímeras,
hasta llegar a la «plaça pública», donde nuevamente se repetían las demostraciones de júbilo; finalmente, y una vez acomodados en sus respectivos aposen-
tos, lo normal es que se les ofreciera un gran banquete en su honor, algún que
otro *presente* o regalo delicado y, para terminar, una corrida de toros y otros
juegos que presenciaban desde los palacios o cadahalsos de madera habilitados en la plaza pública. Ahora bien, como casi siempre la estancia de los reyes
se prolongaba varios días, lo habitual es que estos fastos se fueran repitiendo o
incluso intensificando –con celebraciones religiosas, por ejemplo, recepciones
de embajadores, audiencias a autoridades, etc.– hasta el momento de su des-
pedida, en el que otra vez se emulaban las muestras de alborozo y de respeto,
sólo que siguiendo un protocolo inverso.

Pero, ¿y en la corte? ¿cómo discurría la vida palaciega cuando el rey no se encontraba de viaje? Pues bien, aunque tampoco abunden las noticias al respecto,

parece evidente que Alfonso disfrutaba particularmente en compañía de los sabios que había conseguido reclutar en su «scriptorium», cuyas actividades seguía muy de cerca y en las, con frecuencia, se implicaba personalmente; también gozaba de la música y la poesía, como dan sobrada muestra sus cantigas de escarnio y esos fascinantes repertorios de milagros recopilados en los cuatro manuscritos de las *Cantigas de Santa María*, en cuyo prólogo él mismo se presenta como «trovador» de la Virgen para mostrar «los milagros que ella hizo»[29]. Y, desde luego, le gustaban tanto la caza –como consta en la C. 142, en la que le vemos practicando la cetrería– como los juegos, sobre todo el ajedrez, como tendremos ocasión de comprobar más adelante. Era, en suma, un hombre muy vital, apasionando por las artes y las letras, y eso, sin duda, contagiaba al ambiente de su corte, tal y como se refleja una y otra vez en las imágenes de las Cantigas.

Finalmente, también habría que hablar de los rituales funerarios, porque, aunque obviamente el fallecimiento del rey o de alguno de sus familiares más directos no era un acontecimiento festivo, sí generaba manifestaciones en la sociedad política dignas de interés; por lo demás, tampoco en este tema las fuentes son demasiado generosas, sobre todo si las comparamos con las de los siglos venideros, donde la huella dejada por la pandemia multiplicará la aparición de nuevas prácticas y actitudes ante la muerte, al calor de lo que Jacques Chiffoleau ha calificado como la «matemática de la salvación»[30]. Ahora, en cambio, las noticias son más parcas: así, por ejemplo, cuando se informa de la muerte de Fernando de la Cerda en 1275, sólo se nos dice que «adoleció de grand dolencia» en Villa Real y que falleció cristianamente, siendo enterrado días después, según su voluntad, en las Huelgas de Burgos[31]; con Alfonso, sin embargo, el cronista se extiende un poco más porque necesita, ante todo, justificar el perdón que el rey concede a su hijo, el futuro Sancho IV, para disipar cualquier género de duda sobre la legitimidad de su futuro reinado; por eso, insiste con un tono bastante sospechoso en mostrar el dolor que con el que Alfonso X recibe la supuesta noticia de fallecimiento de su heredero en Salamanca –algo que, por supuesto, no ocurrió– o en enfatizar su negativa a segregar de la Corona los reinos de Sevilla y Badajoz, ante las peticiones de su otro hijo, el infante don Juan; pero, luego, cuando narra el fallecimiento del monarca, simplemente nos comenta que «adoleció el rey… en Sevilla en guisa que llegó á muerte», por lo que, tras reincidir en que «perdonaba al infante don Sancho», se despidió como buen cristiano, recibiendo «el cuerpo de Dios muy devotamente, é á poca de ora dio el alma á Dios», entre las lágrimas desconsoladas de sus hijos que «ficieron muy grand llanto por él», antes de

---

29. Elvira Fidalgo Francisco (trad.), *Traducción al castellano…*, 8.

30. El término fue acuñado por Jacques Chiffoleau en su excelente trabajo *La comptabilité de l'Au-Delà: Les hommes, la mort et la religion dans la région d'Avignon à la fin du Moyen Âge (vers 1320-vers 1480)*, Roma, École Française de Rome, 1980.

31. *Crónicas…*, Tomo I, 51.

enterrarle en la catedral hispalense[32]. Por suerte, la conservación del testamento y codicilo de Alfonso X nos transmiten una imagen muy distinta de la forma en que el monarca se enfrentó con la muerte[33]; en ellos descubrimos una faceta mucho más acorde con su personalidad y su talante humanístico, tanto en el plano político –en el que no podemos detenernos– como en el religioso, donde emociona contemplar el esmero con el que detalla cómo quiere ser enterrado –en un principio, en Santa María la Real de Murcia y, si no fuera posible, en Sevilla, en la capilla real «donde el rey don Fernando e la reyna doña Beatriz yazen…, a los sus pies de amos a dos e de guisa que sea la sepultura llana»[34]– o cómo desea que su corazón sea sepultado en el monte del Calvario, en Jerusalén, por no hablar de cómo cuida la custodia de sus libros más queridos –entre ellos, las Cantigas, con las que desea estar acompañado en la iglesia que acoja sus despojos[35]– (fig. 6).

En cualquier caso, llama la atención que la Crónica no haga comentario alguno sobre las reacciones de la comunidad política o de la sociedad del momento a la muerte de Alfonso X, algo que contrasta, desde luego, con la meticulosidad con la que se abordan estos aspectos en la *Primera Crónica General*, cuando se refiere al fallecimiento de Fernando III; en efecto, allí, tras dar cumplida cuenta de la ejemplaridad con la que rey «enclinó los oios et dio el espíritu a Dios», habiéndose despojado previamente de los «pannos reales» y recibiendo devotamente la extremaunción con «la candela que todo cristiano deue tener en mano al su finamiento», los cronistas se recrean comentando los «grandes llantos que por este sancto et noble et bienauenturado rey don Femando fueron fechos por Seuilla»: mujeres y dueñas de alta guisa arañándose la cara y arrancándose los cabellos; infantes, ricos hombres e infanzones dando voces y rompiendo sus escudos; o gentes de toda condición llorando amargamente por todos los rincones de la villa sin consuelo[36]. ¿Era esta una conducta excepcional? Pues no parece que estas manifestaciones de dolor fueran exclusivas de este momento concreto, por más que don Fernando fuera un rey especialmente respetado, sino que más bien encajan con la sensibilidad política propia de la época en la que el luto por la desaparición del soberano necesitaba ser exhibido y compartido por sus súbditos; quizás, en mi opinión, lo que es más raro e inusual en este caso es contar con una narración tan excelente –y pionera– de los rituales que caracterizarán en el futuro el desarrollo de los funerales reales; y nuevamente en todo ello no es ajena la impronta establecida por el *Sabio*.

---

32. *Crónicas…*, Tomo I, 66.

33. Ambos documentos han sido magníficamente analizados por Manuel González Jiménez, *Alfonso X El Sabio…*, 146-153.

34. Hemos utilizado la transcripción de Juan Torres Fontes (ed.), *Documentos de Alfonso X el Sabio, Colección de documentos para la historia del reino de Murcia*, I, Murcia, Real Academia de Alfonso X el Sabio, 2008, 343-350.

35. *Ib.*, 345-346.

36. *Primera Crónica General…*, 772-773.

Figura 6. C. 209, Códice Florentino

3. FIESTAS Y CELEBRACIONES POPULARES EN LA SOCIEDAD ALFONSÍ

El tercer conjunto de festividades al que se alude en *Las Siete Partidas* y a las que se califica genéricamente como «ferias», son las que se celebran «por provecho comunal de todos los homes, asi como aquellos días en que cogen sus frutos»[37], una descripción que resulta un tanto ambigua y que se intenta esclarecer más adelante, en la *Partida III*, matizando que, puesto que

> los frutos de la tierra non vienen en cada logar á una sazon… mandaron que los jueces de cada logar señalasen… dos meses segunt la costumbre usada de la tierra á las sazones que el pan et el vino es de coger[38]

Se trata, pues, de hacer mención a las celebraciones de carácter popular, una realidad que los legisladores no pueden ignorar, pero cuya complejidad no son capaces de abarcar, motivo por el que las identifican con relativa ingenuidad con los periodos en los que se festeja la cosecha o la vendimia, algo lógico, por otra parte, ya que como hemos visto una gran parte de las festividades religiosas se adaptan al calendario y a los ritmos de trabajo que imponen los cultivos en los campos; pero, aun así, es evidente que la riqueza y variedad de las fiestas del «común» desbordan ampliamente estos corsés estacionales tan dependientes de la actividad agraria; ¿o es que acaso ellos no celebran los nacimientos de sus hijos o sus bodas? ¿no disfrutan tampoco de los bailes o de los excesos de los carnavales? ¿no corren los toros, aun cuando lo hagan casi siempre a pie? Sin embargo, hay que reconocer que no resulta fácil encontrar rastros de estas fiestas en la documentación convencional y, menos aún durante el periodo cronológico que estamos contemplando; por eso, disponer de un repertorio de imágenes tan amplio y elocuente como el que nos ofrecen los dos códices historiados de las *Cantigas de Santa María* es un privilegio inesperado, por cuanto nos ayudan a suplir estos silencios y a penetrar en espacios apenas explorados en los textos, cartas o diplomas de la época.

Veamos, por lo tanto, qué nos dicen acerca de sus celebraciones familiares, empezando por cómo nos describen la llegada de los hijos. En este sentido, nuestra primera sorpresa llega al comprobar que son varias las cantigas que hablan de la maternidad y lo hacen además suministrándonos detalles imposibles de encontrar en la documentación escrita: en efecto, en ellas descubrimos a mujeres dando al pecho a sus bebés, mujeres, a su vez, que sufren complicaciones a la hora del parto, niños que fallecen al nacer o que lo hacen durante los primeros meses de vida, etc.; son situaciones absolutamente normales, por

---

37. ALFONSO X, *Las Siete Partidas…*, Tomo I, Partida I, Tít. XXIII, ley I, 488.
38. *Ib.*, Tomo II, Partida III, Ley XXXVII, 377.

desgracia, y propias de una sociedad en la que las tasas de mortalidad infantil son extraordinariamente altas –en torno a un 15 o un 20%, como mínimo–[39]. Todo ello ha dado pie a interpretaciones historiográficas, afortunadamente hoy en desuso, en las que se defendía que estas dramáticas cifras explicarían que los sentimientos hacia la infancia y la maternidad no fueran tan intensos como en la actualidad. Pues bien, frente a estas opiniones, podemos esgrimir la historia que se narra en la C. 21; su protagonista es una «desgraciada mujer» que no conseguía quedarse embarazada, a pesar de desearlo intensamente; por ello, rezaba piadosamente a la Virgen para que le diera un hijo varón; pronto, sus oraciones fueron escuchadas y, contra todo pronóstico, logró dar a luz a un niño, pero este, «poco después de nacer murió a causa de unas fiebres muy altas y la madre a punto estuvo de enloquecer»; desesperada, decidió entonces llevarlo a un monasterio y, tras depositar su cadáver sobre el altar, comenzó a implorar con grandes llantos a la Virgen diciendo:

> Señora, que de madre nombre me has dado, al quitármelo tan pronto, mal me hiciste; pero, por el placer que de tu hijo tuviste, devuélveme este mío, para que lo vea reír.

Acto seguido, el niño empezó a moverse sobre el lecho improvisado en el altar y, ante el miedo, primero, y la alegría, después, de su madre, volvió sano y salvo a la vida[40]. Después de escuchar relatos como este, reflejados con todo su esplendor en las estremecedoras escenas de la Cantiga, ¿podría seguirse discutiendo acerca de las emociones maternales durante la Edad Media? Sinceramente, creo que no (fig. 7).

Las bodas, por su parte, también son recogidas en diferentes milagros de las *Cantigas*; de entre todos ellos, hemos elegido de nuevo una historia fascinante, ambientada en territorio francés, que nos suministra una preciosa información sobre el funcionamiento del modelo matrimonial en estos tiempos. La C. 135 nos cuenta cómo dos jóvenes que vivían en casas adyacentes se profesaban, desde niños, «mucho amor», hasta el punto de que ambos se comprometieron ante la Virgen a contraer matrimonio en un futuro; sin embargo, sus padres, al crecer, «los separaron contra su voluntad» y empezaron a buscar otros esposos y esposas para ellos, tal y como era costumbre en la sociedad medieval, donde el matrimonio era un asunto ante todo familiar, en el que las decisiones las tomaba habitualmente el padre, que procuraba negociar el mejor

---

39. Estos son, por ejemplo, los porcentajes que manejaba J. C. Russell durante la Edad Media: J. C. RUSSELL, «La población en Europa del año 500 al 1500», en Carlo M. Cipolla (coord.), *Historia económica de Europa. La Edad Media*, vol. I, Barcelona, Ed. Ariel, 1979, 25-77, en concreto, 48.

40. Elvira FIDALGO FRANCISCO (trad.), *Traducción al castellano…*, 38.

Figura 7. C. 21, Códice Rico

de los enlaces con los diferentes candidatos, evaluando su posición social y, sobre todo, su capacidad económica. Y eso es precisamente lo que ocurrió en este caso, cuando el padre de la joven, después de especular con varios pretendientes, «casó a su hija con otro hombre que encontró, muy rico y muy opulento»; sin embargo, cuando esta le contó que ya estaba prometida desde niña ante la Virgen, el esposo se dio cuenta de su error y le prometió salir con ella en busca de su verdadero amor; la historia se complica, no obstante, cuando en el camino se topan con uno de los novios rechazados por la joven, que ordena encarcelar a su esposo e intenta forzar a la muchacha, pero, entonces, milagrosamente fue vencido por el sueño y no pudo dar rienda suelta a sus deseos; asombrado, preguntó a la joven cuando despertó, si podría explicarle lo que había sucedido y esta, naturalmente, le transmitió que nunca conseguiría poseerla «porque a la Virgen entregué mi cuerpo» y que, por consiguiente, «nada va a pasar excepto con aquel a quien Ella me dé», que no era otro, desde luego, que su antiguo prometido. Al oír esto, el raptor, arrepentido, comprendió que su comportamiento no había sido correcto, liberó al esposo retenido y luego, todos juntos, retomaron el camino hasta que encontraron al afortunado joven en Montpellier y «después, rápidamente hicieron bodas muy honradas y en paz; y después de comer el novio hace lo que suelen hacer los novios y las novias para divertirse» y, así, se remató felizmente esta aventura[41].

Estamos, otra vez, ante un relato portentoso, por cuanto desafía por dos veces –primero con el esposo elegido por sus padres y después con el raptor–, el modelo matrimonial vigente, en aras del amor, aunque lo mejor y lo más asombroso del milagro es la naturalidad con la se defiende la conducta rebelde de la joven tanto en el poema como en las doce miniaturas que ilustran la cantiga; todo un síntoma que destapa sin tapujos los problemas que a menudo acarreaban este tipo de matrimonios concertados, sobre todo cuando estos se topaban con el hecho de que alguno de los cónyuges estuviera enamorado de otra persona diferente; un asunto éste, el de los sentimientos amorosos, que desencadenará importantes distorsiones en el funcionamiento del sistema matrimonial y que será posteriormente explotado en las obras de autores inmortales, como Fernando de Rojas o William Shakespeare (fig. 8).

Por lo demás, y pasando ahora a centrarnos en las actitudes ante la muerte, ya hemos visto cómo esta generaba inequívocas muestras de dolor en el ejemplo narrado anteriormente en la C. 21, aunque hay que añadir que no se trata de un comportamiento en absoluto excepcional; situaciones similares se repiten a lo largo de varias cantigas, como, por ejemplo, la que muestra el ahogamiento de una joven en una acequia de Elche, en la que vemos a su padres llorando amargamente mientras sacan el cadáver de su hija (C. 133)[42]. En cualquier caso, cuando se habla de la muerte, a menudo suele resaltarse la importancia de hacerlo como buen cristiano, confesándose para que se perdonen sus pecados y recibiendo los santos sacramentos; es así, como emprenderán con garantías su postrer viaje al Más Allá; alguna vez también se alude al testamento, aunque, de momento, dicha práctica parece concentrarse en los grupos más acomodados. Otro factor de indudable relevancia es el papel que juega la familia tanto antes como después del finamiento, ya que rara vez, cuando se enfrentan a este trance, los enfermos o difuntos están solos, sino que se encuentran habitualmente acompañados por sus parientes más directos o bien, como sucede con los clérigos, por sus hermanos espirituales. En cuanto a los ritos propiamente funerarios, las Cantigas no aportan demasiada información, más allá de recoger la habitual misa de réquiem con el difunto de «corpore presente» y alguna que otra imagen del sepelio del cadáver envuelto en un sudario. No obstante, sí existe

---

41. *Ib.*, 196-197.
42. *Ib.*, 194.

Figura 8. C. 135, Códice Rico

un caso llamativo, personificado en un clérigo francés, tahúr, ladrón y pendenciero, que muere víctima de sus delitos y al que se niegan a inhumar, por tanto, dentro del camposanto; ocurre, sin embargo, que, a pesar de sus excesos, siempre procuraba implorar el perdón de la Virgen, por lo que esta se apareció en sueños al cura de su iglesia para que fueran a la tumba del finado y vieran que Ella no se había olvidado de sus oraciones; y, en efecto, a la mañana siguiente, cuando desenterraron su cadáver, comprobaron que de su boca había nacido una extraña flor, con apariencia de lirio, por lo que, al instante, comprendieron la revelación de la Virgen y trasladaron sus despojos al interior de la iglesia donde fue nuevamente sepultado con todos los honores; una prueba más de los beneficios de rezar a la madre del Señor, pero también de importancia que tenía gozar de sepultura en un terreno sagrado[43].

Así pues, y gracias a historias como las expuestas, hemos podido constatar cómo también los sectores populares festejaban sus acontecimientos familiares, aunque no lo hacen –y no podrán hacerlo– con los mismos fastos o la brillantez de la que disfrutan los privilegiados. ¿El motivo? La promulgación de las normativas suntuarias impulsadas por Alfonso X; unas normativas que se justifican por la necesidad de frenar los gastos excesivos y los endeudamientos que se generaban durante la celebración de estos eventos, particularmente durante las bodas; es por ello, por lo que se aprueban leyes como las impuestas al concejo de Ledesma en 1253 que prohíben regalar «calças o pannos» por encima de determinadas cantidades o que limitan la asistencia al banquete nupcial a un máximo de 5 invitados por parte de la familia del novio y otros tantos por los de la novia[44]; de esta forma, y a través de disposiciones como la citada, que luego se extenderán al conjunto del reino en las Cortes de Valladolid de 1258[45], se sentaban las bases para marcar estrictas diferencias entre los festejos de privilegiados y pecheros.

Finalmente, y para concluir con este apartado, habría que echar un vistazo, a su vez, a todo ese vasto y polifacético conjunto de fiestas marcadamente populares; de muchas de ellas, como los Carnavales o las fiestas del «obispillo», no tenemos mención alguna en estas fechas, aunque es indudable que existían y estaban firmemente arraigadas entre las gentes del común; de otras, como las «enramadas» o los ritos de proclamación de las «mayas», típicas de los jóvenes, sí encontramos referencias indirectas en las imágenes de las *Cantigas*, donde vemos, por ejemplo, a una muchacha «muy guapa y encantadora,

---

43. *Ib.*, 41.

44. Alberto MARTÍN EXPÓSITO y José María MONSALVO ANTÓN, *Documentación medieval del archivo municipal de Ledesma*, Salamanca, Diputación de Salamanca, 1986, 27.

45. *Cortes de los antiguos reinos de León y Castilla, publicadas por la Real Academia de la Historia*, Tomo I, Madrid, 1861, 63.

Figura 9. C. 144, Códice Rico

pero alocadilla y de poco juicio», bailando y haciendo cosas propias de su edad (C. 79)[46]; sólo los toros o, mejor dicho, la corrida de toros, nos han dejado constancia de su carisma dentro del universo de fiestas populares de la época a través de la C. 144, en la que se cuenta lo sucedido en Plasencia cuando un caballero de la villa «se casó y mandó que trajesen toros para su boda»; gracias a ello, podemos contemplar cómo discurría este espectáculo en una «plaza grande» que estaba situada delante de la casa del novio, en la que se jugaba y asaeteaba al animal con todo tipo de flechas, lanzas y garrochas, hasta que moría[47]; es, desde luego, una representación perfecta de una fiesta que no parará de crecer durante los siglos venideros (fig. 9).

---

46. Elvira FIDALGO FRANCISCO (trad.), *Traducción al castellano…*, 123.
47. *Ib.*, 207.

4. Los juegos, su repercusión e importancia en el reinado de Alfonso X

Como ya vimos al comienzo de este trabajo, los juegos protagonizan una de las obras más originales del «scriptorium» real; cabría recordar de nuevo que no es fácil encontrar, dentro de la producción cultural de la época, una valoración de los mismos tan generosa como la que se proporciona al inicio del *Libro de los juegos*, donde se los caracteriza como buenos, convenientes y necesarios para alegrar la vida de las gentes. Además, igualmente se reconoce que existen «muchas maneras de juegos»:

> Los unos, en cabalgando así como bofordar e a alançar, e tomar escud e lança, e tirar con ballesta o con arco, o otros juegos… que se pueden fazer de caballo… en pro de fecho de armas…; los otros que se fazen de pie son assí como esgremir, luchar, correr, saltar, echar piedra o dardo, ferir la pellota… en que usan los omnes los miembros por que sean por ellos más rezios e reciban alegría[48]

Evidentemente, Alfonso está hablando de los juegos que él mismo conoce y que seguramente practica; son, en cualquier caso, las actividades típicas de la aristocracia, que se divierte, a la par que se ejercita, desarrollando espectaculares justas y torneos, en los que los litigantes pugnan, tanto a pie como a caballo, por mostrar su habilidad en el manejo de las armas, o compitiendo por su puntería disparando flechas con arcos y ballestas o simulando batallas, como en los vistosos «juegos de cañas», en los que los contendientes se dividen en dos bandos, arrojándose lanzas de madera o «viratones» como si tratara de una confrontación de verdad en campo abierto. Estos ejercicios, que generalmente congregaban multitudes, dada su aparatosidad y los innumerables lances que provocaban, gozan de una estimación altamente positiva en los tiempos del rey *Sabio*, que los considera útiles y provechosos para mantener la fuerza física y la destreza militar durante los periodos de inactividad bélica. Muchos de ellos, como los mencionados «juegos de cañas» o los tiros de ballesta o las «carreras de la sortija» en las que los participantes competían al galope por ensartar con sus lanzas los anillos colgados en una cuerda tendida en altura, pasarán incluso a formar parte de los espectáculos con los que se engalanaban las grandes festividades, ya que, al igual que los toros, eran muy apreciados por la población.

Pero más allá de estas actividades, a las que se podrían añadir perfectamente los lanzamientos de piedras o cayadas o las competiciones de «ferir» la pelota, el *Libro* contempla también «otros juegos que se fazen… como jogar acedrex e tablas e dados e otros trebejos de muchas maneras», que son

---

48. Raúl ORELLANA CALDERÓN (ed.), *Libro de los juegos…*, 19.

especialmente recomendables para quienes no pueden cabalgar o para practicarse cuando hace mal tiempo y las gentes «han por fuerça de fincar en las casas e buscar algunas maneras… con que hayan placer e se conorten e no estén
baldíos»; es decir, se está refiriendo a los conocidos en la terminología de la
época como juegos de tablero, entre los que sobresale particularmente el ajedrez, el más «noble e de mayor maestría»[49], que no en vano ocupa la mayor
parte del libro y del que se recopilan casi un centenar de modalidades y de ju-
gadas de estrategia; a continuación, se explican los juegos de los dados, donde
prevale sobre todo la «aventura» –o, lo que es lo mismo, el azar–, los juegos de
tablas, que mezclan *seso* y fortuna, y otros juegos más sofisticados como el gran
ajedrez, el de los cuatro tiempos del año, el alquerque y el dedicado a la astronomía, que es «muy noble e muy estraño e muy apuesto… pora los entendu-
dos … que saben la arte de astronomía»[50].

En cualquier caso, lo que el monarca recomienda, tanto para él como para
sus nobles y caballeros, es que se practiquen siempre con gallardía «para perder cuidados et recibir dellos alegria, et non por cobdicia de ganar por ellos»,
porque de allí nacen «muchos daños et muchos males»[51]. Por eso, todos cuantos ocupan puestos de gobierno deben esforzarse en dar ejemplo, comportándose honestamente para no dejarse arrastrar por el vicio, como hacen los
tahúres; una ejemplaridad que se extiende asimismo a los clérigos, de quienes
se dice que «non deben jugar tablas nin dados, nin volverse con tafures nin ate-
nerse á ellos, nin aun entrar en tabernas á beber, fueras ende si lo feciesen por
premia andando caminos»[52].

Ahora bien, como evidentemente no todos respetaban estas normas, Alfonso X mandó componer al maestre Roldán el *Ordenamiento de las tafurerías*
en 1279, porque, como se explicita en su prólogo

> ningunos pleitos de dados nin de las tafurerías eran escritos en los libros de los
> derechos nin de los fueros, nin los alcaldes no eran sabidores ni usavan nin juzga-
> van d'ello fiz este libro … porque se juzguen los tafures pora siempre, por que se
> viede el destrez e se escusen las muertes e las peleas en las tafurerías[53].

Se trata, de nuevo, de una obra de carácter pionero que viene a suplir
el vacío legal existente sobre el oscuro mundo de las casas de juego o «tafurerías»; esa es, inicialmente, la finalidad esencial de sus 44 leyes: regular el

---

49. *Ib.*, 19-20.
50. *Ib.*, 359.
51. ALFONSO X, *Las Siete Partidas…*, Tomo II, Partida II, Tít. V, ley XXI, 41.
52. *Ib.*, Tomo I, Partida I, Tít. VI, ley XXXIV, 276.
53. Para este apartado hemos recurrido nuevamente a la edición del *Ordenamiento* publicada por Raúl ORELLANA CALDERÓN (ed.), en el *Libro de los juegos*. La cita procede concretamente del prólogo, 379.

funcionamiento de estos establecimientos en todo el reino, para solventar con estas nuevas normativas los constantes incidentes que se ocasionaban en ellos. En este sentido, su modernidad es pasmosa, ya que constituye el primer corpus jurídico elaborado en Castilla destinado a regularizar los juegos de apuesta, sentando las bases sobre las que se articularán después las Ordenanzas municipales sobre los juegos de dados o naipes, tan habituales en los concejos bajomedievales.

Pero, ¿qué aporta el *Ordenamiento* alfonsí? ¿Cuáles son sus contribuciones esenciales? Pues, en primer lugar, combatir y erradicar las blasfemias, estableciendo penas pecuniarias que varían en función de la dignidad social de quien las profiera o castigos físicos y amputaciones, en los casos de reincidencia; también se persigue y sanciona con dureza a quienes hacen trampa o manipulan los dados; otro aspecto, bastante llamativo, es el que vigila el comportamiento de los apostantes, a quienes se prohíbe ejercer cualquier tipo de violencia física con sus contrincantes o dañar los tableros en los que se desarrolla el juego; asimismo se regulan tanto las cantidades que se puede apostar, rechazando expresamente que se pueda utilizar oro, plata, piedras preciosas o sortijas[54], como los procedimientos a seguir para cobrar los empeños; igualmente se refuerzan las garantías legales sobre el régimen de monopolio de las «tafurerías» reales, que son las únicas donde se permiten los juegos de apuesta, y se introduce una normativa bastante rigurosa para resolver los pleitos generados en dichos establecimientos; y, finalmente, también se autoriza a jugar sin restricciones durante el día de Navidad y su vigilia, «porque en tal noche nació nuestro Señor e es Pascua bendita», así como apostar «sin pena e sin calunia ninguna vino o cosas de comer»[55].

Son, en suma, un conjunto de disposiciones muy variadas –y jurídicamente bastante bien argumentadas– tendentes a minimizar los riesgos y las manifestaciones de violencia que se desencadenaban habitualmente por el ardor y la excitación del juego. Ahora bien, ¿realmente sirvieron para algo? Pues, a tenor de lo que observamos en las *Cantigas* más bien no lo parece; de hecho, son numerosísimas las escenas que representan a tahúres, donde los vemos peleando, blasfemando, emborrachándose, dejándose llevar por las más bajas pasiones y comportándose como delincuentes, cegados por sus vicios; los encontramos en las calles y en las plazas, pero, sobre todo, en las tabernas y mesones, lugares sospechosos y llenos de peligros en el imaginario medieval, en los que campan a sus anchas las gentes de mal vivir, como los ladrones, rufianes, prostitutas, vagabundos, etc.; son imágenes cargadas normalmente de negatividad, por más que algunos de sus protagonistas consigan redimirse gracias a la Virgen. Su mensaje, por lo tanto, es claro

---

54. *Ib.*, 390.
55. *Ib.*, 394-396.

y contundente: el juego siempre suele acarrear consecuencias desastrosas. En este sentido resulta muy elocuente la historia que se cuenta en la C. 154, ambientada en Cataluña; su protagonista es un tahúr, que, como perdía con frecuencia, estaba permanentemente enfadado con Dios; un día, mientras se encontraba jugando a los dados al lado de una iglesia, le entró tal rabia al ir perdiendo que se levantó desesperado del tablero, cogió una ballesta de un soldado y disparó con ira una flecha hacia el Cielo, pensando que con ella podría vengarse de Dios o de la Virgen; sin embargo, y para su sorpresa, la fecha no cayó, así que retornó a su partida de dados; entonces, «cayó la flecha y se clavó en el tablero toda cubierta de sangre», que no dejó de fluir hasta empapar toda la tabla; fue tal el impacto que causó en la gente que, al principio, pensaron que había herido a alguno de ellos, hasta que «se dieron cuenta de que esto no era así y que la sangre de la flecha provenía del cielo»; en ese momento, recordaron las amenazas del tahúr y se asustaron mucho, hasta el punto que este último empezó a hacer penitencia y acabó ingresando en una orden religiosa[56]; yo creo que en este caso la moraleja es tan rotunda y evidente que no necesita mayores comentarios (fig. 10).

Por lo demás, otra de las facetas más fascinante de las cantigas historiadas es que nos muestran sin pudor el perfil de los tahúres; los hay de todo tipo y condición social: caballeros, clérigos, gentes del común…; y sí, en su mayoría son hombres, pero también hay mujeres, como la alemana *impía*, que jugaba en Foggia y que, desairada tras perder a los dados, lanzó una piedra a una imagen de la Virgen «con la intención de darle en la cara al Niño», pero Ésta la paró levantando el brazo, dejándole «una muesca en el codo que le quedó para siempre para demostración»; ante semejante prueba, que no pudo borrarse pese a los intentos del pintor que restauraba la imagen, la mujer fue detenida por el rey y condenada a muerte[57]. En fin, podríamos seguir con más y más ejemplos e historias como ésta –de la que, por cierto, se conservan dos versiones, una en Códice Rico, y otra en el Florentino–, pero considero que lo expuesto basta reflejar que, a pesar de los esfuerzos legislativos o doctrinales, el juego seguía siendo una fuente permanente de problemas (fig. 11).

Finalmente, y para terminar, quedaría por lanzar una última mirada sobre otros juegos populares; de algunos, como, por ejemplo, correr, saltar, «echar piedra o dardo» o «ferir la pellota», ya se hablaba en el *Libro de los juegos*; pero de otros muchos, sin embargo, no tenemos constancia documental en esta época, aunque, con toda seguridad, existían. Es el caso de los bolos o «birlos», un juego de competición, muy extendido y con multitud de variantes, que consistía en derribar el mayor número de piezas con una pelota de piedra o de madera. La «tanga», el «tejuelo» o el «mojón», era, a su vez, un juego de

---

56. Elvira Fidalgo Francisco (trad.), *Traducción al castellano…*, 221.
57. *Ib.*, 198.

Figura 10. C. 154, Códice Rico

apuestas en el que se trataba de abatir con una teja –de piedra, de metal o de cerámica– una «tanga» o cilindro de madera, sobre el que colocaban las monedas. La «cayada», por su parte, se basaba el arrojar lo más lejos posible un «cayado» o tronco de madera. Las tabas, la «chita» o «carnicoles» es otro juego de apuestas en el que se lanzaban uno o varios astrágalos o huesos de carnero al aire, en el que se ganaba según las posturas en que cayeran las piezas. Y, por último, estaban los juegos de pelota, de los que igualmente conocemos una enorme variedad, ya que a veces se realizaba con la mano, tipo frontón, otras con palas o bates, otras con los pies, etc.; en cualquier caso, no deja de ser asimismo curioso que las *Cantigas* nos comenten que «jugar a la pelota… es un juego que gusta mucho a los chicos jóvenes, más que cualquier otro»[58] (fig. 12).

---

58. *Ib.*, 66-67. Por cierto, que la imagen, muy famosa, de varios de estos jóvenes jugando a la pelota solo ocupa una parte marginal de la C. 42, ya que, es precisamente al practicar este

Figura 11. C. 136, Códice Rico

Terminamos, así, nuestro recorrido por las fiestas y los juegos durante el reinado de Alfonso X *El Sabio* –uno de los monarcas más brillantes de nuestra Historia–, en el que hemos procurado analizar tanto las políticas desplegadas por el rey en torno a estas cuestiones como su reflejo en la realidad

---

juego, cuando un joven alemán se da cuenta de que podía dañar el anillo de su novia y, al quitárselo, descubre emocionado una imagen de la Virgen tan hermosa, que decide entregárselo prometiendo no querer nunca más a otra mujer. Como luego no fue capaz de mantener su compromiso y se casó con su antigua novia, la Virgen se le apareció dos veces en sueño para pedirle explicaciones y exigirle que volviera con Ella, cosa que consiguió finalmente al ingresar en una ermita.

Figura 12. C. 42, Códice Rico

social del momento. De esta forma, esperamos haber puesto de manifiesto no sólo la importancia que estos eventos tuvieron en la política regia, sino además hasta qué punto *ésta* fue capaz de influir en las costumbres y en las actitudes de la gente ante la pluralidad y versatilidad de sus manifestaciones festivas y lúdicas.

GENTES DEL SABER Y VIDA COTIDIANA EN LAS UNIVERSIDADES DE LA EUROPA DE ALFONSO X

Manuel Alejandro Rodríguez de la Peña
Universidad CEU San Pablo

Introducción

Desde que lo dijera por vez primera Pierre Duhem, los historiadores de la ciencia han convenido en que en torno a 1260, a comienzos del reinado de Alfonso el Sabio, la civilización del Occidente latino «había llegado al punto en el que, en cuestiones científicas, no encuentra ya nada que descubrir en otras culturas y se verá obligada a volar por sí sola»[1].

Del mismo modo, durante el reinado de Alfonso X, se produjo la consolidación institucional definitiva de las primeras universidades, desarrollo de las grandes escuelas europeas del siglo XII, que, en no pocos aspectos, todavía no eran más que universidades «embrionarias», sin serlo del todo. Es a mediados del siglo XIII cuando, por fin, ningún historiador de la educación duda en utilizar el término *universidades* sin necesidad de matices ni comillas de advertencia.

Estas primeras universidades, ya institucionalizadas, cambiaron profundamente la historia intelectual y social de Europa. En palabras del gran medievalista británico, Sir Richard Southern, «a pesar del desprecio generalizado con que se la miró a partir del Renacimiento debería reconocerse que la enseñanza escolástica de las universidades medievales ha influido poderosamente

---

1. Georges Minois, *La Iglesia y la Ciencia. Historia de un malentendido*, Madrid, Akal, 2016, 215.

en el pensamiento y la conducta de la mayoría de los habitantes de Europa occidental hasta el siglo XX»[2].

En efecto, se puede argumentar que «la Universidad es, de hecho, la institución europea *por excelencia*», puesto que en tanto que comunidad libre de profesores y estudiantes, a los que se les conceden derechos como la autonomía, la libertad de cátedra y el determinar qué y cómo se estudia, «fue una creación de la Europa medieval, que fue la Europa de la Cristiandad pontificia»[3]. No en vano, la Universidad del siglo XIII era «internacional por sus miembros –profesores y estudiantes procedentes de todos los países–, por la materia de su actividad –la ciencia que no conoce fronteras–, por sus horizontes sancionados por la *licentia ubique docendi*, el derecho de enseñar en todas partes, que tienen por sus estatutos los graduados de las mayores universidades. Esta corporación no tiene solo, como las otras corporaciones, un monopolio sobre el mercado local; su ámbito es la Cristiandad»[4].

El fenómeno del auge de las universidades medievales es también un ejemplo de cómo la sociedad puede crear instituciones de éxito al margen de la esfera de lo político. Como señala Alan Cobban, uno de los principales investigadores de la Universidad medieval, «la educación universitaria en la Edad Media era una actividad no regulada, una forma de empresa "privada" que debía poco a la intervención del Estado más allá de la provisión de un marco de privilegios reales que facilitaba el desarrollo universitario en un entorno protegido. El estudio en la Universidad se fomentaba a través del patrocinio regio, aristocrático y eclesiástico, pero no era obligatorio para ningún sector de la sociedad. Se dejaba a los individuos y a sus familias o tutores decidir si una educación universitaria era un activo valioso en términos de autorrealización personal o ventaja profesional»[5].

Hay que recordar que actualmente en Europa apenas existen 85 instituciones cuya existencia podemos rastrear en tiempos anteriores al Renacimiento. De ellas, nada menos que sesenta y tres son universidades. En sus aulas ya no encontramos apenas clérigos y frailes como en el siglo XIII. Sus planes de estudio ya no se basan en el *trivium* y el *quadrivium*. En realidad, en las universidades europeas, conceptos como «Universidad», «Facultad», «doctor», «profesor» o «estudiante», que se han venido utilizando durante casi 800 años, ya no significan lo mismo que en sus orígenes[6].

---

2. Richard SOUTHERN, *Scholastic Humanism and the Unification of Europe*, Oxford, Wiley-Blackwell, vol. 1, 2001, 1.

3. Walter RUEGG, «Prefacio», en H. De Ridder-Symoens (ed.), *Historia de la Universidad en Europa*, vol. 1, *Las universidades en la Edad Media*, Bilbao, 1995, Universidad del País Vasco, XIX.

4. Jacques LE GOFF, *Los intelectuales en la Edad Media*, 2.ª ed., Barcelona, Gedisa, 2017, 81.

5. Alan B. COBBAN, *English University Life in the Middle Ages*, Londres, Routledge, 1999, 24.

6. Rainer Christoph SCHWINGES, «Educación estudiantil y vida estudiantil», en H. De Ridder-Symoens (ed.), *Historia de la Universidad en Europa*, vol. 1, *Las universidades en la Edad Media*, Bilbao, Universidad del País Vasco, 1995, 223.

Sin embargo, más allá de los muchos cambios sufridos, y ciertamente no todos positivos, algunas de nuestras universidades son todavía perfectamente reconocibles como descendientes directas de aquellas que nacieron hace mil años. Con todo, lo eran mucho más antes de Mayo del 68, una revolución de las mentalidades que terminó con algunas costumbres medievales que aún se mantenían en universidades como Oxford, Cambridge o las de la Ivy League norteamericana, últimos bastiones de la universidad tradicional.

Pero fue precisamente a partir de las convulsiones sociales de Mayo de 1968 el que en Francia diera comienzo una interesante reflexión historiográfica sobre los orígenes medievales de la Universidad, convertida en aquel entonces en epicentro de la vida pública. Se partió de la premisa de que el estudio histórico de la institución universitaria resulta inseparable de las teorías sobre su identidad y su función social. La historia de las universidades en Francia renació así, con una nueva percepción de su utilidad social y su papel en la vida pública más allá del ámbito de lo estrictamente pedagógico. Esta nueva conciencia social supuso también una nueva perspectiva en el estudio de los orígenes medievales de la educación superior en Occidente[7].

Con una perspectiva ya de más de cinco décadas, puede decirse que ése ha sido el sentido de las décadas de trabajos de Jacques Verger y sus discípulos. Siguiendo la estela de Verger han abordado en los últimos años la historia de la Universidad en Europa un amplio plantel de investigadores, muchos procedentes del campo de la Historia del Derecho, y con cierto predominio de los medievalistas sobre los modernistas. En estos años, la Historia de las universidades no sólo ha resurgido en Francia, y desde Francia en toda Europa, sino que se ha dotado de una metodología propia dentro del auge actual de la historia social de la cultura[8].

Una forma rápida de resumir el resultado de las últimas décadas de investigaciones sobre la Universidad medieval sería esta: el siglo XIII es el siglo de las universidades porque es el siglo del ascenso de las ciudades y las corporaciones urbanas. La Universidad del siglo XIII, al igual que las otras corporaciones urbanas, era, en realidad, una suma de vínculos personales «juramentados» (que luego mutarían en una forma institucionalizada: la matriculación): horizontales (entre estudiantes y entre maestros) y verticales (del estudiante con el maestro). Frente a la Universidad contemporánea como *campus*, es decir, un espacio definido de docencia en tanto que suma de aularios habilitado por el Estado-nación, la Universidad medieval, con sus privilegios corporativos, se construye en torno a dos ejes: la *universitas scholarum*, la corporación de

7. Pascual TAMBURRI, «Treinta años de historiografía francesa sobre cultura universitaria medieval (1968-1998)», *CIAN. Revista de Historia de las Universidades*, 3 (2000), 262.

8. Pascual TAMBURRI, «Treinta años...», 262. En torno a esto, véase John W. BALDWIN, *The Scholastic Culture of the Middle Ages, 1000-1300*, Lexington, Mass., Heath, 1971.

estudiantes y maestros (*scholares*) y el *Studium generale*, una escuela de educación superior con *licentia docendi* universal, dentro de un espacio geográfico sin límites nacionales o diocesanos que congrega a sus miembros desde todos los rincones de la Cristiandad. En definitiva, la Universidad medieval se parece y al mismo tiempo no se parece a nuestras universidades.

Jacques Le Goff ha explicado magistralmente esta singular mezcla de libertad y privilegio: «El siglo XIII es el siglo de las universidades porque es el siglo de las corporaciones. En cada ciudad donde existe un oficio que agrupa a un número importante de miembros, estos se organizan para defender sus intereses e instaurar un monopolio en su beneficio. La palabra "libertad" es aquí equívoca: ¿independencia o privilegio? Se encontrará esta ambigüedad en la corporación, universitaria»[9]. Al fin y al cabo, si se mira bien, la Universidad medieval era, además de un espacio de libertad de palabra y debate, ante todo una corporación de privilegio cuya finalidad era el monopolio local de la educación superior en una ciudad (o reino) concedido siempre por una autoridad superior (Papado, monarquía, municipio…)[10].

Por otro lado, los miembros de la Universidad, sin ser exactamente *clérigos* tal y como hoy los entendemos, eran en su mayoría (salvo los maestros de derecho civil y medicina) *clerici* en el sentido medieval del término. Reunían al menos los dos requisitos básicos: leían latín, eran *litterati*, y estaban tonsurados (la primera tonsura propia de las órdenes menores). Pero, sobre todo, estaban hasta cierto punto integrados en el clero secular en lo que respecta a que estaban protegidos por el fuero eclesiástico, es decir, eran beneficiarios del principal de los privilegios del clero: la inmunidad frente a los tribunales civiles.

Por consiguiente, «aunque las universidades medievales se esforzaron desde muy temprano por definirse como corporaciones esencialmente laicas, sus miembros en toda Europa, tanto estudiantes como maestros, habían adquirido el codiciado privilegio del estatus clerical»[11]. En palabras de Le Goff, «nacidos de un movimiento que se enderezaba hacia lo laico, los universitarios son hombres de Iglesia aun cuando traten de salir de ella institucionalmente»[12]. Esta llamativa ambivalencia entre su repetida autoafirmación como instituciones seculares y la pertenencia al estamento privilegiado del clero de la mayor parte de sus miembros permeará toda la historia de la Universidad medieval.

---

9. Jacques Le Goff, *Los intelectuales…*, 75.
10. Jacques Le Goff, *Los intelectuales…*, 81.
11. Alan B. Cobban, *English University Life…*, 3.
12. Jacques Le Goff, *Los intelectuales…*, 81.

1. Un contexto social de conflicto: contra el obispo, el rey o la ciudad

Las primeras universidades, ya desde mediados del siglo XII cuando aún no tenían una forma institucional, se organizaron muy lentamente, mediante conquistas sucesivas y conflictivas frente a la jurisdicción del Obispo, los recelos de los municipios o los intentos de control de las monarquías. En ocasiones fueron incidentes fortuitos, violentos incluso, los que provocaron una respuesta en forma de huelga, migración o concesión de estatutos por poderes superiores que a menudo sancionaron la aspiración al privilegio y el monopolio de los *scholares*. Como señala Le Goff, «en esto no hay nada asombroso. En las ciudades en que se forman, las primeras universidades (por el número y la calidad de sus miembros) revelan una potencia que inquieta a los otros poderes. Las universidades adquieren su autonomía luchando tanto contra los poderes eclesiásticos como contra los poderes laicos»[13].

Entre estos poderes laicos en ocasiones un enemigo formidable de la Universidad lo serán los propios burgueses, que, en numerosos casos (París, Cambridge, Oxford, Bolonia…), hostigarán a los universitarios, resentidos ante unos forasteros privilegiados que escapan por completo a su jurisdicción y cuyos elementos más díscolos, los estudiantes goliardescos, alborotan las calles[14].

Después de unos comienzos en el siglo XII de gobierno por los doctores bajo la égida del Imperio, en el caso de Bolonia el poder estudiantil dominará la Universidad durante el siglo XIII. Anteriormente, en la Bolonia de la segunda mitad del siglo XII, gracias al poder conferido a los doctores por la Constitución imperial *Authentica Habita* otorgada por el Emperador Federico Barbarroja (año 1155), el orden universitario era bastante semejante al vigente en las *universitates magistrorum* del norte tales como París, Cambridge u Oxford. De hecho, parece que los maestros de leyes de Bolonia tenían atribuciones en las causas civiles, incluso en las criminales, que afectaban a sus estudiantes.

Sin embargo, desde principios del siglo XIII, como se deduce de la glosa de Odofredo Denari a la Constitución *Authentica Habita*, los maestros habían renunciado voluntariamente a conocer de las causas criminales en beneficio del *podestà*[15]. Ya en 1258 el *podestà* de Bolonia había hecho caso omiso del *privilegium scholasticum* y había condenado a muerte a un estudiante[16]. Una

---

13. Jacques Le Goff, *Los intelectuales…*, 76.
14. Jacques Le Goff, *Los intelectuales…*, 78.
15. Giovanni de Vergottini, *Lo Studio di Bologna, l'Impero, il Papato*, Espoleto, Centro Italiano di Studi sull'Alto Medioevo, 1996, 39, n.º 2; Javier García Martín, «El "modelo boloñés" de Universidad. Imagen jurídica e historiográfica», en L. E. Rodríguez y J. L. Polo (eds.), *Universidades clásicas de la Europa Mediterránea. Bolonia, Coimbra y Alcalá*, Salamanca, Universidad de Salamanca, 2006, 17, n.º 16.
16. Javier García Martín, «El modelo boloñés…», 28.

vez se produjo esta cesión de los maestros en beneficio del poder comunal, el balance de poder institucional en Bolonia dio un giro de 180 grados en beneficio de los estudiantes. De hecho, el *Studium* de Bolonia «sería objeto de definición normativa no sólo al margen sino en contraposición a la legislación imperial»[17], en el contexto del enfrentamiento existente en las últimas décadas del siglo XII entre el *Comune* de Bolonia y el Sacro Imperio. Fue precisamente este enfrentamiento entre, por un lado, el *Comune* y, por el otro, el Imperio y los doctores de la Universidad, el que forzaría la redacción de los primeros *Statuti* de la Ciudad de Bolonia[18].

A la victoria definitiva de los estudiantes y el *Comune* frente a los doctores y el Imperio contribuyó una bula del Papa Honorio III (año 1224) en la que validaba la jurisdicción de los rectores de las naciones sobre los escolares y maestros boloñeses[19]. Ese mismo año el Emperador Federico II había fundado una universidad en Nápoles a la que obligó por decreto a asistir a todos aquellos de sus súbditos que quisiesen estudiar leyes, intentando incluso sin éxito forzar el cierre de Bolonia dos años después[20].

Sería el sistema de cátedras asalariadas a cargo del *Comune* de Bolonia el que terminaría con el poder estudiantil boloñés y pondría el gobierno de la Universidad en manos de la Comuna y los doctores asalariados por ésta. El poder de los estudiantes sólo subsistiría mientras fuesen ellos los que pagaran los salarios de los profesores[21].

En la gráfica formulación del maestro de leyes de Bolonia, Odofredo Denari (m. 1265), los *scholares* actuaban como *pagatores*. Luego una forma sencilla de someter a obediencia a un maestro universitario era boicotear sus clases y amenazar con reducirlo a la indigencia[22]. En consecuencia, fue introduciendo la retribución municipal de los doctores de Bolonia como se resolvió el conflicto

---

17. Javier GARCÍA MARTÍN, «El modelo boloñés…», 18-19.

18. Mario ASCHERI, «Il *Dottore* e lo *Statuto*: una difesa interessata», *Rivista di Storia del Diritto italiano*, 69 (1996), 99; Javier GARCÍA MARTÍN, «El modelo boloñés…», 18-19.

19. Javier GARCÍA MARTÍN, «El modelo boloñés…», 20.

20. Javier GARCÍA MARTÍN, «El modelo boloñés…», 25. La respuesta del *Comune* de Bolonia fue la redacción del falso *Privilegio Teodosiano*, documento elaborado en torno a 1226-1234 y datado en el año 433, en lo que era un burdo intento de presentar la universidad como heredera de una tradición romana que dataría del reinado de Teodosio II.

21. A juzgar por el códice de estatutos universitarios de Padua más antiguo que se conserva, el de los juristas del año 1331, estamos ante una universidad construida en todos sus aspectos esenciales a partir del modelo de poder estudiantil de Bolonia, *alma mater* de sus primeros fundadores. Toda la gama de rígidos controles del profesorado por parte de los estudiantes boloñeses fue reproducida en Padua con algunos añadidos, como, por ejemplo, el de un mecanismo de denuncias secretas de profesores por sus alumnos (Alan B. COBBAN, «Medieval Student Power», *Past and Present*, 53/1 (1971), 43).

22. Gaines POST, «Masters' Salaries and Student-Fees in the Mediaeval Universities», *Speculum*, 7 (1932), 192.

entre Comuna y estudiantes a favor de la primera. En efecto, la institución de las cátedras asalariadas por el *Comune* en el último cuarto del siglo XIII, los estudiantes boloñeses fueron perdiendo su enorme poder de control sobre el nombramiento y el desempeño del profesorado. Hacia 1300 la cátedra asalariada ya era una parte integral de la vida del *Studium*. Durante un tiempo los estudiantes continuaron eligiendo a los maestros, aunque la Comuna de Bolonia pagase sus salarios, pero enseguida se produjo el nombramiento directo de los doctores por parte del *Comune*, aunque los estudiantes todavía tenían libertad para proponer candidatos. Sin embargo, en torno a 1350 casi todos los maestros eran ya nombrados y retribuidos por el *Comune*[23].

En París también se produjo un conflicto de los universitarios con los burgueses. Guillaume de Nangis, el monje cronista de la abadía de Saint-Denis, refirió en su *Vie de Saint Louis* estos acontecimientos con una perspectiva muy particular: «En ese año (1229) se produjo una gran disensión en París entre los clérigos de la Universidad y los burgueses, asesinando los burgueses a algunos estudiantes. Por esta razón, la Universidad salió de París y se estableció en diversas provincias del Reino. Cuando el Rey vio que cesaban en París el estudio de las Letras y de la filosofía por los que los tesoros de la inteligencia y la sabiduría son adquiridos (…) el bondadoso Rey se inquietó mucho y tuvo gran miedo de que grandes y ricos tesoros se alejaran de su reino, porque las riquezas de la salvación eterna están llenas de inteligencia y de sabiduría (…) Por consiguiente, el Rey no tardó en hacer llamar a los burgueses y a los clérigos de la Universidad, ordenando que los burgueses repararan los daños que habían ocasionado a los clérigos»[24].

En realidad, parece que fueron los propios *sergents* del Rey los que causaron más víctimas entre los estudiantes revoltosos[25]. La brutalidad de los hombres del Rey hizo que la Universidad declarara la huelga y se retira a Orleáns. Durante dos años no hubo clases en París. Finalmente, para hacerlos regresar, en el año 1231 San Luis y Blanca de Castilla reconocen solemnemente la plena autonomía y el privilegio escolástico de la Universidad, que también quedó sustraída a la jurisdicción episcopal ejercida por el Canciller de la escuela catedralicia. De este modo, El *Studium* había triunfado en un solo movimiento sobre la monarquía, el Obispo y los burgueses[26]. A partir de entonces, las in-

---

23. Guido Rossi, *Universitas scholarium e Comune (sec. XII-XIV)*, Studi e memorie per la storia dell'Università di Bologna, I, Bolonia, 1956, 239.

24. Guillaume de Nangis, *Vie de Saint Louis*, ed. *Recueil des historiens des Gaules et de la France*, 20, París, 1840, 519-521.

25. Con todo, que las revueltas de los estudiantes goliardescos debían de ser temibles lo revela el comentario del Rey Felipe Augusto a propósito de los disturbios estudiantiles en Saint-Germain-des-Prés del año 1192, apuntando que mostraban más bravura que muchos caballeros (John W. Baldwin, *Paris, 1200*, Stanford, Stanford University Press, 2010, 180).

26. Jacques Le Goff, *Los intelectuales…*, 77-78.

tervenciones regias en la vida de la Universidad de París se limitaron a lo largo del siglo XIII a cuestiones de orden público en tanto que «brazo secular» de la justicia eclesiástica[27].

En cuanto a Oxford. También allí la autonomía universitaria tuvo su origen en la conflictividad con los burgueses. Fue en 1214, tras haber sido ahorcados arbitrariamente dos estudiantes por los burgueses, que los acusaban del asesinato de una mujer, cuando obtendrían los *scholares Oxonienses* sus primeros privilegios de inmunidad eclesiástica, otorgados por un legado pontificio, el Cardenal Nicolás de Tusculum. Una segunda oleada de disturbios estudiantiles en el año 1274 serviría de excusa a los maestros regentes para abolir las dos *nationes* de estudiantes Oxford (*boreales* y *australes*), que, sin ser tan poderosas como en París, no dejaban ser la expresión de su conciencia grupal[28].

En lo que toca al poder del Obispo, desde los disturbios de 1214 el puesto de Canciller quedó en Oxford absorbido por la Universidad; es el claustro de la Universidad la que lo elige y el Canciller se convirtió a partir de entonces en un oficial electo de la Universidad en lugar de ser oficial del Obispo. En efecto, la lejanía geográfica del Obispo de Lincoln (150 km) hizo que su control sobre Oxford fuera desde el principio más simbólico que real. Una vez convertido en el oficial de mayor rango de la Universidad, el Canciller de Oxford ejerció un poder jurisdiccional e incluso penal sobre sus *scholares* mucho mayor que el del Rector de París, un poder que en algunos aspectos sobrevivió hasta bien entrado el siglo XX[29].

En suma, como observa Alan Cobban, «la noción de poder estudiantil resulta crucial para comprender el desarrollo universitario en la era anterior a la Reforma. La protesta estudiantil organizada es prácticamente coetánea con el surgimiento de las universidades en el sur de Europa, donde se volvió endémica durante unos doscientos años (…) La actividad estudiantil revolucionaria en la situación medieval rara vez se dirigía contra el orden social establecido: era un mecanismo de defensa o se canalizaba hacia la obtención de una mayor participación estudiantil dentro de las estructuras universitarias»[30].

Ahora bien, no debemos confundir esta tendencia a la protesta estudiantil con el fenómeno del goliardismo medieval, una tendencia heterodoxa que siempre se mantuvo en los márgenes del orden universitario establecido. De hecho, no hay evidencia sólida de que estos *clerici vagantes* tuvieran nunca una fuerza relevante dentro de la comunidad estudiantil. Es posible que los goliardos acogieran a estudiantes en sus filas, pero, a partir del siglo XIII,

---

27. Jacques LE GOFF, *Saint Louis*, París, Gallimard, 1996, 112-113.
28. Jacques LE GOFF, *Los intelectuales…*, 77-78 y 83.
29. Alan B. COBBAN, *The Medieval Universities. Their Development and Organization*, Londres, Methuen, 1975, 102-104.
30. Alan B. COBBAN, «Medieval Student Power…», 28.

probablemente dejaron de ser reconocidos como miembros *de bona fide* de las universidades: «Parecen haber vivido una existencia sombría en la periferia de la comunidad académica y, ciertamente, sus actitudes no pueden ser tomadas como representativas de la media estudiantil»[31].

En definitiva, cabe preguntarse, con Jacques Le Goff: «¿Cómo pudieron salir victoriosas de estos combates (contra el Rey, el Obispo y la Ciudad) las corporaciones universitarias? Ante todo, por su cohesión y su determinación. Al amenazar con emplear esas armas temibles que son la huelga y la secesión y al utilizarlas efectivamente. Los poderes civiles y eclesiásticos encontraban demasiadas ventajas en la presencia de los universitarios que representaban una clientela económica no desdeñable, un semillero único de consejeros y de oficiales, una brillante fuente de prestigio, para resistir a esos medios de defensa»[32].

2. LA DIMENSIÓN INSTITUCIONAL DEL *STUDIUM*

Primeramente, hay que subrayar el hecho de que las universidades medievales no eran propiamente instituciones *estatales* o *privadas* en el sentido, basado en el concepto liberal de «propiedad», en el que hoy día las conocemos. Eran más bien formas de organización corporativa comunal basadas en los vínculos entre maestros y estudiantes, verticales y horizontales, unos vínculos basados en el juramento que eran característicos de la vida urbana en comunas, gremios, cofradías y *collegia*. En la acertada definición de Rainer Christoph Schwinges: «Las viejas universidades se componían de comunidades de individuos bastante fluidas (…), un agregado de todas las *familiae* o escuelas formadas alrededor de cada uno de los *magistri*»[33]. Con el paso del tiempo, sin embargo, estos vínculos personales entre maestros y estudiantes dejarían paso primero a lo institucional y después al control del Estado-nación moderno. De este modo, la historia posterior de las universidades en la Baja Edad Media y la Temprana Edad Moderna sería «la historia de la progresiva institucionalización, racionalización y, finalmente, "despersonalización" de la *universitas studii*»[34].

En este sentido, resulta tremendamente significativa la evolución a lo largo de los siglos medievales de la representación en imágenes de las universidades.

---

31. Alan B. COBBAN, «Medieval Student Power…», 30-31.

32. Jacques LE GOFF, *Los intelectuales…*, 78-79.

33. Rainer Christoph SCHWINGES, «Admisión», en H. De Ridder-Symoens (ed.), *Historia de la Universidad en Europa*, vol. 1, *Las universidades en la Edad Media*, Bilbao, Universidad del País Vasco, 1995, 197.

34. Rainer Christoph SCHWINGES, «Admisión…», 197.

En efecto, «no había otra representación pictórica o figurativa de la universidad medieval que la de la *familia* o la *schola* del maestro que enseñaba a sus estudiantes»[35]. Los conocidos relieves de la Catedral de Pistoia y de los viejos edificios universitarios de Siena y Salamanca presentan el mismo patrón. También encontramos esta misma *imago scholarum* en los sellos oficiales de las universidades, por ejemplo, los sellos de París, Oxford, Viena y Erfurt, que muestran al maestro rodeado por sus estudiantes. El final de la Edad Media coincidió con la introducción de una imagen diferente en los sellos de las universidades, centrados ahora en sus edificios más representativos tomados como símbolo. Pero hasta mediados del siglo XVI no aparecen este tipo de sellos. Como apunta Schwinges, su aparición «representó un gran paso en el alejamiento de la idea de universidad como asociación de individuos en torno a un profesor hacia la idea de una institución»[36].

Ahora bien, dentro de este modelo esencial de vínculos personales, estas formas corporativas universitarias medievales podían ser bien diferentes. A partir de la distinción establecida en el siglo XIX por el historiador del Derecho Friedrich Carl von Savigny, los especialistas en historia de las universidades medievales suelen distinguir entre el llamado «modelo boloñés» de *Studium*, una universidad gobernada por la corporación de estudiantes (*universitas scholarium*), dominante en la zona mediterránea, y el 'modelo parisino, prevalente en el norte de Europa, en el que el gobierno recae en la corporación de maestros (la *universitas magistrorum*)[37].

Esta diferencia en la forma institucional estaba íntimamente relacionada con el papel de patrocinio jugado por la Iglesia en el caso de las primeras y de la monarquía (o los municipios) en el caso de las segundas. En efecto, el carácter sostenido del apoyo regio, episcopal o pontificio dado a los maestros de los *studia generalia* que siguieron el modelo parisino bien pudo haber influido en la insignificancia del poder estudiantil en las universidades al norte de los Alpes[38].

El vertiginoso crecimiento de París, Oxford y Cambridge en el siglo XIII debió mucho al apoyo de la monarquía y el Papado, mientras que los doctores de leyes de Bolonia solo pudieron gozar de la protección del Imperio durante la segunda mitad del siglo XII, quedando a merced del poder estudiantil en torno a 1200. La única universidad italiana que realmente gozó del patrocinio de la monarquía fue Nápoles, fundada por el Emperador Federico II en 1224 y, obviamente, no siguió el modelo boloñés. La única universidad de fundación regia que siguió el modelo boloñés de forma explícita fue Lérida, fundada

---

35. Rainer Christoph SCHWINGES, «Admisión…», 197.
36. Rainer Christoph SCHWINGES, «Admisión…», 197.
37. Véase Friedrich Carl VON SAVIGNY, *Geschichte des Römischen Rechts im Mittelalter*, Tubinga, 1815; Javier GARCÍA MARTÍN, «El modelo boloñés…», 13.
38. Alan B. COBBAN, «Medieval Student Power…», 62.

en 1300 por Jaime II[39]. El resto de las universidades al sur de los Alpes y al sur del Loira que siguieron el modelo boloñés a lo largo del siglo XIII no contaron con la protección del poder político gozando de una gran autonomía[40]. Esta autonomía y la forma de gobierno estudiantil cesaron cuando, en torno a 1300, todas ellas, incluida Bolonia, acabaron controladas por el *Comune* de sus ciudades.

La corporación universitaria parisiense y su gobierno por los maestros regentes puede tomarse como arquetipo de decenas de universidades europeas que siguieron su modelo. Se compone de cuatro facultades (Artes, *Decreto* o Derecho canónico –la enseñanza del Derecho Civil fue prohibida en París por el Papa en 1219–, Medicina y Teología) que forman otras tantas corporaciones. Las tres facultades llamadas superiores (Derecho Canónico, Medicina y Teología) son dirigidas por los maestros regentes con un Decano a la cabeza. La Facultad de Artes, de lejos la más numerosa, está fundada según el sistema de las *nationes*: la francesa, la picarda, la normanda y la inglesa (que incluía escoceses e irlandeses). Curiosamente, a pesar del conflicto endémico entre los reyes Capeto y los Plantagenet, la *nación* con un mayor número de maestros y estudiantes en el París de principios del siglo XIII era la inglesa, siendo un tercio al menos de los maestros de la Facultad de Artes de procedencia insular[41].

Como ya se ha observado antes, los estudiantes de Bolonia crearon a principios del siglo XIII un tipo de universidad en la que el poder soberano residía en el cuerpo estudiantil. Inicialmente era este un poder completamente «democrático», pero, con el tiempo, el gobierno se concentró en un pequeño comité ejecutivo formado por los dos rectores (elegidos respectivamente por los estudiantes *ultramontanos* y *citramontanos*) y sus magistrados auxiliares (*consiliarii*) que eran los representantes electos de las *nationes* de la Universidad[42].

En el modelo boloñés de gobierno estudiantil los doctores eran excluidos de las asambleas universitarias, a menos que fueran invitados por los rectores a asistir con un propósito específico; sin embargo, los maestros tenían que obedecer, sin cuestionarla, la legislación estatutaria que emanaba de estas

---

39. No parece que Salamanca, contra lo que se ha dicho, deba ser incluida entre las universidades que siguieron el modelo de Bolonia (Javier García Martín, «El modelo boloñés…», 14-15; Vicente Beltrán de Heredia, *Los orígenes de la Universidad de Salamanca*, Salamanca, Universidad de Salamanca, 1999, 29-34).

40. Algunos historiadores cuestionan que las universidades francesas al sur del Loira siguieran el modelo boloñés, aduciendo que Bolonia no es invocada de forma expresa en sus documentos fundacionales. No me parece motivo suficiente para negar la adopción del modelo (Jacques Verger, «Les institutions universitaires françaises au Moyen Âge: origines, modèles, évolution», en Andrea Romano (ed.), *Università in Europa: le istituzioni universitarie dal Medio Evo ai nostri giorni: strutture, organizzazione, funzionamento*, Soverìa Mannelli, Rubbettino, 1995, 65-66).

41. John W. Baldwin, *Paris, 1200…*, 178.

42. Alan B. Cobban, «Medieval Student Power…», 39.

congregaciones estudiantiles. Conocemos este modelo de gobierno universitario al detalle gracias a los primeros estatutos existentes para Bolonia promulgados en el año 1317. La compilación de 1317 fue redactada por un comité de catorce estudiantes con la ayuda experta del distinguido canonista Johannes Andreae. Existen poderosas razones para creer que los estatutos de 1317 son un reflejo completo del sistema de gobierno estudiantil tal como era en el siglo XIII. De hecho, son quizá una mejor guía para conocer la práctica de gobierno boloñés del siglo XIII que para la propia situación en el *Studium* de Bolonia a principios del siglo XIV, pues en ese momento tuvo lugar una restauración parcial de la autoridad de los maestros[43].

Por lo general, el estudiante universitario al sur de los Alpes (y los franceses del sur del Loira) era más maduro que el estudiante del norte. Solía ser un estudiante de Derecho o Medicina, y acaso tendría incluso experiencia profesional antes de comenzar su carrera universitaria[44].

De acuerdo con este perfil de sus estudiantes, en Bolonia, «la enseñanza era vista como una mercancía como cualquier otra y los nuevos estudiantes eran visto como clientes potenciales»[45]. Esta universidad, marcada a fuego por un pasado romanista y pro-imperial, fue una universidad «laica» (todo lo *laica* que podía ser en el Medievo) y quizá también el primer centro de saber mercantilista a pesar de la presencia en su seno de importantes *studia* conventuales de los frailes mendicantes, en las cuales cursaría sus primeros estudios el propio Dante.

En efecto, un número significativo de los estudiantes de Bolonia en el siglo XIII eran laicos, lo que refleja el carácter casi exclusivamente laico que las escuelas boloñesas habían poseído antes del establecimiento de los estudios de Derecho canónico. Estos estudiantes laicos eran en ocasiones bastante acaudalados, vivían a lo grande con un séquito en casas o apartamentos alquilados, y tenían un impacto visible en la sociedad de la ciudad. Muchos de ellos provenían de entornos sociales acomodados y eran hijos de una burguesía urbana próspera o, en el caso de los numerosos estudiantes alemanes en Bolonia, vástagos de familias nobles del Sacro Imperio. Luego una buena parte de los estudiantes de Derecho de Bolonia eran jóvenes con experiencia en asuntos mundanos y acostumbrados a puestos de responsabilidad. Todo ello proporcionó una firme plataforma para la asunción del control de la Universidad por la comunidad de estudiantes cuando las circunstancias lo hicieron posible[46].

Aunque en algunos ámbitos universitarios medievales la enseñanza podía ser gratuita, era habitual que los estudiantes pagaran mediante las *collectae*

---

43. Alan B. COBBAN, «Medieval Student Power...», 40.
44. Alan B. COBBAN, «Medieval Student Power...», 34.
45. Alan B. COBBAN, *English University Life...*, 8.
46. Alan B. COBBAN, «Medieval Student Power...», 39.

a los profesores por sus clases. Si bien es cierto que en la Bolonia del siglo XIII también había maestros con un salario del *Comune* y que los frailes mendicantes no cobraban sus clases, el «comercio» del saber que presenció no causó una buena impresión a Dante, que tuvo que pagar por asistir a clase cuando fue allí estudiante.

El último biógrafo de Dante, el historiador italiano Alessandro Barbero, comenta así la experiencia del poeta como alumno universitario en Bolonia: «El dominio perfecto del método argumentativo escolástico que demuestra en el *Convivio* y las polémicas reiteradas contra los «literatos italianos» que practican el saber por trabajo y los convierten en fuente de ingresos «como los legistas, médicos y casi todos los clérigos» (*Convivio*, III, XI, 10), hace pensar en ulteriores experiencias universitarias de Dante. El desprecio por una cultura comprada y vendida parece remitir a la asistencia a clases universitarias de las que Dante no parece haber conservado un recuerdo demasiado positivo»[47]. A este «feroz desprecio» que Dante parece manifestar en el *Convivio* por los que venden su saber hay que añadir el sarcasmo del Canto XII (v. 83) del *Paradiso* hacia quienes querían hacer carrera estudiando Derecho canónico o Medicina: «los que al Ostiense siguen y a Tadeo», en lo que es una clara referencia al gran canonista Enrique de Susa y a Taddeo Alderotti, el maestro de medicina más importante del *Studium* boloñés[48].

Esta mala opinión de Dante sobre el «comercio» del saber tiene mucho que ver con los debates sobre la dimensión social de la sabiduría que se habían vivido en el seno de la Cristiandad medieval desde el nacimiento de las universidades. Unos debates muy parecidos a los que se dieron en la Grecia clásica entre los sofistas, que cobraban por enseñar, y sus adversarios de las escuelas filosóficas de raigambre socrática. En el fondo de la cuestión late la eterna cuestión de si el intelectual debe ser un *homo faber*, un productor de conocimiento que debe ser retribuido, o un buscador de la verdad sin intereses materiales.

En no pocas universidades la enseñanza de algunas materias podía ser gratuita gracias a que el salario del profesor corría a cargo de las instituciones: de la Iglesia (a través de un beneficio eclesiástico, principal fuente de sostenimiento de los profesores universitarios medievales), del municipio (el *Comune* en las universidades italianas), o de la monarquía fundadora del *Studium* (fuera a través de salarios como en Nápoles o de tercias reales como en Salamanca).

Por supuesto, la diferente manera de ganarse la vida de los maestros universitarios influía decisivamente en su autopercepción: podían verse a sí mismos como trabajadores asalariados (aquellos que dependían de las *collectae* de sus alumnos), como rentistas (aquellos que disfrutaban de un beneficio eclesiástico o un estipendio municipal o real), o como apóstoles (los mendicantes).

---

47. Alessandro BARBERO, *Dante*, Barcelona, Ariel, 2021, 99-100.
48. Alessandro BARBERO, *Dante…*, 203.

Por extraño que pueda resultar a la mirada moderna, los que vivieron la enseñanza de un modo más parecido al de Sócrates o la Academia de Platón, que no cobraba matrícula, fueron los frailes mendicantes. No en vano, existía una tradición que se remontaba a la Antigüedad Tardía que asimilaba a los monjes, con su voto de pobreza, a «los verdaderos filósofos» (*veri philosophi*).

Esta misma idea ha sido planteada, de un modo más crudo, por Jacques Le Goff con respecto a los intelectuales medievales en general: «Si el intelectual recibe un salario puede ser un comerciante (en el caso de que sus alumnos le paguen), o un funcionario (si es retribuido por el poder comunal o principesco) o una especie de criado (si vive de las generosidades de un mecenas)»[49].

Probablemente, las primeras cátedras asalariadas, es decir aquellas no sostenidas por un beneficio eclesiástico o pagadas por los estudiantes mediante *collectae*, fueron instituidas por Alfonso VIII de Castilla en la Universidad de Palencia en torno a 1200. Los salarios de los maestros habrían procedido de los diezmos diocesanos. En 1224, el Emperador Federico II trató de atraer a los mejores maestros a su nueva Universidad de Nápoles ofreciéndoles privilegios jurídicos y cátedras asalariadas a cuenta de estipendios de la Corona siciliana (*donaria*). En el año 1229 el Conde Raimundo VII de Toulouse acordó pagar los estipendios de varios maestros de la recién creada Universidad de Toulouse durante un periodo de diez años.

Pero fue en las ciudades del norte de Italia donde las cátedras asalariadas a cargo del *Comune* se convirtieron en la columna vertebral de las universidades, con el doble fin de atraer a los maestros más célebres y disminuir el excesivo poder de los estudiantes. Salarios municipales fueron ofrecidos a los maestros universitarios por las Comunas de Vercelli (1228), Siena (1250), Módena (1250), Padua (1260), Vicenza (1261) y Bolonia (1280). El precio que se pagó a cambio fue la total entrega de la autonomía universitaria al *Comune*[50]. Acaso no es casual, en este sentido, que el humanismo, un movimiento nacido en el norte de Italia, hiciera gala de un cierto desprecio por la Universidad y sus profesores asalariados.

Y no es que el humanista italiano por lo general no viviera de un estipendio otorgado por un mecenas. Resulta significativo en este sentido el hecho de que, frente al intelectual asalariado, beneficiado o mendicante de las antiguas universidades, las grandes figuras del Renacimiento italiano, adversarios casi todos ellos de los escolásticos (literalmente, «los universitarios»), vivieron de lo que Jacques Le Goff denomina «las generosidades de un mecenas». Más allá de su innegable grandeza, fueron una suerte de intelectuales y artistas «domésticos».

---

49. Jacques LE GOFF, *Los intelectuales...*, 96.
50. Alan B. COBBAN, «Medieval Student Power...», 47-48.

Todo ello está, por supuesto, íntimamente relacionado con el debate sobre la licitud del «comercio de la enseñanza». La Cristiandad medieval sostenía que la sabiduría era un «don de Dios» (*scientia donum Dei est unde vendi non potest*), por lo que «no está en venta»)[51]. Esto era particularmente cierto con respecto al más elevado de los saberes, la Teología.

Resulta muy significativa, en este sentido, la durísima condena que leemos en la *Summa* del Canciller de la Universidad de París, el maestro inglés Robert de Courson (elevado al cardenalato en 1212), contra los doctores de Bolonia que se dedicaban a las ciencias lucrativas (*lucrativis scientiis*) y cobraban por sus clases comparándolos con los mercaderes del Templo expulsados por Cristo[52].

La misma línea de ataque iba a seguir la bula *Super speculam* del Papa Honorio III (año 1219) en la que las ciencias lucrativas son rechazadas y los juristas civilistas acusados de *cupiditas*, ambición y vanagloria, siendo de nuevo comparados con los mercaderes del Templo. Las sucesivas prohibiciones pontificias de enseñar Derecho Civil, primero en París y luego en Orleans (1235), a donde habían migrado los maestros civilistas parisinos, se enmarcan en este contexto de rechazo de las ciencias lucrativas[53].

Una forma de conciliar los elevados ideales cristianos (el *gratis date* del Evangelio de San Mateo, 10:8) con las necesidades prosaicas del maestro fue el distinguir entre el saber en sí mismo (los contenidos) y la actividad docente, considerándose que el tiempo dedicado a la comunicación de esos contenidos merecía una compensación. Con esta sutil distinción jurídica entre el ilícito cobro por el saber y el lícito cobro por la labor docente, la Universidad medieval dio un paso que la cultura griega no había dado, al encontrar un justo medio entre las posturas enfrentadas de sofistas y socráticos[54]. De este modo, tal y como apunta certeramente Étienne Gilson, el intelectual medieval pudo conciliar su condición de artesano y mercader de los saberes con la de genuino

---

51. Véase Gaines Post, Richard Kay, Kimon Giocarinis, «The Medieval Heritage of a Humanistic Ideal: *Scientia donum dei est, unde vendi non potest*», Traditio, 11 (1955), 195-234.

52. *Temporalis qua videmus Deum usualiter remunerare in temporalibus temporalia querentes, sicut studentes Bononie vel alibi in lucrativis scientiis qui non addiscunt finaliter nisi ut venentur prebendulas ab indignis prelatis, remunerat conferendo illis talia que ipse dat iratus* (…). *Istos siquidem nummos sive ista nummismata iterum exponunt nummularii templi in claustro, in studio, in foro, in choro, in cucilla, in bulla, et in omni loco dominationis et quidem in studio Bononie* (Robert de Courson, *Summa*, vu, 2: fol. 33rb); apud John W. Baldwin, *Masters, Princes, and Merchants. The Social Views of Peter the Chanter and his Circle*, Princeton, NJ, Princeton University Press, 1970, vol. 2, 59, n.º 143.

53. Sobre el contexto ideológico de esta bula, véase Stephan Kuttner, «Papst Honorius III. und das Studium des Zivilrechts», en *Gratian and the Schools of Law, 1140-1234*, Londres, Peter Landau, 1983, 79-101.

54. Gaines Post, Richard Kay, Kimon Giocarinis, «The Medieval Heritage…», 201 y 223.

philosophus, amante de la sabiduría[55]. Había nacido una nueva concepción de la enseñanza como un modo honorable de ganarse la vida[56]. De esa mutación de las mentalidades somos herederos todos los profesores universitarios.

3. LOS ESPACIOS DEL SABER

A fines del siglo XIII un maestro dominico de la Sorbona, Tomás de Irlanda, escribe: «La ciudad de París es como Atenas, está dividida en tres partes: una es la de los mercaderes, de los artesanos y del pueblo que se llama la gran ciudad; otra es la de los nobles donde se encuentra la corte del Rey y la iglesia catedral y que se llama la *Cité*; la tercera es la de los estudiantes y de los colegios que se llama la Universidad»[57].

Pero esa *tertia pars* de París, que corresponde actualmente con la orilla izquierda del Sena y el llamado Barrio Latino, no presentaba un aspecto mínimamente comparable a un campus universitario tal y como hoy lo concebimos. En realidad, durante los siglos medievales no encontramos terrenos o edificios pertenecientes al conjunto de la corporación de la Universidad de París, salvo el terreno de juegos del Prado de los Clérigos situado fuera de los muros de la ciudad. El claustro de maestros de la Universidad, a semejanza de las facultades y de las naciones, se reúne en los claustros de las iglesias, monasterios o conventos en los que es recibido como huésped. Ya en la Baja Edad Media será habitual que se reúnan en la parroquia de Saint-Julien le Pauvre, en el corazón del Barrio Latino, o en los conventos de los dominicos (Saint-Jacques) o de los franciscanos (Cordeliers), en la sala capitular del Colegio universitario cisterciense de los Bernardinos y en el refectorio de los frailes Trinitarios[58].

Tan precaria era la situación a este respecto de la naciente Universidad de París a principios del siglo XIII, que el obispo cronista Jacques de Vitry (*c.* 1160-1240), que había estudiado en las escuelas parisinas bajo la tutela del maestro Pedro Cantor, comenta en su crónica que algunos maestros se veían obligados a impartir clases en el piso superior de casas cuyos propietarios alquilaban el piso inferior a burdeles, de modo que las clases coincidían en el tiempo con la actividad sexual de las prostitutas justo debajo del aula. En la gráfica descripción de Jacques de Vitry: «mientras en el piso de arriba los maestros moderaban *disputationes* con sus estudiantes, abajo las furcias mantenían discusiones con sus proxenetas»[59].

---

55. Étienne GILSON, *La Filosofía en la Edad Media*, Madrid, Cátedra, 1965, 272.
56. Gaines POST, Richard KAY, Kimon GIOCARINIS, «The Medieval Heritage…», 217.
57. Jacques LE GOFF, *Los intelectuales…*, 82.
58. Jacques LE GOFF, *Los intelectuales…*, 82-83.
59. JACQUES DE VITRY, *Historia Occidentalis*, c. 91; John W. BALDWIN, *Paris, 1200…*, 33.

Asimismo, hasta entrado el siglo XVI, una de las universidades más antiguas (sino la más) e importantes de Europa, Bolonia, careció de sede material en la que integrar a la compleja multitud de corporaciones de que se componía (juristas, artistas, ultramontanos, citramontanos…). De hecho, la primera sede común, el llamado *archigimnasio*, no fue edificado hasta el año 1562[60].

El paisaje universitario, sobre todo después de la proliferación de los colegios mayores a partir de mediados del siglo XIII, tenía muchas similitudes con el paisaje monástico, salvo que era en un contexto urbano. Muchas universidades medievales, particularmente París, Oxford y Cambridge, habían heredado la impronta del *ethos* monástico que durante muchos siglos tanto había impregnado la educación superior. Esta influencia monástica se diluyó mucho en el siglo XII tras el surgimiento de la escuela catedralicia y otros tipos de escuelas urbanas.

Ahora bien, como apunta Alan Cobban, «el legado monástico encontró expresión en el modo de vida comunal prescrito para los *halls* de Oxford, los *hostels* de Cambridge y para los colegios mayores de ambas universidades. La influencia monástica también se manifestó en la negación de los placeres corporales que es inherente a las prohibiciones relacionadas con las actividades no académicas contenidas en muchos estatutos universitarios. Además, la presencia dominante en las grandes universidades medievales de comunidades de monjes benedictinos, canónigos regulares y frailes mendicantes sirvió para enfatizar a la población universitaria que la educación universitaria era una empresa corporativa masculina que estaba en un estado de interacción continua con la cultura religiosa predominante»[61].

4. LAS FACULTADES: SABERES CANÓNICOS Y SABERES EXCLUIDOS

Una primera cuestión de la máxima relevancia es aquella del valor relativo del título obtenido: «Hay que hacer –subraya Cobban– una distinción importante entre la actitud moderna y la medieval hacia la obtención de títulos universitarios. La idea moderna de que un estudiante que abandona la universidad sin obtener un título ha contribuido a la tasa de fracaso dentro de esa universidad no es algo que tenga un fácil equivalente en un contexto medieval. Muchos estudiantes asistían a una universidad medieval sin tener intención alguna de obtener un título. Creían que un período de estudio de unos años en una universidad, además de aportarles una educación en sí misma, traería consigo un avance social y profesional. Una educación universitaria no tenía que estar coronada con la obtención de un título académico para que se percibiera como

---

60. Javier GARCÍA MARTÍN, «El modelo boloñés…», 62 y 64.
61. Alan B. COBBAN, *English University Life…*, 2.

algo con un valor intrínseco»[62]. De hecho, algunos especialistas calculan que al menos la mitad de los estudiantes medievales de Oxford y Cambridge no obtuvieron nunca un título universitario[63].

El refinamiento del pensamiento crítico, la capacidad de exponer verbalmente ideas siguiendo las reglas de la lógica y la digestión cuidadosa de un canon universal de conocimientos eran las principales características de la educación universitaria medieval. Ahora bien, en su mayor parte, las universidades promovieron un tipo de formación del estudiante de grado diseñada más bien para perpetuar un cuerpo de doctrina que para promover líneas de pensamiento independientes, reservando esta peligrosa indagación a los maestros. La enseñanza y el aprendizaje universitarios eran procesos innatamente conservadores y, al menos en las etapas iniciales, el cuestionamiento del saber canónico en el marco de la *disputatio* se realizaba sólo como una forma de entrenamiento dialéctico dentro de un marco intelectual establecido[64].

Ahora bien, contra la absurda idea de que, en la Universidad medieval, todo se decidía por el argumento de autoridad, lo cierto es que todo maestro de Teología o de Filosofía de París debía someter sus tesis a la discusión pública, exponiéndose de modo sistemático los argumentos *pro et contra*. Este es el genuino «método del caso» propio de la escolástica, aquel que hará inmortal la *Suma Teológica* del Aquinate, una forma de argumentar probablemente inspirada en el método del *casus* de los juristas[65]. De hecho, sin esta auténtica prueba de resistencia a los argumentos contrarios, ninguna postura filosófica o teológica se podía considerar validada. No bastaba citar las *auctoritates*, había que argumentar razonadamente siguiendo el método de la lógica aristotélica.

Estas discusiones públicas regulares comenzaron a celebrarse en la Facultad de Teología de París a partir de en torno a 1250 y se conocían como *quaestiones disputatae*, es decir, temas discutidos, en los que uno de los maestros presentaba sus tesis y las defendía contra los argumentos de sus oponentes. En cierto modo, el profesor luchaba en su terreno, ya que era él quien elegía el tema a tratar, pero se veía sometido a un auténtico bombardeo dialéctico antes de poder pronunciar su *determinatio* magistral. Ciertamente, las más interesantes de estas *disputationes* eran las «extraordinarias», celebradas en París dos veces al año, justo antes y después de la Cuaresma. Eran conocidas como *quaestiones quodlibetales* debido a que eran debates completamente libres. Es

---

62. Alan B. Cobban, *English University Life…*, 24.

63. T. H. Aston, G. D. Duncan y T. A. R. Evans, «The Medieval *Alumni* of the University of Cambridge», *Past and Present*, 86/1 (1980), 27.

64. Alan B. Cobban, «Medieval Student Power…», 31-32.

65. Elsa Marmursztejn, *L'Autorité des maîtres. Scolastique, normes et société au XIIIe siècle*, París, Les Belles Lettres, 2007, 14.

decir, eran cuestiones formuladas por cualquiera (*a quolibet*) de entre el público, sobre cualquier tema (*de quolibet*)[66].

En lo que respecta al *quadrivium* cabe señalar que la enseñanza de la astronomía (entonces íntimamente conectada con la astrología), además de en las facultades de Artes (donde era parte integrante del currículum), tuvo un auge importante en las facultades de Medicina debido a la creencia generalizada entre los médicos, heredada de la Antigüedad Clásica, sobre la influencia de los astros en las enfermedades. Las matemáticas, sin embargo, eran sólo cultivadas en las facultades de Artes. La música y la geometría tenían una importancia mínima, aunque hubo graduados de música en Salamanca y Oxford en la Baja Edad Media[67]. Por otro lado, los saberes «técnicos» excluidos inicialmente de las universidades como la cirugía, la arquitectura o la abogacía (en aquellos países que no incorporaron el Derecho Romano como Inglaterra), permitieron la supervivencia de importantes escuelas al margen de la Universidad (las *Inns of Court* de Londres, por ejemplo), en las que las mujeres, los artesanos o los judíos podían jugar un papel.

Sea como fuere, no conviene idealizar en exceso el mundo de las universidades del siglo XIII. De la lectura del *Morale Scolarium* (año 1241), un tratado versificado obra de un maestro de las universidades de Oxford y París, Juan de Garlandia, se trasluce la sorprendente mundanidad de las perspectivas de futuro del estudiante universitario de su época: «Si eres un verdadero erudito, te espera el llanto y crujir de dientes. A menos que seas alguien que gane dinero, te advierto que serás considerado un necio, un mendigo. Las artes lucrativas, como el Derecho y la Medicina, están ahora en boga, y sólo se estudia aquello que tiene un valor monetario»[68].

Uno de los investigadores que cita este texto en apoyo de sus tesis es Alan Cobban, el principal de entre los historiadores de las universidades que ha abogado por una interpretación prosaica y utilitarista de las mentalidades estudiantiles medievales: «La evidencia de los archivos de universidades y colegios mayores, de cartas de estudiantes, sermones universitarios, etc., sugiere que, en la etapa estudiantil, no había mucho margen para el estudio del saber como un fin en sí mismo. Para la mayoría de los estudiantes, la educación era un asunto muy práctico. Una causa fundamental de esto es que la educación medieval en el Occidente europeo a menudo se financiaba con recursos muy reducidos: simplemente no se disponía de excedente de riqueza para el estudio por amor

---

66. Elsa MARMURSZTEJN, *L'Autorité des maîtres…*, 13.

67. Para la cabida de estas disciplinas del *quadrivium* en el curriculum académico, véase, para el caso de Oxford: James A. WEISHEIPL, «Curriculum of the Faculty of Arts at Oxford in the Fourteenth Century», *Mediaeval Studies*, 26 (1964), 143-185; y «Developments in the Arts Curriculum at Oxford in the Early Fourteenth Century», *Mediaeval Studies*, 28 (1966), 151-175.

68. JUAN DE GARLANDIA, *Morale Scolarium*, ed. L. J. Paetow, *Two Mediaeval Satires on the University of Paris*, Berkeley, University of California Press, 1927, 189.

al saber (…) Esta constante penuria e inseguridad con la que el estudiante tuvo que lidiar no puede sino haber condicionado sus actitudes sociales. Sin duda, el estudiante medieval especularía sobre la estructura de la sociedad; debatiría las principales cuestiones teológicas y políticas de su época; criticaría el orden establecido de las cosas; pero, mientras estaba en la universidad, tendría poco interés en cambiar el mundo en el que vivía. La consideración primordial de los estudiantes era convertirse en parte del orden social establecido»[69].

En definitiva, concluye Cobban, «las universidades medievales eran en gran parte escuelas para formar profesionales. Capacitaban a los estudiantes en el dominio de áreas de conocimiento que podían ser utilizadas en una de las profesiones seculares del derecho y la medicina o en la enseñanza o al servicio de la Iglesia»[70]. En efecto, se comprueba que la Teología, la ciencia no lucrativa por excelencia, era una disciplina minoritaria para unos pocos de entre los más dotados universitarios y la mayoría de los estudiantes parecen haber ido a una universidad «con el fin de estar cualificados para uno de los trabajos seguros y bien pagados por los que a menudo había una competencia feroz», siendo la ambición normal del estudiante el obtener un empleo lucrativo y seguro dentro del orden establecido. El análisis de las carreras de los estudiantes medievales parece confirmar esta tesis, y hay numerosas evidencias para apoyar este punto de vista en las propias fuentes literarias medievales[71].

5. LAS GENTES DEL SABER: LOS INTELECTUALES COMO GRUPO SOCIAL

Salvo por las considerables distancias y las dificultades que implicaban los viajes en la Edad Media, lo cierto es que resultaba relativamente fácil convertirse en estudiante universitario. Las universidades del Occidente medieval, verdaderamente *universales* en este aspecto, no tenían requisitos nacionales, sociales, intelectuales o lingüísticos para la admisión una vez se cumplía el requisito básico de ser un varón bautizado. Tal y como señala Rainer Christoph Schwinges, «las universidades medievales aceptaban a todos los que deseaban convertirse en un *membrum universitatis*. Ni el origen ni el rango, ni la proximidad de la residencia ni la distancia, ni la pobreza ni la riqueza, ni la salud ni la discapacidad física influyeron en la aceptación. Ni siquiera la ceguera representaba un obstáculo»[72].

---

69. Alan B. COBBAN, «Medieval Student Power…», 29.
70. Alan B. COBBAN, «Medieval Student Power…», 29-30.
71. Alan B. COBBAN, «Medieval Student Power…», 29-30.
72. Rainer Christoph SCHWINGES, «Admisión…», 195-196. El criterio de «la buena conducta moral», que se aplicaba también a la admisión en el clero o a la pertenencia a un gremio, incluía la prueba de la legitimidad del nacimiento, pero en la práctica esto equivalía a menudo sólo a una mera afirmación de que uno «creía» ser hijo legítimo.

De hecho, el dominio del latín (obligatorio en las aulas) fue quizá el principal elemento diferenciador de los *scholares*, puesto que, aunque no era imprescindible su conocimiento inicial para ser admitido, resultaba luego necesario para seguir las clases y obtener el título. Luego, para comprender la función social y el contexto vital de las gentes del saber del Occidente medieval, en particular de los universitarios, el análisis del papel jugado por la lengua y la cultura escrita latinas en el proceso que condujo a su constitución como élite orgánica de la Cristiandad resulta de vital importancia.

Dentro de la terminología siempre vaga con la que se definía al grupo social de los «intelectuales» en el Occidente medieval (*sapientes, docti, clerici, scholastici, litterati*), sin duda la palabra más utilizada fue *litterati*. Su contorno semántico superaba al del maestrescuela, ya que no tenía necesariamente que estar ligado a las universidades y escuelas, y engloba a todos aquellos poseedores de una cultura literaria, es decir, a todos aquellos capaces de expresar de forma coherente su pensamiento por escrito en lengua latina, fuera éste luego divulgado o no.

La actual acepción del «intelectual»[73], acuñada por la Ilustración parte de una realidad social de alfabetización de amplias capas de la población urbana que contrasta con el elitismo absoluto del acceso a la cultura escrita en el Medievo[74], una sociedad en la que además no existía nada parecido a una *opinión pública*. En todo caso, la condición de *litteratus* era el prerrequisito necesario para acceder a la categoría de «intelectual», incluso en su restringida acepción dieciochesca, en la que a la cultura personal se uniría la divulgación mediante la enseñanza o la autoría de libros[75].

El término *literato* tiene hoy día un escaso uso en la lengua española. Lo mismo sucede con la palabra *letrado*, que ha quedado casi exclusivamente reservada para los abogados o legistas. Por el contrario, la palabra francesa correspondiente, *lettré*, todavía designa siempre a los eruditos, los estudiosos, las personas cultas con una instrucción literaria o científica (como *letterato* en italiano). Todas estas palabras proceden del latín *litteratus* y han perdido en el caso de la lengua española parte de su original valor semántico debido a la introducción en las lenguas europeas del término *analfabeto* en el siglo XIX[76].

---

73. La definición de *intelectuales* en el diccionario María Moliner es la de «un grupo social de personas con una dedicación preferente a las ciencias o las letras».

74. Período al que se aplica sin duda el concepto de *restricted literacy*, esto es «alfabetización restringida por causas ajenas a las propias del aprendizaje de la técnica de la escritura». Véase Jack GOODY, *Literacy in Traditional Societies*, Cambridge, Cambridge University Press, 1968, 198.

75. Tal como la recoge Jacques LE GOFF (*Los intelectuales...*, 26).

76. Herbert GRUNDMANN, «LitteratusIllitteratus: Der Wald einer Bildungsnorm von Altertum zum Mittelalter», *Archiv für Kulturgeschichte*, 40 (1958), 2. Ello ha provocado un extraño fenómeno lingüístico, ya que, al abandonarse la antigua dicotomía *litteratus/illitteratus* ahora no

En definitiva, la palabra *litteratus* llegó a ser sinónimo en la Plena Edad Media de conocedor de la *lingua latina* y no de cualquier lengua escrita. Las expresiones *litteraliter loqui* o *litterate loqui* significaban en la Edad Media hablar en latín, sin necesidad de mayor aclaración. Por el contrario, cuando se quería denotar el habla en lengua vernácula se utilizaba la expresión *sermo vulgaris* («habla del vulgo»)[77].

Aún más interesante es la amalgama medieval de dos pares de conceptos opuestos: *clericus-litteratus* versus *laicus-illitteratus*. Por lo general, el axioma que hacía de *laicus* (laico/lego) un sinónimo de *illitteratus* (lo que ha dejado en nuestra lengua como testigo la expresión «lego en la materia») y su opuesto, *clericus* sinónimo de *litteratus*, añadiendo una distinción intelectual a la sacramental, tuvo plena vigencia hasta finales del siglo XIII[78]. De hecho, en algunas regiones europeas los dos significados de *clérigo*, el canónico y el intelectual, estuvieron tan profundamente confundidos que hoy desafían los esfuerzos de los especialistas por separarlos[79].

Pero a partir de mediados del siglo XIII los roles intelectuales tradicionales del clérigo y el seglar terminaron por confundirse y comenzaron a abundar los caballeros y burgueses cultivados y tanto la escritura en general como la creación cultural en particular dejaron de ser un predio de la *intelligentsia* clerical[80]. Tal y como señala Jacques Verger, el esquema altomedieval de monopolio clerical de la alta cultura ya «no tenía ninguna vigencia» en la Baja Edad Media, dado el «gran número de seglares letrados»[81].

De este modo, en lugar de designarse con el equívoco término *clérigo*, el intelectual universitario trató a partir de mediados del siglo XIII de bautizarse con otros nombres tales como *philosophus* o *scholasticus*, ninguno de ellos de universal aceptación. Solo la aparición del término *umanisti* en el

---

se dispone de una palabra útil para adjetivar a la persona alfabetizada a diferencia de lo que ocurría en el Medievo latino. Del mismo modo, tras 1800 la palabra *idiota* pasó a ser un distintivo de estupidez y debilidad mental, mientras que anteriormente en los documentos latinos había servido para designar a los laicos que no sabían escribir, incluso a los reyes: los propios apóstoles Pedro y Juan son designados como *idiotae* en la *Vulgata* y ello no quería denotar más que su condición de iletrados o analfabetos.

77. Herbert GRUNDMANN, *LitteratusIllitteratus…*, 4; véase Brian STOCK, *The Implications of Literacy. Written Language and Models of Interpretation in the Eleventh and Twelfth Centuries*, Princeton, NJ, Princeton University Press, 1983.

78. Alexander MURRAY, *Razón y Sociedad en la Edad Media*, Madrid, Taurus, 1982, 288.

79. Alexander MURRAY, *Razón y Sociedad…*, 289. Piénsese, por ejemplo, en el concepto *mester de clerecía* del siglo XIII castellano.

80. Michael T. CLANCHY, *From Memory to Written Record. England 1066-1307*, Oxford, Blackwell, 1993, 226; Paul ZUMTHOR, *La voz y la letra. De la literatura medieval*, Madrid, Cátedra, 1989, 29. En Italia el fenómeno es anterior en un siglo como mínimo.

81. Jacques VERGER, *Gentes del saber en la Europa de finales de la Edad Media*, Madrid, Universidad Complutense, 1999, 124.

Quattrocento italiano resolvería el problema de la denominación, pero para entonces los *studia humanitatis* renacentistas habían alumbrado un nuevo paradigma cultural[82].

6. LOS ESTUDIANTES POBRES: CARIDAD Y COLEGIOS MAYORES

A diferencia de las universidades del Antiguo Régimen (siglos XVI al XVIII), cuyos colegios mayores se convirtieron en auténticos bastiones del privilegio nobiliario, las universidades medievales «no fueron instituciones aristocráticas»[83] y estaban abiertas a los pobres. De hecho, los *scholares pauperes,* los estudiantes pobres, solían invocar ante las autoridades académicas el llamado *privilegium paupertatis* («privilegio de pobreza»), una disposición del derecho canónico para obtener una dispensa del pago de matrícula[84].

Siempre y cuando los futuros estudiantes fueran varones bautizados y con un conocimiento de la gramática latina suficiente para hacer frente a las exigencias de la instrucción en ese idioma, satisfarían los vagos criterios para el ingreso a la universidad. Por consiguiente, «la pobreza no era un obstáculo para la admisión»[85]. Quienes fijaban las tasas de matriculación en cada caso tenían que examinar la capacidad o incapacidad de pago del estudiante. En sentido estricto más que una dispensa de las tasas, lo que se acordaba era el aplazamiento del pago de las tasas *ad pinguiorem fortunam,* es decir, literalmente hasta que el estudiante tuviera «más fortuna» en la vida[86].

Por la abundancia de fuentes escritas, conocemos particularmente bien el perfil social de los estudiantes universitarios ingleses en torno al 1300. Estos eran «hijos de la pequeña nobleza, comerciantes, artesanos, oficiales de la Corona, abogados, maestros de escuela, médicos y agentes señoriales como alguaciles y jueces locales. También fueron reclutados entre las familias campesinas y terratenientes más acomodadas, entre los numerosos sobrinos y pupilos de los eclesiásticos, y entre las familias de propietarios urbanos de diversa riqueza y estatus (…) No fue hasta finales del siglo XV y XVI que los estudiantes de noble cuna entraron en las universidades inglesas en cantidades considerables. En los siglos XIII, XIV y XV, los hijos de la nobleza eran sólo una presencia minoritaria en Oxford y Cambridge (…) Esto significa que en ese primer entorno académico estaba comparativamente ausente el tipo de privilegio aristocrático

---

82. Jacques LE GOFF, *Los intelectuales…*, 26-27.
83. Alan B. COBBAN, «Medieval Student Power…», 33.
84. Rainer Christoph SCHWINGES, «Admisión…», 213.
85. Rainer Christoph SCHWINGES, «Admisión…», 213; Alan B. COBBAN, *English University Life…*, 7.
86. Rainer Christoph SCHWINGES, «Admisión…», 213.

que fue una característica tan frecuente de Oxford y Cambridge desde la época de los Tudor hasta principios del siglo XX»[87].

Con todo, resulta innegable que en el periodo medieval hubo, como hoy en día, no pocos estudiantes universitarios que tuvieron que abandonar sus estudios por razones económicas. Si los estudiantes habían agotado sus recursos iniciales y los miembros de la familia no podían o no querían enviar ayuda, en ocasiones no había más alternativas que abandonar la universidad[88].

En efecto, en las primeras décadas de existencia de la Universidad medieval, antes de la fundación de los colegios mayores para estudiantes pobres, los *scholares pauperes* tenían que conseguir los fondos necesarios para la manutención y las tasas de matrícula generalmente de un padre u otro pariente, o de un tutor o mecenas. Los *pauperes*, los estudiantes pobres, lo tenían realmente complicado, viéndose en ocasiones abocados a situaciones de marginalidad, como el goliardismo o la servidumbre temporal junto a estudiantes ricos. La fundación de numerosos colegios universitarios con sus becas para estudiantes pobres y su disciplina cuasi-monástica cambió esta situación radicalmente proporcionando incluso cierta ventaja académica a los que antes estaban abocados a la marginalidad.

Más allá de las becas, en el siglo XIII los estudiantes universitarios ingleses podían pedir préstamos a los prestamistas judíos que se establecieron en las ciudades de Oxford y Cambridge. Se requería una garantía para un préstamo, y esto a veces tomaba la forma de un libro. Pero no muchos estudiantes universitarios de escasos recursos habrían tenido a su disposición un objeto de ese valor (unas cien veces más valioso que un libro actual)[89].

Según avanzó el siglo XIII, conscientes de las dificultades que afrontaban muchos estudiantes, comenzaron a proliferar en Oxford y Cambridge donaciones para constituir una especie de «montes de piedad» (*loan-chests*), algunos vinculados a los *colleges*, que realizaban préstamos sin interés a aquellos universitarios sin recursos. Estos montes de piedad funcionaban como casas de empeño (*pawnshops*) constituidas por un benefactor y prestaban sin intereses a los estudiantes y también a algunos maestros en apuros, los cuales tenían que depositar un objeto de valor como garantía (un libro, un astrolabio, una joya…), objeto que les era devuelto al terminar el curso si finalizaban con éxito sus estudios o devolvían el dinero[90].

Con todo, había otras opciones. En Oxford, por ejemplo, era habitual que los estudiantes fueran contratados como escribanos ocasionales por los

---

87. Alan B. Cobban, *English University Life…*, 6.
88. Alan B. Cobban, *English University Life…*, 25-26.
89. Alan B. Cobban, *English University Life…*, 26.
90. Miri Rubin, *Charity and Community in Medieval Cambridge*, Cambridge, Cambridge University Press, 1987, 282-288; Alan B. Cobban, *English University Life…*, 26.

stationarii (libreros universitarios) de la ciudad para copiar los textos académicos autorizados por la Universidad (*pecia*), y que el pago se hiciera a medida que se copiaba cada pieza o porción de texto. Era un modo de obtener los recursos necesarios para subsistir[91].

Además, había formas algo más humillantes por las cuales un estudiante con problemas financieros podía conseguir una modesta cantidad de dinero sin abandonar la ciudad donde se encontraba su universidad. Por ejemplo, podían trabajar como albañiles eventuales en las obras en construcción dentro del recinto universitario. Podían también convertirse en sirvientes de los maestros universitarios o de estudiantes ricos, y podían realizar tareas en los colegios mayores a los que pertenecían sirviendo la mesa o ayudando en la cocina, a cambio de una reducción en el costo de la comida y el alojamiento[92].

Aunque la principal solución que la Universidad medieval encontró para el problema de los *scholares pauperes* fueron ciertamente los colegios mayores, también se dieron políticas de gratuidad acordes con el espíritu del *gratis date* evangélico, propuesto por el Papa Alejandro III a las escuelas episcopales de la Cristiandad, a las que pidió que cada una asignara un maestro de gramática para la enseñanza gratuita del latín[93].

Gaines Post analiza del siguiente modo la incidencia de este ideal del *gratis date* en las universidades medievales: «El ideal de la gratuidad del conocimiento para los estudiantes pobres fue proclamado en todas partes, pero no se puede determinar hasta qué punto se puso en práctica. La interpretación de los canonistas fue que los maestros universitarios que ya disfrutaban de un beneficiado eclesiástico podían aceptar, pero no exigir, regalos de sus estudiantes. Esta interpretación parece reflejarse en la norma de las universidades italianas de que los maestros asalariados por la Iglesia o el *Comune* no debían cobrar honorarios a los estudiantes. Sin embargo, a pesar de esta teoría, se hizo poca distinción entre *dona* (regalos) y *collectae* (honorarios voluntarios) y el ideal de que el conocimiento, en tanto que don de Dios, debía impartirse gratuitamente no se puso consistentemente en práctica»[94].

No obstante, las facultades de Artes de varias universidades alemanas dispensaron total o parcialmente a los estudiantes pobres de las tasas de matriculación, de la asistencia obligatoria a lecciones magistrales, así como de las normas sobre vestimenta y residencia obligatoria en la ciudad. Además, hay

---

91. Graham Pollard, «The *Pecia* System in the Medieval Universities», en M. B. Parkes y A. G. Watson (eds.), *Medieval Scribes, Manuscripts, and Libraries: Essays Presented to N. R. Ker*, Londres, Scolar Press,1978, 156.

92. Alan B. Cobban, *English University Life...*, 28.

93. Principio recogido en el canon 18 del III Concilio de Letrán y reiterado en el IV Concilio Lateranense (Gaines Post, «Masters' Salaries...», 181-182; John W. Baldwin, *Paris, 1200...*, 176 y 182).

94. Gaines Post, «Masters' Salaries...», 198.

evidencia documental de que en la Baja Edad Media se flexibilizaron las tasas de matriculación y expedición de títulos en favor de los *scholares pauperes* de las universidades de Bolonia, Aviñón y Aix-en-Provence, mientras que en las universidades de Friburgo, Erfurt y Viena se pusieron a su disposición albergues de bajo coste (*bursae*)[95].

Pero muy probablemente fue en París donde dio comienzo la tradición de alojar y cuidar de los *scholares pauperes*. En torno al año 1200, miles de estudiantes venidos de toda Europa buscaban alejamiento en la margen izquierda del Sena, donde estaban las escuelas y muchos no podían permitirse los alquileres que habían alcanzado precios desorbitados. Tanto era así que el famoso maestro parisino Petrus Cantor pidió que se excomulgara a los que cobraban demasiada renta a los estudiantes[96].

En París existía desde hacía siglos el Hôtel-Dieu, un hospital para pobres situado junto a la fachada sur de la Catedral de Notre-Dame. El primer albergue para estudiantes pobres de Europa fue creado en 1180, con ayuda del Rey Luis VII, como una casa anexa a este hospital por un rico mercader de Londres llamado Jocius, que acababa de regresar de una peregrinación a Jerusalén. Con el tiempo, este humilde albergue se acabaría convirtiendo en el importante Colegio de los Dieciocho (*Collège-des-Dix-huit*), llamado así por el número de estudiantes pobres inicialmente previsto por el fundador[97]. Seis años después, una institución benéfica de similares características fue fundada por el Conde Roberto de Dreux, hermano del Rey, y acabaría convirtiéndose en el Colegio de Santo Tomás del Louvre. Y un tercer albergue con trece camas para estudiantes pobres fue fundado por dos familias burguesas entre 1204 y 1209. Con el tiempo se convertiría en el Colegio de Saint-Honoré[98].

Pero el principal Colegio de París, y quizá de la Europa medieval, fue la Sorbona. Robert de Sorbon, un erudito maestro de teología de orígenes campesinos que acabaría siendo Rector de la Universidad y consejero de San Luis, fundó en el año 1257 un Colegio Mayor para doce estudiantes pobres de teología, Colegio que pronto sería conocido como la *Maison de pauvres maîtres de Sorbonne*, la Sorbona. Crecería tanto en importancia en las siguientes décadas que, ya en la Edad Moderna, terminaría dando nombre a toda la Universidad de París.

En el éxito posterior de la Sorbona influyó no poco el hecho de que el canónigo legó en su testamento al Colegio su biblioteca, una de las más importantes

---

95. J. M. FLETCHER, «Wealth and Poverty in the Medieval German Universities», en J. R. Hale, J. R. L. Highfield y B. Smalley (eds.), *Europe in the Later Middle Ages*, Londres, Faber & Faber, 1965, 423-435; Jacques PAQUET, «Coût des études, pauvreté et labeur: fonctions et métiers d'étudiants au Moyen Âge», *History of Universities*, 2 (1982), 15-52; Alan B. COBBAN, *English University Life...*, 29.

96. John W. BALDWIN, *Paris, 1200...*, 185.

97. John W. BALDWIN, *Paris, 1200...*, 32 y 185.

98. John W. BALDWIN, *Paris, 1200...*, 32 y 185.

bibliotecas privadas del siglo XIII. La biblioteca colegial de la Sorbona tenía 1.722 volúmenes según el catálogo del año 1338, lo que la convertía en la tercera biblioteca de la Cristiandad después de la de los papas en Aviñón y la palatina del Rey Carlos V el Sabio[99]. Tan grande era, que un maestro de Artes de la Sorbona, el dominico Tomás de Irlanda, pudo compilar su célebre *Manipulus florum*, un florilegio que recopilaba más de seis mil citas de autores medievales y clásicos, utilizando sólo la biblioteca del Colegio en el que vivía[100].

Los consejos de Robert de Sorbon a los estudiantes de su época sobre cómo tener éxito en la Universidad ilustran sus puntos de vista sobre la vida universitaria. El fundador del Colegio de la Sorbona insta a los estudiantes en su tratado *De conscientia et de tribus dietis* a distribuir su tiempo sabiamente, a escuchar atentamente todo lo que se les decía, a tomar copiosas notas de las clases, a memorizar los hechos esenciales, a debatir las principales cuestiones con sus compañeros y, finalmente, a rezar por el éxito en los estudios[101].

Junto al de la Sorbona, otro Colegio Mayor que jugó un papel importante en la vida de la Universidad de París durante el Medievo fue el Colegio de Ave María (también llamado *Collegium Marianum de Hubanto*). Fue fundado en el año 1327 en la montaña de Santa Genoveva por el canónigo Jean de Hubant para acomodar estudiantes pobres de la facultad de artes. Entre otras actividades caritativas, se impartían lecciones gratuitas de gramática latina en sus dependencias[102].

Los colegios universitarios ingleses medievales estaban tan sólidamente dotados como los de París (a partir del siglo XV, incluso más). Eran corporaciones autónomas con sus propios estatutos y una dotación (*endowment*) fundacional que los diferenció de los albergues universitarios normales, facilitando las condiciones para una permanencia exitosa de los estudiantes pobres en la universidad. Los fundadores de estos colegios en numerosas ocasiones estipulaban en el documento fundacional que estos se creaban para el auxilio caritativo de «estudiantes pobres o indigentes». Balliol, New College, All Souls y Magdalen en Oxford y King's College en Cambridge fueron fundados para

---

99. Jacques VERGER, *Gentes del saber…*, 100.

100. Véase Chris L. NIGHMAN, «Editorial Agency in the *Manipulus florum*: Thomas of Ireland's Reception of Two Works by Peter of Blois», en T. Sharp et al. (eds.), *From Learning to Love: Schools, Law, and Pastoral Care in the Middle Ages*, Toronto, Brepols, 2017, 224-248.

101. Alan B. COBBAN, «Medieval Student Power…», 32.

102. Véase Astrik L. GABRIEL, «The Practice of Charity at the University of Paris during the Middle Ages: Ave Maria College», *Traditio*, 5 (1947), 335-339 y *Student Life in Ave Maria College, Medieval Paris*, Notre Dame, Ind., Notre Dame University Press, 1955. En esta dirección, un antiguo estudiante de teología de París, un clérigo llamado Foulques, consiguió convencer en torno a 1198 a los maestros de la Universidad para que donaran 250 libras de plata para su labor de rescate de prostitutas (John W. BALDWIN, *Paris, 1200…*, 34).

ayudar a este tipo de estudiantes pobres (aunque no era raro que admitieran también parientes del fundador o recomendados de su familia)[103].

Los colegios universitarios y los *studia* conventuales de franciscanos y dominicos en París, Oxford y Cambridge reunieron grandes bibliotecas que supusieron una ventaja para sus estudiantes. Aunque existía una gran biblioteca adscrita a la escuela catedralicia de Notre-Dame de París, no hay evidencia de que existieran bibliotecas comunes en las universidades medievales, lo cual hizo, como señala Jacques Verger, que las bibliotecas colegiales y conventuales tuviesen una importancia decisiva en la mejor formación de los colegiales y frailes, ya que de la lectura de sus estatutos se deduce que no estaba permitido el acceso al resto de estudiantes[104].

Ya hemos hablado del tamaño gigantesco, para los estándares de la época, de la biblioteca del Colegio de la Sorbona. Pero no era la única. En Oxford se sabe que Balliol y Merton tenían magníficas bibliotecas colegiales[105]. Tan grandes eran algunas de ellas, que, por ejemplo, Richard Fitz-Ralph (1300-1360), Vicecanciller de la Universidad de Oxford y maestro de la Facultad de Teología, se quejaba del problema que ello creaba a los demás universitarios en estos términos: «En Oxford ya no hay manera de comprar un solo libro de filosofía o teología; y solo en raras ocasiones se encuentra uno de medicina o derecho canónico, porque las Órdenes mendicantes, que han multiplicado aquí sus fundaciones, lo acaparan todo para las bibliotecas de sus conventos. En ellos destaca ante todo una hermosa y gran biblioteca común»[106].

Téngase en cuenta que, hasta la llegada del papel a Europa a finales del siglo XIII, el precio de los libros, hechos de pergamino, era muy alto. El papel abarató hasta cinco veces el precio de un libro en el siglo XIV y más de diez veces en el siglo siguiente. En las ciudades universitarias proliferaron los *stationarii* y libreros, que contaban con los servicios de decenas de escribanos profesionales y estudiantes pobres. Pero su producción era limitada: un buen copista no podía producir más de cinco libros de 200 pliegos al año. Luego para que, por ejemplo, en el París del siglo XIII se distribuyesen mil libros al año hacían falta unos 200 copistas[107].

Con todo, había una enorme demanda y un mercado de libros muy activo en las ciudades universitarias. Es por ello por lo que en los códices y cuadernos de apuntes (sistema de *pecia*) a la venta en las librerías y *stationarii* se intentaba reducir al máximo el coste, adoptando el formato en forma de librillos

103. Alan B. Cobban, *English University Life...*, 66-67.
104. Jacques Verger, *Gentes del saber...*, 101.
105. Jacques Verger, *Gentes del saber...*, 100.
106. Jacqueline Hamesse, «El modelo escolástico de la lectura», en G. Cavallo, R. Chartier y R. Bonfil (eds.), *Historia de la lectura en el mundo occidental*, Barcelona, Taurus, 2024, 163-164.
107. Jacques Verger, *Gentes del saber...*, 92-93.

sin encuadernar, apretar al máximo las líneas, y se abusaba de las abreviaturas. Según los cálculos de Jacques Verger para el siglo XIV, este mercado librario universitario, que incluía el libro de ocasión pues muchos estudiantes vendían sus libros al terminar sus estudios, permitiría a un maestro regente acumular una biblioteca privada a lo largo de su vida de un mínimo de treinta volúmenes y un máximo de cien. Su estimación es que un estudiante acomodado reuniría durante sus estudios en torno a una docena de códices (sin contar los cuadernos de apuntes)[108].

Ahora bien, al menos en París, los estudiantes y maestros que no pertenecían a un Colegio Mayor o una escuela conventual podían acceder a los libros que necesitaban en la bien nutrida biblioteca catedralicia de Notre-Dame, la cual recibió cuantiosos legados testamentarios de donantes de libros especialmente para este propósito y llegó a reunir más de trescientos códices[109].

Es ahora cuando surgen los libros encadenados en los atriles de las bibliotecas, un modo de garantizar el acceso libre a las obras de consulta evitando el riesgo del hurto. Es ahora también cuando las poco espaciosas bibliotecas monásticas de la Alta Edad Media son sustituidas por amplias bibliotecas con una arquitectura y un mobiliario adecuados para su uso por un número grande de universitarios. Vemos en el siglo XIII cómo en París, Oxford y Cambridge se proyectan en estas bibliotecas grandes salas centrales de lectura amuebladas con pupitres, facistoles (atriles) y bancos donde los lectores podían sentarse a trabajar con los libros encadenados. La primera de esas colecciones de obras de consulta encadenadas se creó en el Merton College de Oxford en 1289 y la segunda, un año después, en el Colegio de la Sorbona. Los estatutos que regían estas bibliotecas hacían hincapié en el silencio obligatorio y en que los libros encadenados eran un bien común que todo el mundo podía consultar[110]. Cuando el Rey Carlos V el Sabio de Francia creó la primera biblioteca regia de la Europa medieval abierta a los estudiosos, se inspiró precisamente en estas bibliotecas universitarias[111].

7. LA VIDA COTIDIANA EN LAS UNIVERSIDADES DEL SIGLO XIII

Ya hemos visto cómo las universidades de la época medieval eran comunidades universales de acceso abierto concebidas para dar cabida a estudiantes de

---

108. Jacques VERGER, *Gentes del saber…*, 95-96. La mayor biblioteca privada de París en el siglo XV, perteneciente a un jurista acaudalado del Parlamento de París, no pasaba de los 200 volúmenes.

109. Peter SAENGER, «La lectura en los últimos siglos de la Edad Media», en G. Cavallo, R. Chartier y R. Bonfil (eds.), *Historia de la lectura en el mundo occidental*, Barcelona, Taurus, 2024, 177; Jacques VERGER, *Gentes del saber…*, 99.

110. Peter SAENGER, «La lectura…», 180-181.

111. Peter SAENGER, «La lectura…», 180.

todos los orígenes sociales[112]. Cada vez sabemos mejor dónde y cómo vivían estos estudiantes y sus maestros, «cómo se vestían, lo que bebían y comían, cómo empleaban su tiempo, cuáles eran sus costumbres, sus devociones, su conducta sexual, sus diversiones, su muerte y sus testamentos, sus funerales y sus tumbas». Es decir, se ha ido construyendo lo que podemos llamar una «antropología de los intelectuales medievales»[113].

Como ya hemos señalado con anterioridad al abordar el modelo institucional de las universidades, lo que a uno le hacía miembro de la Universidad era sobre todo un vínculo personal con un maestro (salvo en las universidades del modelo boloñés donde era la pertenencia a las *nationes*). En una fecha tan temprana como 1215 se afirmaba que nadie era estudiante de la Universidad de París si no tenía un vínculo con un maestro: *nullus sit scholaris Parisius qui certum magistrum non habeat*. A lo largo de toda la Edad Media no hubo desviación de este principio en ninguna de las universidades europeas, en la medida en que se ajustaron al modelo de París[114].

El *magister regens* al que se asignaba el estudiante o que este elegía por sí mismo debía servir no sólo como maestro docente, sino también como mentor de confianza y defensor del estudiante si este se veía envuelto en una disputa legal. En todo caso, era posible en cursos posteriores cambiar de mentor[115]. Por ejemplo, los estudiantes de Cambridge «tenían la obligación de asistir al menos a tres clases magistrales a la semana del maestro regente (*magister regens*) en cuyo *rotulus* (o *matricula*) estaban inscritos, mientras en Oxford era obligatorio asistir a una diaria (…). Esto no impedía que asistieran a las clases de otros maestros regentes»[116].

Por otro lado, la responsabilidad de los maestros regentes de mantener sus propias listas (*rotuli*, *rolls*) de estudiantes *de bona fide*, como si fuesen su propiedad personal, liberó a los rectores de las universidades del modelo parisino de la obligación de compilar sus propios registros centralizados de estudiantes durante más de trescientos años (hasta mediados del siglo XVI). Estos *rotuli* de estudiantes eran leídos públicamente por el maestro regente al comienzo de cada trimestre[117].

En algunas universidades del modelo parisino, sin embargo, al comienzo de sus estudios, los estudiantes tenían que prestar juramento público ante el Rector o Canciller de guardar los estatutos de la Universidad, no bastaba con ser aceptado por un maestro[118]. Prestar juramento era el primer acto del pro-

---

112. Alan B. COBBAN, *English University Life…*, 7.
113. Jacques LE GOFF, *Los intelectuales…*, 18.
114. Rainer Christoph SCHWINGES, «Admisión…», 198.
115. Alan B. COBBAN, *English University Life…*, 9.
116. Alan B. COBBAN, *English University Life…*, 8.
117. Alan B. COBBAN, *English University Life…*, 10.
118. Alan B. COBBAN, *English University Life…*, 10.

ceso de matriculación del estudiante. Sin el juramento, el Rector o Canciller simplemente negaba al maestro regente el permiso para matricularlo. Más allá de la relación de índole familiar entre el *magister* y sus discípulos, sólo el *iuramentum* sellaba el vínculo voluntario con la corporación universitaria, pues la Universidad no se diferenciaba de otras *universitates* y no era, en este sentido, más que un gremio más, basado en juramentos como los demás[119].

Si se mira bien, el *iuramentum* tenía una importancia capital. Para combatir el fenómeno del goliardismo y los *scholares vacantes* («estudiantes vagabundos»), desde comienzos del siglo XIII las universidades comenzaron a elaborar leyes para excluir de sus sociedades privilegiadas a los estudiantes que no estaban adscritos a un maestro regente o que no seguían un curso de estudio oficial, es decir, aquellos que no habían prestado juramento y estaban sin matricular. Por lo tanto, se hizo cada vez más difícil para aquellos que llevaban una vida errante, sin un propósito educativo serio, capitalizar los privilegios del cuerpo de *scholares* de la Universidad[120].

El acceso a los privilegios corporativos de la *universitas scholarum* implicaba unos deberes y precisamente el quién fijaba esos deberes diferenció el modelo parisino y boloñés de Universidad. La concepción de *libertas* académica de los maestros frente al poder de los estudiantes fue la que prevaleció en París y sus imitadoras. Esta concepción ha quedado perfectamente reflejada en las palabras del maestro Guillermo de Conches, quien nos dice que las escuelas de París se negaron a permitir que sus estudiantes fueran los «jueces de sus profesores», es decir que «les arrebataran el poder de imponerles las reglas de la palabra y el silencio»: *discipulos magistrorum iudices, legemque loquendi et tacendi imponentes*[121].

Con todo, en algunas de las universidades gobernadas por maestros se concedía una cierta libertad de los estudiantes para elegir el curso y profesor de su preferencia. Por ejemplo, en el París de principios del siglo XIII, según relata el maestro de teología inglés Stephen Langton, era habitual que, «siguiendo el ejemplo de los apóstoles de Cristo», los estudiantes primero asistieran, a modo de prueba, a una o dos lecciones del maestro antes de convertirse en discípulos de este[122]. También parece que a los estudiantes de Cambridge se les concedía un plazo de quince días desde su llegada para asistir libremente a

119. Rainer Christoph SCHWINGES, «Admisión…», 207.

120. Alan B. COBBAN, «Medieval Student Power…», 31, n.º 12.

121. Émile LESNE, «Les écoles de la fin du VIIIe siècle à la fin du XIIe», en *Histoire de la propriété ecclésiastique en France*, Lille, Facultés Catholiques de Lille, 1940, vol. 5, 501; Astrik L. GABRIEL, «The Cathedral Schools of Notre-Dame and the Beginning of the University of Paris», en *Garlandia. Studies in the History of the Mediaeval University*, Notre Dame, Ind., Notre Dame University Press, 1969, 57; Alan B. COBBAN, «Medieval Student Power…», 65.

122. John W. BALDWIN, *Paris, 1200…*, 177.

las clases y así poder elegir con conocimiento de causa con qué maestro querían matricularse[123].

Al igual que en Cambridge, en la Universidad de Bolonia los nuevos miembros de la Facultad de Artes y Medicina estaban facultados (Estatutos de 1405), para asistir, a modo de prueba, a clases de los maestros durante quince días, sin coste alguno, antes de comprometerse a asistir a un curso específico. Esto es, los docentes tenían que someterse a una prueba competitiva para ganar la confianza de los estudiantes, que eran quienes pagaban sus honorarios. En Bolonia, como vimos anteriormente, la enseñanza era vista como una mercancía, y resultaba lógico que los nuevos estudiantes, en tanto que clientes, testaran los cursos antes de hacer sus «compras académicas»[124].

En este sentido, resulta indicativo del balance de poder dentro de Bolonia el hecho de que, por ejemplo, un doctor boloñés que intentara esquivar en sus clases una cuestión dificultosa o que no atribuyera el mismo énfasis a todas las partes del plan de estudios incurriría en sanciones financieras por su falta de capacidad. Y si un profesor simplemente era negligente con sus obligaciones docentes, omitiendo impartir alguna de sus clases, estaba obligado a devolver parte o la totalidad de sus honorarios a los estudiantes dependiendo del grado de su negligencia. Como garantía de su conducta como docente, el maestro, al comienzo del curso, tenía que depositar una suma específica para sufragar posibles multas en un banco de la ciudad, que actuaba en nombre de los estudiantes[125].

La cosa llegaba a tal punto que Alan Cobban ha calificado el control estudiantil de los profesores impuesto por el régimen boloñés (y por sus imitadores, como la Universidad de Padua) como «casi totalitario» (*a quasi-totalitarian regime*)[126]. De hecho, algunas fuentes medievales denunciaron este régimen como una aberración contraria al orden natural, una aberración que no podía durar mucho. No en vano, al final del Medievo no quedaba ninguna universidad gobernada por estudiantes, todas ellas habían pasado a ser controladas o bien por los maestros o bien por las autoridades públicas[127].

Cobban no exagera demasiado si se tiene en cuenta que, según los estatutos de la Universidad de Bolonia del año 1254, tras llegarse a un acuerdo con el profesor al comienzo del curso sobre el material que se expondría en las clases magistrales y la forma exacta en que se distribuiría a lo largo del año, el cumplimiento estricto de este acuerdo era vigilado por una comisión electa y secreta de cuatro estudiantes en la llamada *taxatio punctorum*[128]. En efecto, el

---

123. Alan B. Cobban, *English University Life...*, 8.
124. Alan B. Cobban, *English University Life...*, 8.
125. Alan B. Cobban, «Medieval Student Power...», 41.
126. Alan B. Cobban, «Medieval Student Power...», 40.
127. Alan B. Cobban, «Medieval Student Power...», 59.
128. Javier García Martín, «El modelo boloñés...», 22.

material se dividía en una serie de secciones o *puncta,* cada una de las cuales debía completarse en el espacio de quince días. Esto significaba que el profesor debía llegar a ciertos puntos de los textos establecidos en determinadas fechas del curso. Se esperaba que los profesores se adhirieran rígidamente a los *puncta,* y el no hacerlo tenía como consecuencia fuertes multas. Luego el desempeño del profesor en sus clases era permanentemente evaluado por los estudiantes tanto sobre una base cualitativa como cuantitativa[129].

Por si esto fuera poco, se instaba a los estudiantes a denunciar ante las autoridades a los doctores que se ausentaban sin permiso o que actuaban de alguna manera contraria a los estatutos. «En este asunto de la rendición de cuentas del profesorado ante el cuerpo estudiantil –apunta Cobban–, la línea divisoria entre la vida pública y privada de un maestro no siempre podía delinearse claramente. En Bolonia, esta maquinaria de vigilancia estudiantil debe de haber invadido áreas de la vida privada que sólo estaban marginalmente relacionadas con la actividad docente del profesor»[130].

Por otro lado, si nos introducimos dentro del aula y dejamos de lado el complejo equilibrio de poder entre maestros y estudiantes, nos encontramos con otra realidad compleja y fascinante. Por ejemplo, las investigaciones de Peter Saenger han mostrado cómo la vida universitaria contribuyó decisivamente a hacer evolucionar al lector medieval, que pasó de la lectura en voz alta a la lectura visual, silenciosa[131]. En efecto, en el mundo clásico se daba un tipo de lectura en que uno leía para uno mismo, pronunciando los sonidos en voz baja articulando las sílabas. Este tipo de lectura en voz baja era conocido en latín como *ruminatio* (murmullo). En el entorno monástico de la Alta Edad Media había aparecido la llamada lectura visual y silenciosa, *in silentio,* pero era algo excepcional. Fue en el siglo XIII, en el entorno universitario, cuando se difundió fuera del claustro monástico esta lectura silenciosa[132].

En realidad, según subraya Jacqueline Hamesse, «toda la pedagogía medieval se basaba en la lectura de textos y la escolástica universitaria institucionalizó y amplificó esa práctica. Pero no cabe hablar de lectura pública en el marco de la enseñanza medieval, como sucedía en la Antigüedad (…) En la época de la que estamos hablando se trataba antes bien de la lectura explicada y comentada de una obra que formaba parte integrante de los programas escolares vigentes. Lo cual no era nada nuevo. En las escuelas medievales, las clases ya se basaban en la explicación y comentario de textos clásicos (…) La novedad residía en la reglamentación de ese ejercicio»[133].

---

129. Alan B. Cobban, «Medieval Student Power…», 41.
130. Alan B. Cobban, «Medieval Student Power…», 42.
131. Véase Peter Saenger, «La lectura…», 211-260.
132. Jacqueline Hamesse, «El modelo escolástico…», 146.
133. Jacqueline Hamesse, «El modelo escolástico…», 147.

No en vano, hasta el siglo XIII la expresión *legere* era poco utilizada en el sentido de «enseñar». Hubo, de hecho, que esperar al nacimiento de las universidades para que se generalizase el empleo del término, de donde surgió la expresión *lectio* (lección o clase en el sentido de una lectura comentada)[134], de la que es eco la actual expresión inglesa *university lecturer* (literalmente «lector», es decir profesor de universidad).

El maestro universitario, al comentar el texto, ponía primero de relieve mediante citas literales los *notabilia* (los pasajes más importantes), a continuación, pasaba a mostrar el *sensus* de cada pasaje (los matices que podía tener) y, finalmente, proporcionaba la explicación profunda y magisterial del pasaje (*sententia*)[135]. Mientras el maestro leía en voz alta el texto o hacía sus comentarios, los estudiantes seguían el texto silenciosamente con sus propias copias del libro comentado. Esto es una novedad de las universidades del siglo XIII, pues en las escuelas claustrales y catedralicias de los siglos anteriores los estudiantes no disponían de la ayuda del texto escrito. En 1259 el Convento dominico de París hizo obligatorio que los estudiantes llevasen a clase una copia del texto que se estaba comentando en las lecciones. El también parisino Colegio de Harcourt, fundado en 1280, dispuso lo mismo en sus reglamentos, y en el siglo XIV, la recién fundada Universidad de Viena también decretó la obligatoriedad de llevar el texto escrito al aula[136].

En París, en el año 1355, las autoridades de la Universidad prohibieron la lectura de la lección por el maestro, reconociendo que la excesiva lentitud de las lecciones leídas palabra por palabra, cuya finalidad era permitir que los alumnos pudiesen tomar apuntes a discreción, interfería con la necesidad de centrar la atención en el texto a fin de comprender las sutilezas de la lección magistral[137]. Sin embargo, el intento de reavivar el estilo de las lecciones al parecer no tuvo éxito, y, un siglo después, en 1454, el Cardenal Estouteville, levantó la prohibición de *legere ad pennam*, es decir, palabra por palabra[138].

Disponemos de suficientes evidencias para afirmar que la toma de apuntes en clase era una práctica general. En las facultades superiores de Teología, Derecho y Medicina era habitual dotar a los estudiantes de pupitres y bancos, pero no en la de Artes, por lo que los estudiantes de esta facultad tenían que ingeniárselas para tomar notas sin un punto de apoyo. Pero en las facultades superiores, los estudiantes desplegaban en sus pupitres las copias que habían adquirido de los textos que comentaba el maestro y glosaban los márgenes

---

134. Jacqueline HAMESSE, «El modelo escolástico...», 148.
135. Jacqueline HAMESSE, «El modelo escolástico...», 156 y 159.
136. Peter SAENGER, «La lectura...», 177.
137. Peter SAENGER, «La lectura...», 179.
138. Peter SAENGER, «La lectura...», 482, n.º 78; *Chartularium Universitatis Parisiensis*, IV, 727.

del texto mientras este hablaba. Uno de los ejemplares más antiguos de los apuntes de un estudiante universitario lo encontramos en un manuscrito de en torno al año 1200 que contiene las notas de un alumno sobre las clases en torno al *Decretum Gratiani* de los maestros John de Tynemouth y Simon de Sywell, dos maestros de derecho canónico de Oxford. De la Facultad de Teología de Oxford ha sobrevivido también un cuaderno de notas de un estudiante de principios del siglo XIII. Este manuscrito incluye sus apuntes de las clases del célebre maestro Robert Grosseteste[139].

Otro aspecto importante de la vida cotidiana de las universidades medievales fue el llamado «sistema de *pecia*». Se sabe que este sistema de distribución de «apuntes de clase» y textos académicos funcionó en al menos once de las universidades medievales. Era un método barato de producción de manuscritos que permitía hacer múltiples copias de porciones de textos, glosas, clases magistrales y cuestiones disputadas en versiones aprobadas oficialmente por las autoridades de la Universidad. Estos ejemplares, que se dividían en cuadernillos separados o *peciae*, se entregaban para su venta a los *stationarii* (libreros autorizados) de la ciudad[140].

139. Alan B. Cobban, *English University Life…*, 176.

140. Graham Pollard, «The *Pecia* System», 150; Alan B. Cobban, *English University Life…*, 51,

CRISTIANOS, MUSULMANES Y JUDÍOS EN EL REINADO DE ALFONSO X EL SABIO. ¿CONVIVENCIA, COEXISTENCIA O CONTRADICCIÓN?*

Isabel Montes Romero-Camacho
Universidad de Sevilla

Introducción

Como es sabido, son muchos los autores que han analizado la historia de las minorías confesionales de mudéjares y judíos en el reinado de Alfonso X el Sabio, entre los que debemos destacar las brillantes tesis del profesor Manuel González Jiménez, a nivel de toda la Corona de Castilla[1]. Es por ello que nosotros queremos enfocar nuestro objeto de estudio más concretamente al análisis del marco teórico y a la realidad práctica de las relaciones mutuas entre cristianos, musulmanes y judíos desde el observatorio andaluz y más concretamente sevillano, que, por razones obvias, puede servirnos como paradigma de dichas relaciones, unas veces de convivencia o, al menos, coexistencia y otras de contradicción o enfrentamiento.

---

* El presente trabajo es síntesis y actualización de otros anteriores, especialmente Isabel Montes Romero-Camacho, "Mudéjares y judíos en la Sevilla del siglo XIII", en *Sevilla 1248. Congreso Internacional Conmemorativo del 750 Aniversario de la conquista de la ciudad de Sevilla por Fernando III, rey de Castilla y León, Sevilla, 1998*, Madrid, Ayuntamiento de Sevilla-Fundación Ramón Areces, 2000, 467-498; "Las minorías étnico-religiosas: de la tolerancia a la intransigencia", en *Andalucía en la Historia. El Rey Sabio. Alfonso X y Andalucía*, 72 (2021), 24-29; "Alfonso X el Sabio y las minorías étnico-religiosas: mudéjares y judíos", en *Alfonso X, el Sabio, 1221/1252-1284: poderes, imágenes, saberes*, Sevilla, EUS, 2022, 247-266; "Alfonso X el Sabio y las minorías étnico-religiosas de Mudéjares y Judíos. El caso de Carmona", en *Actas del XII Congreso de Historia de Carmona. Alfonso X el Sabio. Ocho siglos después (1221-2021)*, Carmona (Sevilla), 29-30 de septiembre de 2022, Sevilla, EUS-Ayuntamiento de Carmona, 2024, 289-318.

1. Manuel González Jiménez, "Alfonso X y las minorías confesionales de mudéjares y judíos", en M. Rodríguez Llopis (coord.), *Alfonso X. Aportaciones de un rey castellano a la construcción de Europa*, Murcia, Consejería de Cultura y Educación, 1997, 72-90.

La conquista de Sevilla por el rey castellano-leonés Fernando III, en 1248, supuso la incorporación de la gran ciudad almohade y su enorme *alfoz* a la Corona de Castilla. Casi inmediatamente, los conquistadores comenzaron a organizar el antiguo territorio musulmán, poniendo las bases de una nueva sociedad, de acuerdo con una serie de premisas –teóricas y prácticas– propias de la sociedad cristiana occidental.

Evidentemente, la mayor parte de los repobladores sevillanos eran cristianos –siendo su procedencia fundamentalmente castellana– pero en la Sevilla recién conquistada también existieron, desde un principio, aunque en menor número, otros pobladores, que pertenecían a una raza y a una religión distintas: las minorías étnico-religiosas de mudéjares y judíos. Esta es la razón por la que, en la Sevilla del siglo XIII, hubieron de convivir –o, al menos, coexistir– tres grupos humanos diferentes: cristianos, musulmanes y hebreos.

Es cierto que esta realidad no era nueva, sino que se había producido, una y otra vez, a lo largo de todo el proceso reconquistador, por lo que formaba parte de la tradición secular hispana.

Es más, Sevilla, como en otras muchas cosas, tenía un modelo perfecto en el caso toledano, ya que, cuando, en 1085, el monarca castellano-leonés Alfonso VI conquistó este gran reino de taifa, era la primera vez que una gran ciudad musulmana se incorporaba, en todo su esplendor, a la corona de Castilla, por lo que fue en Toledo donde, por primera vez, se ensayó, con éxito, la estructuración de una nueva sociedad, donde, bajo los auspicios de la corona, los cristianos recién llegados, aún conservando su posición predominante, aprendieron a convivir con los antiguos pobladores toledanos, que permanecieron en la ciudad después de su conquista: mudéjares y judíos. Pero, cuando, en 1248, se produjo la conquista cristiana de la gran ciudad del Guadalquivir, los tiempos –y también los hombres– eran muy distintos.

En primer lugar, y como razón fundamental, porque a partir de la victoria cristiana de las Navas de Tolosa, de 1212, el poder musulmán en la Península estaba herido de muerte.

Esta realidad coincidió con un cambio profundo de la antigua actitud de la Cristiandad Occidental por lo que respecta a sus relaciones con las otras comunidades étnico-religiosas, como musulmanes y judíos. Como es sabido, dicha transformación partió de la misma Sede Apostólica y quedó expresada en el IV Concilio de Letrán, presidido por Inocencio III, en 1215. A partir de entonces, los cánones de Letrán inspiraron, paulatinamente, toda la legislación –canónica y civil– de la época y entre ella, como no podía ser menos, la castellana, culminando en el importantísimo código de la *Partidas*, promulgado, como es sabido, por Alfonso X el Sabio[2].

---

2. Salomón GRAYZEL, *The Church and the Jews in the XIIIth Century. A Study of their Relations during the Years 1198-1254, Based on the Papal Letters and the Conciliar Decrees of the*

Finalmente, el viejo ideal de Cruzada que –por lo que se refiere a Península– había alcanzado su punto culminante en la gran batalla de las Navas de Tolosa, también fue retomado por Fernando III, aunque, como ha defendido el profesor Manuel González Jiménez, quizá, fuese Alfonso X quien intentara llevarlo hasta sus últimas consecuencias, especialmente cuando estuvo a punto de convertirse –o, al menos, él así lo creyó– en el emperador cristiano de Occidente[3].

Sea como fuere, lo cierto es que, en la Castilla del siglo XIII, las antiguas minorías étnico-religiosas, empezaron a ser vistas por la mayoría cristiana como comunidades distintas, debido a que pertenecían a *otra religión* o, mejor, a *otra ley*, según la terminología de la época, situación de diversidad o alteridad que, en principio, fue tolerada, pero que, poco a poco, empezaría a ser rechazada por la sociedad cristiana[4].

Es cierto que tenemos muchos datos, al menos teóricos, para poder comprender algunas de las claves de un proceso tan complejo. Entre otros, los testimonios que nos proporcionan –para el reinado de Alfonso X– tanto las *Partidas*[5], como las *Cantigas de Santa María*[6] pero, evidentemente, resulta

---

Period, Philadelphia, Dropsie College, 1933, 310-313; Miguel Ángel Ortí Belmonte, «Glosas a la legislación sobre los judíos en las Partidas», *Boletín de la Real Academia de Córdoba*, XXVI (1955), 41-66; David Romano, «Marco jurídico de la minoría judía en la corona de Castilla de 1214 a 1350», en *Actas del II Congreso Internacional Encuentro de las Tres Culturas*. 3-6 octubre de 1983, Toledo, Ayuntamiento de Toledo, 1985, 261-291 y «Alfonso X y los judíos. Problemática y propuestas de trabajo», *Anuario de Estudios Medievales*, 15, Estudios dedicados a la memoria de D. Claudio Sánchez Albornoz, Barcelona (1985), 151-177, ambos trabajos aparecen recogidos en *De Historia Judía Hispánica*, Homenaje dedicado por la Universidad de Barcelona al Profesor David Romano Ventura, en «Collecció Homenatges», 6, Barcelona, Universidad de Barcelona, 1991, 341-371 y 373-399; José Amador de los Ríos, *Historia social, política y religiosa de los judíos de España y Portugal*, Madrid, 1875-1876, 3 vols. Reedición, Madrid, Aguilar, 1960, 201 ss. y 237 ss.; Isabel Montes Romero-Camacho, «El antijudaísmo o antisemitismo sevillano hacia la minoría hebrea», en *Los caminos del exilio. Actas de los Segundos Encuentros Judaicos de Tudela*, 7, 8 y 9 de noviembre de 1995, Pamplona, Gobierno de Navarra, 1996, 73-157; Manuel González Jiménez, «Alfonso X y las minorías …», 72-90.

3. Manuel González Jiménez, «La idea de cruzada en la España medieval: las cruzadas de Alfonso X», en *El Mediterráneo: hechos de relevancia histórico-militar y sus repercusiones en España. Actas de las V Jornadas Nacionales de Historia Militar, Sevilla, 9-12 de mayo de 1995*, Sevilla, Cátedra General Castaños-Universidad de Sevilla, 1996, 171-186.

4. Eloy Benito Ruano, *De la alteridad en la Historia*. Discurso de ingreso en la Real Academia de la Historia, Madrid, Real Academia de la Historia, 1988; Emilio Mitre Fernández, *Los judíos de Castilla en tiempos de Enrique III. El pogrom de 1391*, Valladolid, Universidad de Valladolid, 1994.

5. Miguel Ángel Ortí Belmonte, «Glosas a la legislación…», 41-66; Albert I. Bagby Jr., «Alfonso X el Sabio compara moros y judíos», *Romanische Forschungen*, 82 (1970), 578-583; Dwayne Carpenter, «Alfonso X y los moros. Algunas precisiones legales, históricas y textuales con respecto a las *Siete Partidas* 7.25», *Al-Qantara*, VII (1986), 29-252.

6. Albert I. Bagby Jr., «The Jews in the Cantigas of Alfonso el Sabio», *Speculum*, 46 (1971), 670-688; Jesús Montoya, «Judíos y moros en las Cantigas de Santa María», *Revista de Historia*

bastante más difícil trazar un cuadro, aunque sea aproximado, de la aplicación práctica de estos principios, como hemos intentado hacerlo para la sociedad sevillana, surgida de la conquista cristiana de 1248.

1. LOS MUDÉJARES EN EL REINADO DE ALFONSO X

La toma de Sevilla, en 1248, supuso la culminación de un brillante período de conquistas cristianas que, aunque tuvo su origen en 1212, con la gran victoria de las Navas de Tolosa sobre el poder almohade, no dio comienzo, de forma sistemática, hasta 1224. A partir de entonces, las tropas castellanas, acaudilladas por Fernando III, fueron conquistando para la corona de Castilla los territorios musulmanes del valle del Guadalquivir, con la caída en su poder de los antiguos reinos de Jaén, Córdoba y Sevilla. Sin embargo, la ocupación de todo este enorme territorio no siempre se hizo de la misma manera. Así, mientras algunos importantes núcleos de población fueron tomados por las armas, «asalto», según la definición de Julio González, o capitularon después de un largo asedio, por parte de las tropas castellanas, otras localidades, las más, fueron entregadas por sus caudillos musulmanes al rey de Castilla, a cambio de ciertas compensaciones, o, sobre todo, firmaron con los cristianos «pactos» o «pleitesías», por los cuales, aunque se sometían al señorío del rey castellano, podían seguir viviendo en su antiguo territorio, en unas condiciones bastante favorables[7].

Serían, pues, estas dos grandes formas de enfrentamiento entre cristianos y musulmanes, violentas y pacíficas, las que marcarían el nacimiento del mudejarismo andaluz en el siglo XIII y así tendremos ocasión de comprobarlo en el caso sevillano.

Todo parece indicar que la primera intención de Fernando III, con respecto al territorio sevillano, era ofrecerle la posibilidad de un pacto, o, como se llamaba en la época, un «pleito» o «pleitesía», como lo demuestra el hecho de que, en el mismo cerco de Sevilla, durante los meses de enero y febrero de 1248, prometiera a diversas órdenes militares, como la de Alcántara, Santiago,

---

del Derecho, 1 (1980), 69-90; Vikky HATTON y Angus MACKAY, «Anti-Semitism in the Cantigas de Santa María», Bulletin of Hispanic Studies, 61 (1983), 189-199; Mercedes GARCÍA ARENAL, «Los moros en las Cantigas de Alfonso X el Sabio», Al-Qantara, VI (1985), 135-151.

7. La conquista de la Andalucía Bética está perfectamente documentada. Entre los principales trabajos al respecto, citaremos los de uno de los grandes especialistas en el tema: Julio GONZÁLEZ, «Las conquistas de Fernando III en Andalucía», Hispania, 25 (1946), 515-631; Repartimiento de Sevilla, I, Madrid, CSIC, 1951, 158-187; Reinado y Diplomas de Fernando III, I, Córdoba, Monte de Piedad y Caja de Ahorros, 1980, 287-394. Una síntesis y puesta al día de todo el proceso, en Manuel GONZÁLEZ JIMÉNEZ, En torno a los orígenes de Andalucía, Sevilla, Universidad de Sevilla, 1988 (2.ª ed.), 17-29.

la portuguesa de Avís, o San Juan, en premio a los servicios prestados en el sitio de la ciudad, bien una participación anual en las rentas de Sevilla, en caso de que sólo se ganase el alcázar, las fortalezas y el señorío de la ciudad, con permanencia de sus habitantes musulmanes, bien una heredad, de renta equivalente, en el territorio de la ciudad y casas en ella, si se conquistase con expulsión de los moros[8].

Sin embargo, los buenos deseos del rey castellano, por lo que se refiere a la ciudad, no pudieron cumplirse, ya que, como es sabido, Sevilla opuso una tenaz resistencia al duro y largo asedio castellano, capitulando, finalmente, el 23 de noviembre de 1248. A partir de ese día, San Fernando dio un plazo a los habitantes de la ciudad para que, los que quisieran, pudieran abandonarla de forma pacífica y, según parece, fueron muchos los que lo hicieron, según confirman numerosos testimonios de la época.

Así la *Crónica General* recoge, como una de las principales premisas de la capitulación, que los moros *vaziasen la villa et ge la dexauan libre et quita*[9], mientras que un autor anónimo musulmán nos dice que *salieron de ella nobles y plebeyos*[10] y Al-Himyari refiere, con manifiesta exageración, que la ciudad se vació en menos de tres días[11]. Igualmente excesivas son, al parecer, las cifras que se proponen para calcular el número de musulmanes que vivían en la ciudad, llegando hasta 400.000, por más que se advierte que la Sevilla almohade había acogido a un buen número de andalusíes que huían de los territorios previamente conquistados por los cristianos. De estos 400.000, aproximadamente la cuarta parte, unos 100.000, habrían salido por el Guadalquivir, con destino a su exilio más o menos definitivo en el Norte de África o en el reino de Granada, pero la mayoría habían preferido refugiarse en las tierras al sur del Guadalquivir, sobre todo en la comarca del Guadalete, todavía dominada por el poder musulmán, a la espera, tal vez, de tiempos más favorables, en que pudieran recobrar sus antiguas propiedades[12].

Sea como fuere, lo cierto es que, tanto las fuentes cristianas como musulmanas, coinciden en afirmar que, la mayor parte de las grandes ciudades y villas de al-Andalus, una vez conquistadas, fueron abandonadas por su población islámica, fenómeno definido por los textos musulmanes como la *gran emigración*, siguiendo, de esta manera la recomendación tanto de sus *alfaquíes*, como

8. Julio GONZÁLEZ, *Repartimiento de Sevilla...*, II, 297-298, los documentos están fechados entre el 5 de enero y el 25 de febrero de 1248.

9. *Primera Crónica General*, ed. R. Menéndez Pidal, II, Madrid, Real Academia de la Historia, 1955, núm. 1123, 766-767.

10. *Anónimo de Madrid*, traducción de A. Huici Miranda, 190-191, citado por Julio GONZÁLEZ, *Repartimiento de Sevilla...*, I, 308.

11. AL-HIMYARI, *Kitab ar-Rawd al-Mi'tar*, traducido por M.ª P. Maestro González, Valencia, Ed. (s.n.), 1963, 53-54.

12. Julio GONZÁLEZ, *Repartimiento de Sevilla...*, I, 308-310.

de los poderes públicos musulmanes –peninsulares y norteafricanos– que les incitaban a abandonar la Andalucía cristiana, conocida como la «Casa de la Guerra» (*Dar al-Harb*) y marchar a países musulmanes, es decir a la «Casa del Islam» (*Dar al-Islam*). En teoría, esto pudo ser lo que ocurrió en Sevilla, según parecen demostrar, además de las fuentes narrativas, la documentación contemporánea. En primer lugar, Alfonso X, según le reconocía la legislación de la época (*Partidas*), dispuso de las mezquitas sevillanas, que, el 5 de agosto de 1252, en Sevilla, donó a la Iglesia hispalense, a excepción de las tres que estaban en la Judería y que fueron cedidas a los judíos sevillanos para que levantasen en ellas sus sinagogas[13]. De la misma manera, también en Sevilla, el 12 de junio de 1253 –cuando, desde 1251 a mayo de 1253, Alfonso X había procedido al *Repartimiento de Sevilla*– el monarca otorgó al concejo de Sevilla y a sus pobladores *todas las casas que estaban yermas de los moros*, para que fueran repartidas por collaciones[14].

Sin embargo, esta salida de musulmanes no debió ser tan masiva, como pretenden los testimonios contemporáneos, sino que, por el contrario, fueron muchos los que permanecieron en Andalucía, en condición de sometidos al poder cristiano, por lo que recibieron el expresivo nombre de *mudajjan* («el que se queda») de donde derivaría la forma castellana de *mudéjar*.

Así, algunas importantes ciudades andaluzas, caso de Sevilla, como también demuestra la documentación de la época, contaron con su propia aljama mudéjar, perfectamente organizada, a los pocos años de haberse producido la reconquista cristiana. En cuanto a la procedencia de los pobladores de esta primitiva aljama mudéjar de Sevilla, es posible que no sólo fuese sevillana, sino que algunos hubieran llegado, acompañando a los conquistadores cristianos, de otros lugares de Andalucía, previamente conquistados, como Baeza, según se deduce del nombre de su primer *alcayat* o alcalde de la aljama mudéjar sevillana: Abd-el-Haŷŷ el Baecí, e incluso de tierras más alejadas, como el reino de Toledo. Ésta pudo ser la razón por la que sólo algunos de sus más importantes miembros, la mayor parte de ellos alfaquíes y maestres al servicio de la Corona, por lo que se les llama en los textos con el expresivo nombre de *moros del*

---

13. Archivo Catedral de Sevilla (en adelante ACS), Sección IX: Fondo Histórico General, legajo (l.) 4, núm. (n.) 36/1 (signatura (sign.) antigua (ant.) 1-7-74), editado por Manuel GONZÁLEZ JIMÉNEZ, *Diplomatario andaluz de Alfonso X*, Sevilla, El Monte, 1991, doc. n.º 4:... *Et do más a la Eglesia de Seuilla, por ruego de don Felipe, mío ermano, electo desse mismo lugar, todas las mezquitas que son en Seuilla, quantas fueron en tiempo de moros, que las aya libres et quitas pora siempre por iuro de heredat, fueras tres mezquitas que son agora sinogas de los judíos.*

14. A excepción de las que ya había cedido previamente a infantes, ricoshombres, órdenes militares, monasterios, caballeros y otras diversas personas. (Diego ORTIZ DE ZÚÑIGA, *Anales de Sevilla*, Sevilla, Ediciones Guadalquivir,1988, 1, año 1253, cap. 19, 186-188, extractó el documento, ya que no se conservaba su original, todo lo cual queda recogido en Manuel GONZÁLEZ JIMÉNEZ, *Diplomatario andaluz de Alfonso X...*, doc. n.º 38).

rey, recibieran *donadíos menores* en el *Repartimiento de Sevilla*, concretamente en la alquería de Galuchena, muy próxima a la ciudad[15].

Por estas mismas fechas, tenemos noticias de que ya había mudéjares sevillanos, incluso uno de sus alfaquíes, viviendo en la collación de San Pedro, concretamente en el barrio llamado del *Adarvejo*, donde, al parecer, estuvo situada la más antigua morería de Sevilla[16].

En cuanto a sus lugares de culto, los antiguos historiadores sevillanos suponen que la comunidad mudéjar de Sevilla pudo conservar, hasta bien entrado el siglo XIV, la gran mezquita de la Sevilla abbadí, situada en la collación de El Salvador[17] y también es posible que, muy pronto, consiguieran tener otra en el *Adarvejo* de la collación de San Pedro, donde, como hemos dicho, se concentraba, al parecer, la mayor parte de la comunidad mudéjar sevillana.

De la misma manera, parece ser que, desde muy pronto, los mudéjares sevillanos tuvieron su propio cementerio, extramuros de la ciudad, conocido como el *Osario de los moros*, que daría nombre a la antigua puerta de la muralla de Sevilla, llamada en época almohade *Bib Alfar*[18]. Según parece, en la situación de este cementerio, coinciden algunas notas características, una de ellas

---

15. Julio GONZÁLEZ, *Repartimiento de Sevilla...*, I, 281 y II, 98-99: *Alfonso X, en el Repartimiento de Sevilla, concede donadíos menores a algunos mudéjares sevillanos, alfaquíes y otros miembros de la aljama sevillana, posiblemente maestres al servicio del rey, en la alquería de Galuchena, muy próxima a la ciudad (hacia 1252).* (Ver documento 1 del apéndice documental).

16. Manuel GONZÁLEZ JIMÉNEZ, *Diplomatario andaluz de Alfonso X...*, doc. n.º 84: el 10 de diciembre de 1253, en Sevilla, Alfonso X concedía a Sancho Sánchez de Mazuelo, unas casas en la collación de San Pedro que, entre otros linderos, tenía,... *de parte de las espaldas, las casas de Mahomat, el trompero, e el alfaquí, alcalde de los moros; e de parte de suso, las cassas de Mahomat, el aluardero...*

17. Diego ORTIZ DE ZÚÑIGA, *Anales de Sevilla...*, 1, año 1261, cap. 9, 245-246:... *A todos* (los templos parroquiales de Sevilla) *precedió el de San Salvador por su autoridad de Iglesia Colegial, que no dudo haber tenido desde su erección fundada en la segunda Mezquita de los Moros, en que permaneció hasta el año 1670, en que su ancianidad amenazando ruina obligó á derribarla para la nueva suntuosa fábrica, que vemos crecer apoyada de la piedad Sevillana; y hay una vaga opinión de que quedó á los Moros esta Mezquita hasta el tiempo del Arzobispo que llama Don Fernando Tello (1304-1323), que se la quitó, y trasladó á ella la de San Salvador, que ántes ocupaba otro sitio, que es del todo incierto, y verdad solo indubitable que siempre estuvo en ella... En esta Mezquita ó junto á ella tenian los Moros sus célebres escuelas; noticia que se apoya con el contenido de una piedra, que en idioma Árabe se ve en su torre, que traducida al castellano por Sergio, Sacerdote Maronita, puso en sus Antigüedades de Sevilla el Doctor Rodrigo Caro, que dice así: «En el nombre de Dios poderoso, las alabanzas de Dios sobre Mahomad y sobre sus discípulos. Salud sobre ellos por la salud de Dios, en quien confío, y en Mahomad, mi amparo: este es el estudio del Señor Marvan, que Dios nos dé su gracia: quien entrare en su Templo y Capilla, y rezare quarenta y siete veces, le perdonará Dios sus pecados y rueguen por quien lo hizo, que lo tenga Dios en su mano».*

18. Ver planos: *Juderías y morerías de Sevilla*, según Antonio COLLANTES DE TERÁN, *Sevilla en la Baja Edad Media*, Sevilla, Ayuntamiento de Sevilla, 1984, 92 y *Esquema del espacio urbano de Sevilla*, según Miguel Ángel LADERO QUESADA, *Historia de Sevilla. La ciudad medieval. (1248-1492)*, Sevilla, Universidad de Sevilla, 1989.

puede ser su proximidad a la collación de San Pedro, donde, al parecer, estuvo ubicada la primera morería sevillana, otra, quizá la más importante, el tratarse de un espacio que, en época almohade, ya estaba dedicado a funciones relacionadas con el culto funerario, pues la documentación, de los primeros años de la conquista, nos menciona la presencia en sus alrededores de mezquitas, generalmente de fundaciones particulares, y enterramientos. Así pues, también en este aspecto, como en muchos otros, puede observarse una primera continuidad, por lo que se refiere a los mudéjares, entre las realidades de la Sevilla musulmana y la Sevilla cristiana[19].

Sin embargo, durante la primera etapa de su historia, al menos hasta que estalló la revuelta mudéjar de 1264, la mayor parte de los mudéjares sevillanos, al igual que ocurría en el resto de Andalucía, vivía en núcleos rurales. En primer lugar, porque la mayoría de ellos se integraron en la Corona de Castilla de forma pacífica, mediante la firma de pactos, «pleitos» o «pleitesías», lo que les permitió poder seguir viviendo en sus localidades de origen, y, en segundo lugar, lo que, tal vez, era más importante, porque el proceso de repoblación del territorio andaluz fue mucho más lento y difícil que el de las ciudades, debido a la escasez del contingente demográfico cristiano y a que muchos de los repobladores preferían vivir en las ciudades, que debían garantizar el dominio militar y la administración de la región. Esta realidad queda perfectamente confirmada por el hecho de que el Reino de Sevilla contase con unas veinte aljamas rurales, antes de la revuelta mudéjar de 1264[20].

Esta es la razón por la que casi todas estas aljamas rurales procedían de la misma conquista y repoblación de la localidad y son innumerables los testimonios en los que el rey, bien directamente cuando se trataba de núcleos de realengo, o indirectamente, si habían sido cedidos en señorío, garantizaba no sólo

---

19. Manuel GONZÁLEZ JIMÉNEZ, *Diplomatario andaluz de Alfonso X...*, doc. n.º 33: el 6 de junio de 1253, en Sevilla, Alfonso X otorgaba al monasterio de Santo Domingo de Silos: *un solar pora casas a la puerta de Carmona, e á por linderos, de la una parte la carrera que ua a Carmona; de la otra parte, la carrera que ua por somo del prado fasta la mezquita que está en somo del oteruelo, e assí como atrauiessa por medio de la Laguna e lega sobre la fuessa de Avdalla, fi de Almoçore, un estadal, e sale derechamientre alla carrera de Carmona; e de la otra parte, la carrera sobredicha que lega a la Quadra del Poço*. Julio GONZALEZ, *Repartimiento de Sevilla...*, II, 38: el 20 de marzo de 1299, el monasterio de las Huelgas de Burgos vendía una huerta, situada en Sevilla, cerca de la Puerta de Carmona, que tenía por linderos la muralla de la ciudad, desde dicha puerta hasta la del *Osario*, el camino que discurría entre la misma y el Tagarete y la carrera que iba entre la huerta y el monasterio de San Agustín...

20. Manuel GONZÁLEZ JIMÉNEZ, «Fiscalidad regia y señorial entre los mudéjares andaluces (siglos XIII-XV)», en *Actas del V Simposio Internacional de Mudejarismo*, Teruel, Instituto de Estudios Turolenses, 1992, 225-226: Eran, además de Sevilla, La Algaba, Marchena, Carmona, Écija, Morón-Silibar, Alcalá de Guadaíra, Constantina, Matrera, Bornos, Osuna, Niebla, Gibraleón, Huelva y Saltés, Lebrija, Cazalla, Chist, Sanlúcar la Mayor, Guillena y Alcalá del Río. (Ver mapa de las *Aljamas mudéjares andaluzas anteriores a la revuelta de 1264*).

su seguridad, sino también el riguroso cumplimiento de los pactos establecidos con la corona. Entre las numerosas noticias que nos han llegado, acerca de estas aljamas rurales, destacaremos las que se refieren a las situadas en la Campiña sevillana, donde algunas de ellas estaban tan próximas a Sevilla como Alcalá de Guadaíra, tomada mediante pacto en 1246, repoblada por primera vez en 1253[21] y definitivamente en 1280 o Carmona, conquistada en 1247[22].

Sin embargo, los datos que nos pueden resultar más interesantes son los relativos a las comunidades mudéjares rurales de esta primera época, que también se encontraban en la Campiña, pero mucho más cerca de tierra de moros, al sureste de Sevilla, donde, con el tiempo, se establecería la frontera entre cristianos y musulmanes. Entre ellas mencionaremos la muy antigua de Chist, señorío del infante don Enrique, hijo de Fernando III, que, en 1249, cedió a la orden de Calatrava[23].

Pero, tal vez, este fenómeno se constate en toda su magnitud en las tierras de realengo, como las concedidas por término a la ciudad de Sevilla. Así, el 8 de diciembre de 1253, en Sevilla, Alfonso X delimitó el término de Sevilla en esta comarca de la Campiña que, aunque, como veremos, después sufriría algunas modificaciones, englobaría Morón, Cote, Cazalla y Osuna, Lebrija y las dos islas de Captiel y Captor, obligando al concejo a respetar *lo que los moros tienen segund los pleytos que auíen con el mio padre e que an conmigo*[24].

Más adelante, el 17 de junio de 1255, en Palencia, Alfonso X cedería al concejo de Sevilla los heredamientos que pertenecían al almacén del rey *e no son de los moros*, para que se repartieran al pueblo de Sevilla, así como los almojarifazgos y demás tributos que les eran propios, en Alcalá de Guadaíra, Morón y Cazalla, a excepción de la moneda real y del diezmo eclesiástico, para que la ciudad mantuviese la tenencia y la guarda de los castillos que habían

21. ACS, Sección IX: Fondo Histórico General, l. 114, n.º 20 (sign. ant. 37-1-14/7), editado por Manuel González Jiménez, *Diplomatario andaluz de Alfonso X...*, doc. n.º 96: el 23 de diciembre de 1253, en Sevilla, Alfonso X concedía a Garcí Martínez, ayo de su hermana, la infanta doña Leonor, unos molinos en Alcalá de Guadaíra, situados junto al que fue de Hamet aben Paxat, *alcayat que fue de los moros que fincaron en Alcalá de Guadayra*.

22. Isabel Montes Romero-Camacho, «Moros y judíos en Carmona. Vida y tragedia de unas minorías», en *Actas del I Congreso de Historia de Carmona. Edad Media*, Carmona (Sevilla), 22-25 de septiembre de 1997, Sevilla, Diputación Provincial, 1998, 499-538 y «Alfonso X el Sabio y las minorías étnico-religiosas...», 289-318.

23. Julio González, *Repartimiento de Sevilla...*, II, 299: el 10 de mayo de 1249, en Sevilla, el infante don Enrique, con autorización de su padre, concedió a la Orden de Calatrava la alquería de Siste, situada entre Espera y Alaquaz, con los términos que había tenido en tiempo del Miramamolín y con la condición de *que tengades sos fueros derechamiente a los moros de esta alcaria sobre dicha, assi como gelos yo tenía*.

24. Archivo Municipal de Sevilla (AMS), Sección 1.ª, carpeta 1.ª, n.º 6, editado por Manuel González Jiménez, *Diplomatario andaluz de Alfonso X...*, doc. n.º 81.

sido dados por término a Sevilla[25], merced que, el 7 de octubre de 1257, en Burgos, el monarca ampliaría a Lebrija, villa y castillo concedida a Sevilla por su aldea y por su término[26].

Pero, cuando el peligro en la frontera se hizo más evidente, Alfonso X, ante la impotencia demostrada por el concejo de Sevilla para hacer frente a sus obligaciones militares, decidió conceder a muchos de estos núcleos en señorío, dejando siempre a salvo el pacto establecido con la comunidad mudéjar del lugar, que el nuevo señor estaba obligado a respetar. Así, Alcalá de Guadaíra fue dada a la Iglesia de Sevilla, el 13 de septiembre de 1258, en Segovia[27].

Entre todas estas aljamas rurales de la Campiña sevillana, tal vez, el caso mejor documentado sea el de la comunidad mudéjar de Morón, de la que conservamos la carta del pleito firmada entre Abén Çabah, alcayde de los moros de Morón y Gonzalo Vicente, alcalde del rey y de Sevilla, el 25 de noviembre de 1254, en Morón[28]. Como contrapartida, el alcayde y, al menos, diez de sus parientes, recibieron casas y heredamientos en Morón[29].

Pero, toda esta supuesta magnanimidad regia no pudo evitar que fueran muchos los mudéjares de estas mismas aljamas rurales, situadas en el término de Sevilla, que quisieran marcharse, según se deduce del permiso concedido por Alfonso X a los vecinos de Sevilla y su *tierra*, el 28 de marzo de 1254, en

---

25. AMS, Tumbo de Privilegios, n.º 10, publicado por Manuel GONZÁLEZ JIMÉNEZ, *Diplomatario andaluz de Alfonso X...*, doc. n.º 153:... *Et mando a los christianos e a los moros destos logares sobredichos, que recudan con todos míos derechos que yo y he e deuo aver a los de Seuilla, assí como esta mi carta dize.*

26. AMS, Secc. 1.ª, carp. 1.ª, n.º 14, publicado por Manuel GONZÁLEZ JIMÉNEZ. *Diplomatario andaluz de Alfonso X...*, doc. n.º 199:... *Et ellos que guarden e que tengan a los moros que hy son moradores e serán daquí adelantre, pora siempre iamás, a los pleytos que an connusco en todas cosas.*

27. ACS, Sección IX: Fondo Histórico General, l. 3, n.º 53 (sig. ant. 1-6-41), publicado por Manuel GONZÁLEZ JIMÉNEZ, *Diplomatario andaluz de Alfonso X...*, doc. n.º 212:... *E otrossí, a los moros que hy fueren moradores, que los tengan e los guarden en sus pleytos que an connusco, assi como dizen las cartas que de nos tienen.*

28. Este acuerdo ha sido propuesto, por el profesor Manuel González Jiménez, como modelo de los tratados de «pleitos» o «pleitesías» establecidos entre los mudéjares andaluces y la monarquía castellana. Entre sus diferentes cláusulas se brinda a los mudéjares la posibilidad de continuar viviendo en sus tierras, su libertad personal, poder practicar libremente su religión, mantener sus propiedades, así como seguir disfrutando del mismo régimen judicial y fiscal de tiempos anteriores, exigiéndoseles sólo a cambio, como es lógico, el reconocimiento del señorío real y la entrega de sus fortalezas. El texto del pleito está incluido en la confirmación de Alfonso X, fechada en Sahagún, el 3 de abril de 1255, que recoge el pacto del 25 de noviembre en Morón, entre *Çabah, fijo de Hamet abén Çabah, alcayd de los moros de Morón, adelantado de los vieios et de la aliama e de todo so pueblo... con Gonçaluo Viceynte, alcalde de nuestro sennor don Alfonso...* (Manuel GONZÁLEZ JIMÉNEZ, *Diplomatario andaluz de Alfonso X...*, doc. n.º 147).

29. El 24 de mayo de 1254, en Uclés, Alfonso X confirmaba las casas y heredamientos dados en su nombre por Gonzalo Vicente, alcalde del rey en Sevilla, a Çabay, alcayde de Morón y a diez de sus parientes (Manuel GONZÁLEZ JIMÉNEZ, *Diplomatario andaluz de Alfonso X...*, doc. n.º 139).

Toledo, para que pudieran comprar heredades a los moros, siempre que éstos las vendieran voluntariamente[30].

Sin embargo, también había algunos moros sevillanos que tenían posibilidad de comprar heredades y casas a cristianos, por lo que, el 9 de julio de 1255, en Valladolid, Alfonso X ordenaba que moros y judíos pagasen a la Iglesia de Sevilla el *diezmo* de todas las heredades compradas a cristianos en todo el arzobispado de Sevilla, como estaban obligado a hacerlo sus antiguos propietarios cristianos y si, en lugar de comprarlas, las arrendasen, entonces el propietario cristiano debería pagar de la renta recibida, su diezmo correspondiente. Igualmente, si judíos o moros tuvieren alguna casa de cristianos, también pagarían a la Iglesia el derecho que hubiera pagado el cristiano que las disfrutase[31].

Todavía, la comunidad mudéjar sevillana debía ser importante, ya que cuando, el 24 de febrero de 1258, en Toledo, Alfonso X cedió a la catedral de Sevilla, el diezmo del aceite y de los higos de todos los lugares de su término, así como el diezmo de los frutos de todos los donadíos otorgados por el rey en Sevilla, Carmona y Arcos, con todos sus términos, y el diezmo de Matrera, reservó para el almojarifazgo real el rico diezmo del aceite e higos del Aljarafe sevillano y el diezmo de los moros[32].

Desde luego, fue durante estos primeros años de la repoblación del reino de Sevilla, que precedieron a la revuelta mudéjar de 1264, cuando Alfonso X dio mayores pruebas de su maurofilia, demostrada, sobre todo, hacia importantes personajes mudéjares, que vivieron en la Sevilla recién conquistada, así como hacia intelectuales y científicos musulmanes que el Rey Sabio consiguió atraer hacia su corte sevillana.

---

30. AMS, Secc. 1.ª, carp. 1.ª, n.º 9, publicado por Manuel GONZÁLEZ JIMÉNEZ, *Diplomatario andaluz de Alfonso X…*, doc. n.º 126:… *Con grant sabor que he de fazer bien e mercet ‹al conçejo› de la noble cibdat de Seuilla, doles e otórgoles que todo vezino de Seuilla o de su término que ayan poder de comprar heredades de ‹los moros› que moran en las villas e en los castiellos que les yo di por término con mis cartas plomadas, todauía uendiéndogelo el moro ‹cuyo fuere a su plazer›. Et mando que la compra que se fiziere desta guisa, que uala pora siempre.*

31. ACS, Sección IX: Fondo Histórico General, l. 5, n.º 48 (sign. ant. 1-7-169), publicado por Manuel GONZÁLEZ JIMÉNEZ, *Diplomatario andaluz de Alfonso X…*, doc. n.º 158:… *que todos los iudíos e moros que compraren heredades de christianos daquí adelante en todo el arçobispado de Seuilla que den el diezmo complidamente a la Eglesia, assí como lo auían a dar los christianos si lo touiessen. E de las heredades todas que arrendaren de los christianos, que den los sennores de las heredades el diezmo a la Eglesia del arrendamiento que leuaren.*

Et otrossí, si judíos e moros algunas casas ouieren de los christianos daquí adelante, que den aquel derecho que daríen los christianos por las casas si las touiessen.

Et si los judíos compraren algunas casas fuera del barrio que solíen dar algún derecho a la Eglesia, que lo den assí como solíen dar por las casas los christianos que las auíen.

32. ACS, Sección IX: Fondo Histórico General, l. 4, n.º 39 (sign. ant. 1-7-80), publicado por Manuel GONZÁLEZ JIMÉNEZ, *Diplomatario andaluz de Alfonso X…*, doc. n.º 219.

Sus primitivas buenas relaciones con miembros destacados de la nobleza andalusí sevillana se comprueban, por ejemplo, con el trato dado al todavía rey de Niebla Ibn Mahfot, convertido en vasallo del rey de Castilla, condición por la que aparece como confirmante en los privilegios reales entre 1253 y 1261[33]. Y lo mismo puede decirse del hijo del rey de Baeza[34], esta vez con más motivo, pues, al parecer, se convirtió al cristianismo, siendo conocido como el infante Fernando Abdelmón[35], de quien sabemos que, en 1253, tenía unas casas en la collación de Santiago de Sevilla[36].

Pero, más que en casos particulares, la maurofilia que el Rey Sabio mostró hacia los musulmanes se evidencia, sobre todo, en la alta consideración en que don Alfonso tenía a los sabios islámicos, a quienes atrajo a Sevilla, con el fin de hacer de la ciudad unos de los principales focos culturales de su tiempo. Así, el 28 de diciembre de 1254, en Burgos, el monarca concedía a Sevilla *Estudios y Escuelas Generales de Latín y Árabe*[37]. Tal vez, algunos de estos intelectuales procedían del Norte de África y se habían convertido al cristianismo, como pudo ser el caso de maestro Martín Marroquí, que, en 1255, vivía en la collación de Santa María[38]. Esta misma preocupación queda ratificada cuando, el 25 de agosto de 1260, Alfonso X solicitó al arzobispo y cabildo hispalenses que le cedieran una de las mezquitas, que previamente les había donado, para que pudiesen vivir en ella los físicos musulmanes, que había hecho venir a Sevilla. Con este fin, la Iglesia de Sevilla se desprendió de la mezquita de los Ossos o de los Huesos, situada en la collación de Santa María, muy próxima a la catedral[39]. Dentro de este mismo contexto debe verse la donación que, el 24 de

---

33. Manuel GONZÁLEZ JIMÉNEZ, *Diplomatario andaluz de Alfonso X…*, 605, en numerosos documentos, ver en el índice de personas la voz Aben Mafoth ó Mafon, rey de Niebla.

34. Este rey de Baeza era Abdallah ben Muhammad El Bayasí, hermano del sultán de Marraquex, que, desde los inicios de las campañas cristianas en el valle del Guadalquivir, había sido aliado de Fernando III, quien le había apoyado, en sus pretensiones independentistas, contra su hermano Idris Almansur Abu-l-Ula, gobernador de Sevilla. Una vez muerto El Bayasí, tras su fallido ataque a Sevilla, en 1226, Fernando III procedió a la toma de Baeza (Manuel GONZÁLEZ JIMÉNEZ, *En torno a los orígenes de Andalucía…*, 17-20).

35. ANTONIO BALLLESTEROS BERETTA, *Sevilla en el siglo XIII*, Madrid, 1913, 101.

36. AMS, Secc. 1.ª, carp. 1, n.º 1, el documento, fechado en Sevilla, el 3 de mayo de 1253, ha sido publicado por Manuel GONZÁLEZ JIMÉNEZ, *Diplomatario andaluz de Alfonso X…*, doc. n.º 21.

37. ACS, Sección IX: Fondo Histórico General, l. 4, n.º 10 (sign. ant. 1-6-49), publicado por Manuel GONZÁLEZ JIMÉNEZ, *Diplomatario andaluz de Alfonso X…*, doc. n.º 142. (Ver documento 2 del apéndice documental).

38. ACS, Sección IX: Fondo Histórico General, l. 101, n.º 26 (sign. ant. 31-2-65), el documento fechado en Valladolid, el 19 de agosto de 1255, ha sido publicado por Manuel GONZÁLEZ JIMÉNEZ, *Diplomatario andaluz de Alfonso X…*, doc. n.º 159.

39. Noticia dada por Diego ORTIZ DE ZÚÑIGA, *Anales de Sevilla*, 1, año 1260, cap. 4, 234-235, que, al parecer, vio el documento en el Archivo de la Catedral de Sevilla, regestado por Manuel GONZÁLEZ JIMÉNEZ, *Diplomatario andaluz de Alfonso X…*, doc. n.º 232: La mezquita se utilizaría *para morada de los físicos que vinieron de allende, e para tenerlos más cerca, e que en*

agosto de 1261, en Sevilla, Alfonso X hizo a los genoveses, establecidos en la ciudad, de la mezquita, situada en la plaza de San Francisco, cerca de su barrio, que había sido de Domingo Balbastro, hombre del rey, para que hicieran en ella *palazo en ella en que se alleguen a librar sos pleytos*[40].

Sin embargo, a pesar de esta demostrada maurofilia, en el ánimo de Alfonso X, según parece, siempre estuvo proseguir la guerra contra los musulmanes, en principio, tal vez, como rey castellano, para continuar y, a ser posible, culminar la Reconquista, a lo que vendría a unirse, especialmente tras su designación como *rey de romanos*, en marzo de 1256, que abría sus aspiraciones a la corona imperial, la puesta en práctica del ideal de Cruzada, que el Rey Sabio plasmaría en su fracasada Cruzada de Africa[41].

De esta manera, muy pronto, el primitivo proyecto fernandino –propio de la extraordinaria magnanimidad del gran rey castellano-leonés– de una Andalucía en la que convivieran, sin ningún tipo de problemas, vencedores y vencidos, los cristianos en las ciudades y villas y los mudéjares en el campo, habría de resultar una utopía.

Así lo demostró la nueva política, llena de ambigüedades, puesta en práctica por su hijo y sucesor Alfonso X, con respecto a los mudéjares, ya que si, por una parte, era conocida su maurofilia cultural, por otra emprendió una nueva y dura ofensiva contra los musulmanes andaluces, que culminó en 1262, cuando tomó por las armas el reino mudéjar de Niebla y Écija fue *vaziada de moros*.

Pero, veamos, en síntesis, cuáles fueron los principales hitos de este complejo y transcendental proceso.

Ya desde septiembre de 1256, Alfonso X se preparaba en Sevilla para la guerra[42]. Esta misma situación de paz armada se observaba a las mismas puertas de Sevilla, constantemente amenazada por las incursiones musulmanas[43].

---

ella fagan la su enseñanza a los que les avemos mandado que nos los enseñen con el su gran saber, ca para eso los avemos ende traído.

40. Archivo Segreto de Génova, Cod. A, f. 282, Cod. C, f. 448. Manuel GONZÁLEZ JIMÉNEZ, *Diplomatario andaluz de Alfonso X...*, doc. n.º 251.

41. Manuel GONZÁLEZ JIMÉNEZ, «La idea de cruzada...», 171-186.

42. El 8 de septiembre de 1256, en Sevilla, el monarca mandaba a don Gonzalo Vicente, alcalde mayor de la ciudad, *que acomodase a los caballeros de su mesnada y de la de su padre, y a los infantes sus hermanos, que había mandado llamar para la guerra que había de hacer a los moros* (Documento extractado por Diego ORTIZ DE ZÚÑIGA, *Anales de Sevilla...*, año 1256, cap. 6, 219 y Manuel GONZÁLEZ JIMÉNEZ, *Diplomatario andaluz de Alfonso X...*, doc. n.º 183).

43. El 16 de febrero de 1260, Alfonso X daba permiso a Gómez Cardeña para que levantase *una torre fuerte para defensa de sus labradores contra las correrías de los moros*, en sus tierras próximas a Sevilla (Documento extractado por Diego ORTIZ DE ZÚÑIGA, *Anales de Sevilla...*, año 1256, cap. 6, 220 y Manuel GONZÁLEZ JIMÉNEZ, *Diplomatario andaluz de Alfonso X...*, doc. n.º 223).

Pero, todavía por estas fechas, seguían manteniéndose las principales aljamas mudéjares del reino de Sevilla, caso de la de Écija[44], Osuna[45] o Morón, aunque, por lo que sabemos, Aben Zabah, alcalde de los moros de Morón, que había estado tan próximo a Alfonso X, empezaba a alejarse de la merced real. Tal vez, esta sea la razón por la que, el 13 de julio de 1263, en Sevilla, las casas que tenía en la collación de San Bartolomé de Sevilla, abandonadas, al parecer, por el alcayat, fueron donadas por el rey a don Bernardo, su capellán[46].

---

44. Manuel González Jiménez, *Diplomatario andaluz de Alfonso X...*, doc. n.º 252: el 27 de agosto de 1261, en Sevilla, Alfonso X aprobaba el deslinde de términos entre Aguilar y Cabra, llevado a cabo por su mandato, entre otros, por Aben Porcoz, alcayat de los moros de Écija, junto con *moros omnes bonos sabidores destas comarcas en derredor e que los coniurassen por su ley que dixiessen uerdat por ó fueran los términos antiguamientre en tiempo de moros entre Aguilar e Cabra, e por aquellos lugares que ellos dixiesen que fueran los términos departidos, que pusiessen por y los moiones*. *Ibídem*, doc. n.º 253: el 12 de febrero de 1262, en el cerco de Niebla, el monarca daba por buena la partición de los términos entre Tiñosa y los pueblos de Priego, Carcabuey e El Algar, para lo que *enbiamos nuestras cartas a Ordón Pérez, alcaiat de Sanctaella, e al alcaiat Abén Porcoz de Ecija e a Alhaiarí, moro de Ecija, que sopiessen en uerdat aquellos términos por ó eran, e que fuessen con moros de tierra del rey de Granada e de los otros logares que comarcauan en derredor, e por aquel logar que ellos dixiessen que fueran los términos destos logares en tiempo de moros que los amoionassen e los partiessen. Et el rey de Granada enbió y estos quatro moros de Rut, Abdalla abén Çulema Alarabí e Mahomat abén Adir e Haçán Almorabit e Hamet abén Çulema, et estos dos moros de Eznáxar, Alí abén Caçín e Mahomat abén Çabeha, et estos dos moros de Pesquera, Mahomat abén Alí Alcançán e Mahomat abén Hyar, et de Cabra estos dos moros que eran sabidores de los términos, Abdalla abén Harp e Abrahén abén Harp*. *Ibídem*, n.º 260: el 22 de febrero de 1263, Alfonso X sancionaba el deslinde de términos entre Castillo Anzur con Aguilar, Estepa, Lucena y Benamejí, efectuado el 6 de noviembre de 1262, entre otros por *Aboambre, fijo del alcalde Abén Porcoz de Ecija, con sus vieios, e el alcalde moro de Ossuna con su vieios...* quienes enviaron al rey su *carta escripta en ladino e firmada en aráuigo e seellada con sus seellos*. *Ibídem*, doc. n.º 261: el 22 de febrero de 1263, en Sevilla, Alfonso X daba por bueno el amojonamiento de los términos de Bella, Lucena y Benamejí, efectuado el 10 de febrero anterior, entre otros por su vasallo el alcayat Aboambre de Écija y cinco moros sabidores *que sopiessen los términos... demostrassen por ó se auíen de partir...* enviados por el rey de Granada. Entre los que pusieron los mojones, se cita más adelante al alcayt Abahamir abén Porcoz de Écija y al alcayt de Ossuna. *Ibídem*, doc. n.º 449: el 25 de agosto de 1279, Alfonso X concedía a Juan Alfonso de Arenillas, portero mayor de Castilla, algunas casas y heredades en Écija, que habían pertenecido a don Çulemán. Entre los linderos de las casas, se mencionan las casas de Abenmondar...

45. Manuel González Jiménez, *Diplomatario andaluz de Alfonso X...*, doc. n.º 260: el 22 de febrero de 1263, Alfonso X sancionaba el deslinde de términos entre Castillo Anzur con Aguilar, Estepa, Lucena y Benamejí, efectuado el 6 de noviembre de 1262, entre otros por *Aboambre, fijo del alcalde Abén Porcoz de Ecija, con sus vieios, e el alcalde moro de Ossuna con su vieios...* quienes enviaron al rey su *carta escripta en ladino e firmada en aráuigo e seellada con sus seellos. Ibídem*, doc. n.º 261: el 22 de febrero de 1263, en Sevilla, Alfonso X daba por bueno el amojonamiento de los términos de Bella, Lucena y Benamejí, efectuado el 10 de febrero anterior, entre otros por su vasallo el alcayat Aboambre de Écija y cinco moros sabidores *que sopiessen los términos... demostrassen por ó se auíen de partir...* enviados por el rey de Granada. Entre los que pusieron los mojones, se cita más adelante al alcayt Abahamir abén Porcoz de Écija y al alcayt de Ossuna.

46. ACS, Sección IX: Fondo Histórico General, l. 105, n.º 29/1 (sign. ant. 33-3-24), publicado por Manuel González Jiménez, *Diplomatario andaluz de Alfonso X...*, doc. n.º 270: el rey

Sin embargo, el cambio de actitud de Alfonso X, con respecto a los mudéjares andaluces, se confirmó, de manera radical, a partir de la terrible revuelta mudéjar de 1264, alentada por su antiguo vasallo el rey de Granada, que buscó la alianza de los benimerines norteafricanos[47].

Sin duda, la primera consecuencia de la revuelta mudéjar, fue que supuso el final de una Andalucía densamente poblada por musulmanes, ya que la mayor parte de ellos emigró hacia el reino de Granada o hacia el norte de África, por lo que, en adelante, las relaciones entre cristianos y mudéjares andaluces se habrían de realizar a través de la *frontera*[48].

Evidentemente, los catastróficos resultados de esta terrible sublevación de los mudéjares andaluces de 1264 no se hicieron esperar. Uno de los más llamativos fue la desaparición, en el mismo siglo XIII o a principios del siglo XIV, de muchas de las viejas aljamas sevillanas, como la de Carmona e, incluso, una tan alejada como la de Constantina, por lo que sólo lograron sobrevivir las antiguas grandes morerías de Sevilla y Écija y algunas otras de mucha menor entidad, como la de La Algaba, Niebla y, quizás, Moguer.

Puede decirse que, a partir de entonces, Alfonso X emprendió una activa política de repoblación del territorio que antes había estado poblado por mudéjares. Dentro de este proceso contamos con dos importantes precedentes, como el de Arcos y el de Morón, donde, hacia 1260, ya se observa la emigración voluntaria de mudéjares.

Para el primero de los casos, Arcos, la situación cambió –como para el resto de las localidades situadas al sur del Guadalete, sometidas, desde 1253, al protectorado de Alfonso X, por lo que estaban pobladas por mudéjares, sin que se hubiese iniciado su repoblación por cristianos– como consecuencia de la Cruzada contra el Norte de África, aunque su repoblación cristiana no se consolidó hasta 1264[49].

---

mandó dar a *don Bernaldo, nuestro clérigo, las casas que fueron de Çabaa, alcayat de Morón, porque estauan malparadas e él era morador allá e cayen en la nuestra sentencia*.

47. Manuel GONZÁLEZ JIMÉNEZ, *Diplomatario andaluz...*, doc. n.º 295: el 27 de octubre de 1264, en Sevilla, el rey confirmaba a don Pedro Ibáñez, maestre de Calatrava y a su Orden, el privilegio que les concediera Alfonso VIII, anulado por Fernando III y por él mismo, de recibir donadíos de particulares, *por seruicio que nos ficieron en la guerra que mobió contra nos el rey de Granada*. (Ver documento 3 del apéndice documental).

48. Mercedes BORRERO FERNÁNDEZ, «El concejo de Sevilla», en Manuel González Jiménez, Mercedes Borrero Fernández e Isabel Montes Romero-Camacho (eds.), *Sevilla en tiempos de Alfonso X el Sabio*, Sevilla, Ayuntamiento de Sevilla, 1987, 131-138 y Mercedes BORRERO FERNÁNDEZ, «La frontera de Sevilla con el reino de Granada en tiempos de Alfonso X», en *Relaciones exteriores del reino de Granada. Actas del IV Coloquio de Historia Medieval Andaluza*, Almería, Instituto de Estudios Almerienses,1988, 13-21.

49. Manuel GONZÁLEZ JIMÉNEZ, *Diplomatario andaluz de Alfonso X...*, doc. n.º 296: el 13 de noviembre de 1264, en Sevilla, Alfonso X otorgaba a Arcos el fuero y privilegios de Sevilla, así como los mismos términos que tuvo en tiempos de moros.

Por su parte, Morón, situada en plena frontera de moros, tuvo grandes dificultades para repoblarse, a pesar de los intentos de Alfonso X[50], que el 14 de diciembre de 1279, en Sevilla, dio Morón, para que estableciera allí su convento mayor, y Cote a la Orden de Alcántara[51].

De la misma manera, el rey, con objeto de defender con eficacia la frontera de moros, decidió situar, en las principales plazas fronterizas, a instituciones que fueran capaces de garantizar su defensa. Este fue el caso de las Órdenes Militares, que, como la de Calatrava, recibió de Alfonso X, el 29 de diciembre de 1264, en Sevilla, la villa de Osuna, para que fuera residencia del Comendador Mayor de la Orden[52] y al día siguiente las casas y las propiedades territoriales que habían tenido en Écija los hijos de Fayn[53] aunque, todavía en 1279, quedaban rastros del algunos mudéjares en Écija[54].

---

50. Manuel GONZÁLEZ JIMÉNEZ, *Diplomatario andaluz de Alfonso X…*, doc. n.º 388: el 15 de noviembre de 1271, desde Murcia, el monarca: *Por facer bien e merced a los pobladores de la villa de Morón, que es en la frontera, e porque se asseguren, e que hayan sabor de poblar mejor el logar, otórgoles que los heredamientos de los donadíos que les dieron los paradores por mío mandado, de aquellos que fueron dados a otros primeramientre e los non teníen poblados como debíen e les pidieron con derecho, que los hayan seguros e libres e quitos por juro de heredat para siempre jamás. Ibídem*, doc. n.º 389: el 19 de noviembre de 1271, desde Murcia, el rey otorgaba al concejo de Morón los términos que había tenido en tiempos de moros, además del Fuero de Sevilla y un mercado semanal.

51. Manuel GONZÁLEZ JIMÉNEZ, *Diplomatario andaluz de Alfonso X…*, doc. n.º 453: *Por grant sabor que auemos de fazer bien e merçet a la Orden de Alcántara, damos e otorgamos por nos e por nuestros herederos pora siempre a don Garçí Ferrández, maestre della, e a los otros maestres que serán después dél, e al conuento dessa misma Orden la uilla e el castiello de Morón, a que ponemos nombre Buenauentura, en que tengan el conuento mayor. E otrossí les damos la villa e el castiello de Cot.*

Et amos estos logares les otorgamos que los ayan libres e quitos pora siempre con todos sus términos, con montes, con fuentes, con ríos, con pastos, con entradas e con sallidas e con todas sus pertenencias e con todos sos derechos que nos y auemos e deuemos auer, pora fazer dellos e en ellos assí como maestre e Orden deuen fazer de las cosas de su Orden.

Et esta donación les fazemos en tal manera que los términos destos castiellos sobredichos que sean por aquellos logares que fueron en tiempo de moros. E si después el rey don Ferrando, nuestro padre, o nos los mandamos partir, que sean por ó estonce fueron partidos. E otrossí que finquen en saluo a la eglesia de la noble çibdat de Seuilla los derechos que á e deue auer en las eglesias destos logares sobredichos.

Et otrossí quel maestre e el conuento sobredicho que guarden los fueros e las franquezas e los preuilegios que nos diemos a los pobladores d'amos estos dos logares sobredichos, e que les non tomen nin les embarguen sus heredamientos mientre los touieren poblados assí como deuen.

52. Manuel GONZÁLEZ JIMÉNEZ, *Diplomatario andaluz de Alfonso X…*, doc. n.º 297, el rey justifica la concesión: *Por el alma del muy noble rey don Fernando, nuestro padre, e de la reyna donna Beatriz, nuestra madre, e de nuestros abuelos, e por remisión de nuestros pecados, e por amor de la Virgen Santa María cuya es la Horden del Cístel onde salió la de Calatraua, que ella nos ayude e nos guíe en todas las cosas que hiziéremos que sean a servicio de Dios e de la honra de nos et de nuestros reynos e de toda la Christiandad, en destruimiento de los enemigos de la nuestra fe.*

53. Manuel GONZÁLEZ JIMÉNEZ, *Diplomatario andaluz de Alfonso X…*, doc. n.º 298.

54. Manuel GONZÁLEZ JIMÉNEZ, *Diplomatario andaluz de Alfonso X…*, doc. n.º 449: el 25 de agosto de 1279, en Sevilla, Alfonso X hacía donación a Juan Alfonso de Arenillas, portero

Este mismo objetivo tuvo la donación efectuada, el 15 de diciembre de 1279, en Sevilla, por Alfonso X, a la Orden de Calatrava de la Puebla de Cazalla a cambio de Cerraja[55], por lo que, el 16 de diciembre de 1279, en Sevilla, hubo de compensar a la Iglesia de Sevilla, que por entonces era la señora de la Puebla de Cazalla, con Almonaster y Zalamea, lugares situados en el Aljarafe sevillano y, por tanto, al resguardo de la frontera de moros, que eran del concejo de Sevilla[56], al que la Iglesia de Sevilla cedió Cerraja, cuyos heredamientos, el 4 de enero de 1280, en Sevilla, el concejo repobló y repartió a los pobladores de Alcalá de Guadaíra, para que se hicieran cargo de su propia defensa y no fuese obligación del concejo de Sevilla[57], según se contiene en la carta-puebla concedida por Alfonso X, el 31 de mayo de 1280, en Sevilla, a los 150 pobladores de Alcalá de Guadaíra[58].

Sin embargo, este enfrentamiento radical de Alfonso X con los mudéjares andaluces, a partir de la revuelta mudéjar de 1264, no fue obstáculo para que, hasta el final de su reinado, mantuviese a algunos moros a su servicio, en cargos de toda confianza del monarca, como fue el caso de Aly, *mío moro*, recaudador del almojarifazgo de Córdoba, en 1280[59], quien, en 1281, tenía casas en Sevilla, en la misma calle Abades, dentro de la collación de Santa María, que era la de la catedral[60], las cuales serían donadas a la catedral por Sancho IV, el 7 de enero de 1287[61], quien continuó la política de su padre, en lo que se refiere a contar con servidores mudéjares[62]. Igualmente, por estos años, en la Sevilla

---

mayor de Castilla, de dos pares de casas y otras propiedades en Écija, que habían pertenecido a don Çulemán. Entre los linderos de las casas, se citan las casas de Abenmondar.

55. Manuel GONZÁLEZ JIMÉNEZ, *Diplomatario andaluz de Alfonso X...*, doc. n.º 454.

56. ACS, Sección IX: Fondo Histórico General, l. 4, n.º 7 (sign. ant. 1-6-47), publicado por Manuel GONZÁLEZ JIMÉNEZ, *Diplomatario andaluz de Alfonso X...*, doc. n.º 455.

57. ACS, Sección IX: Fondo Histórico General, l. 4, n.º 8 (sign. ant. 1-6-48), publicado por Manuel GONZÁLEZ JIMÉNEZ, *Diplomatario andaluz de Alfonso X...*, doc. n.º 462: el 11 de enero de 1280, en Sevilla, Alfonso X dio por bueno el trueque de Zalamea y Almonaster por Cazalla, realizado entre la Iglesia y el concejo hispalenses: *E estos heredamientos nos dieron a nos pora poblarlos e darlo a pobladores de Alcalá de Guadayra, que agora puebla nuestro sennor el rey, por tirarnos de la lazería, e de la coyta, del trabajo e de la costa pora siempre jamás de la guarda de Alcalá de Guadayra, e del destaio, e de las escuchas ascusannas que nos auíemos de pagar cada anno.*

58. Manuel GONZÁLEZ JIMÉNEZ, *Diplomatario andaluz de Alfonso X...*, doc. n.º 463.

59. Manuel GONZÁLEZ JIMÉNEZ, *Diplomatario andaluz de Alfonso X...*, docs. n.º 467 y 468.

60. Manuel GONZÁLEZ JIMÉNEZ, *Diplomatario andaluz de Alfonso X...*, doc. 484.

61. ACS, Sección IX: Fondo Histórico General, l. 37-A, n.º 5 (sign. ant. 10-3-25), extractado por Julio GONZÁLEZ, *Repartimiento de Sevilla...*, II, 364, estas casas, que fueron de don Aly, estaban situadas cerca de la azacaya (ramal o conducto de agua) de la Catedral, junto a los baños que habían pertenecido a don García Jofre.

62. Julio GONZÁLEZ, *Repartimiento de Sevilla...*, II, 364, el 5 de agosto de 1287, Sancho IV donaba a don Lucas, vecino de la collación de Santa María de Sevilla, unas tiendas que habían pertenecido a Maestre Mahomat, *mío hombre*, situadas a las puertas de la Alcaicería.

alfonsí, algunos oficios especializados, como los relacionados con la construcción, seguían estando en manos de mudéjares[63].

Son muchos los testimonios que nos hablan de este declive, progresivo e imparable, del mudejarismo sevillano, pero, por desgracia, es muy difícil intentar una cuantificación del proceso, ya que sólo podemos llevar a cabo una mera aproximación al respecto y siempre a partir de las fuentes fiscales, por lo que, a continuación, procuraremos hacer un pequeño resumen de cómo era, en la teoría y en la práctica, la situación fiscal de los mudéjares sevillanos, en la segunda mitad del siglo XIII.

Según la legislación real y local del siglo XIII, tanto los mudéjares y judíos *son del rey*, es decir, pertenecen a la corona, que los protege y los tolera como minorías étnico-religiosa. Por supuesto, esta protección y esta tolerancia religiosa, tenía una contrapartida económica, definida en el pago de una capitación personal, que recibía el nombre de *cabeza de pecho de moros* y *cabeza de pecho de judíos*[64].

De la misma manera, también al igual que los judíos, los mudéjares sevillanos, como hemos dicho, debían pagar a la iglesia el *diezmo*[65], de todo lo producido en antiguas propiedades cristianas que ellos tuvieran en explotación, bien por compra, arrendamiento o por cualquier otro sistema.

En cuanto a las demás contribuciones, que componían la fiscalidad mudéjar, la mayor parte de las noticias que nos han llegado son anteriores a la revuelta mudéjar de 1264, por lo que, evidentemente, no son válidas para poder analizar la decadencia del mudejarismo andaluz, que se produjo a partir de entonces.

Así pues, antes de esa fecha, los mudéjares reportaban a la corona importantes beneficios, mediante el pago de un buen número de impuestos, la mayor

---

63. ACS, Sección IX: Fondo Histórico General, l. 100, n.º 23 (sign. ant. 31-1-2), publicado por Antonio BALLESTEROS BERETTA, *Sevilla en el siglo XIII...*, doc. n.º 204 y por Pilar OSTOS y M.ª Luisa PARDO, *Documentos y notarios de Sevilla en el siglo XIII*, Madrid, Fundación Matritense del Notariado, 1989, doc. n.º 66: el 4 de mayo de 1277, en Sevilla, el mayordomo de las mezquitas dio a censo una mezquita en el Arenal *çerca del adaraçana nueva, que se tiene con el pontonçiello morisco...*

64. Miguel Ángel LADERO QUESADA, *Fiscalidad y poder real en Castilla (1252-1369)*, Madrid, Editorial Complutense, 1993, 75-85.

65. ACS, Sección IX: Fondo Histórico General, l. 5, n.º 48, (sig. ant. 1-7-169). Antonio BALLESTEROS BERETTA, *Sevilla en el siglo XIII...*, doc. n.º 171. Manuel GONZÁLEZ JIMÉNEZ, *Diplomatario andaluz de Alfonso X...*, doc. n.º 158: el 9 de julio de 1255, en Valladolid, el Rey Sabió concedía *a don Phelipe, mío hermano, electo de Seuilla, et al cabildo desse mismo logar et a todos sus successores que después dellos uinieren que todos los iudíos e moros que compraren heredades de christianos daquí adelante en todo el arçobispado de Seuilla que den el diezmo complidamente a la Eglesia, assí como lo auían a dar los christianos si lo touiessen. E de las heredades todas que arrendaren de los christianos, que den los sennores de las heredades el diezmo a la Eglesia del arrendamiento que leuaren.*

Et otrossí si judíos e moros algunas casas ouieren de los christiannos daquí adelante, que den aquel derecho que daríen los christianos por las casas si las touiessen.

parte de los cuales tenían un origen musulmán[66]. Estos tributos iban desde el *diezmo de todas las simienças* hasta el *pepión diario* que estaban obligados a pagar todos aquellos mudéjares que quisieran comerciar en Sevilla y no fueran vecinos de la ciudad, conocidos como *albarranes*, a quienes se les exigía dicho impuesto para poder llevar a cabo cualquier tipo de actividad comercial en la alhóndiga sevillana, aunque, el 6 de diciembre de 1253, en Sevilla, Alfonso X, les eximió de su pago[67], lo que parece probar no sólo la vitalidad –cuantitativa y cualitativa– de la aljama mudéjar sevillana, por estos años, sino su afán por hacer de Sevilla un gran polo comercial[68].

Pero, como hemos dicho, de todos los impuestos pagados por los mudéjares, el más gravoso era, sin duda, el *pecho de los moros*, que los monarcas empezaron a cobrar inmediatamente después de la conquista. A partir de 1264, también esta tributación debió hacerse menos gravosa, especialmente en las aljamas rurales. Así, durante el resto del reinado de Alfonso X y el de Sancho IV, tanto el *pecho de los moros* como el *pecho de los judíos*, pagado por cada aljama, se calcula de forma global, teniendo en cuenta la entidad demográfica y fiscal de cada una de ellas, para después repartirse entre todos sus miembros que estaban obligados a contribuir.

Para el caso de Sevilla, los datos que tenemos proceden del reinado de Sancho IV, concretamente de 1292 y 1294[69].

En 1292, la aljama de Sevilla pagaba 6.000 mrs. mucho más que la de Córdoba que sólo contribuía a la corona con 1.200 mrs. Entre las comunidades mudéjares del reino de Sevilla, tenemos noticias de la de Constantina, que daba 960 mrs., mientras que la de Niebla, sólo 150 mrs.

---

66. Un estudio pormenorizado sobre ellos en Manuel GONZÁLEZ JIMÉNEZ, «Fiscalidad regia y señorial entre los mudéjares andaluces (Siglos XIII-XV)», en *Actas del V Simposio Internacional de Mudejarismo, Teruel 13 al 15 de septiembre de 1990*, Teruel, Instituto de Estudios Turolenses, 1992, 221-240.

67. AMS, Sec. 1.ª, n.º 5, Manuel GONZÁLEZ JIMÉNEZ, *Diplomatario andaluz de Alfonso X...*, doc. n.º 80: *Otrossí, quito a todos los moros forros vezinos de Seuilla, e a todos los moros albarranes que y uinieren, el pepión que dauan por su cabeça cada dia en la mia alfondega, que lo non den daquí adelant, fueras ende que los moros requeros que hy uenieren a Seuilla, que uayan a las mis alfondegas e que den y aquel derecho que solien dar en tiempo de Amiralmomenin.*

68. AMS, Tumbo de Privilegios, n.º 21, f. 23 v. Manuel GONZÁLEZ JIMÉNEZ, *Diplomatario andaluz de Alfonso X...*, doc. n.º 154: el 18 de junio de 1255, en Palencia: Alfonso X franqueaba de impuestos diversos productos que se trajesen a vender a las ferias de Sevilla, a excepción de los que debían dar por los paños de lana moriscos: *Por fazer bien e merçed a todos los caualleros fijosdalgo, e a todos los çibdadanos, e a todo el pueblo de la noble çibdad de Seuilla, quito e franqueo a todos los que vinieren a las ferias de Seuilla, vezinos e estrannos, todos los portadgos e todos los derechos que y auíen a dar de todos los pannos de lana que non son moriscos, e de cauallos, e de bestias, e de vino, e de conducho e de ganados. Et este quitamiento les fago quanto las ferias turaren (sic), e dende adelante que den su portadgo e sus derechos de todo esto así commo lo an ha dar.*

69. Francisco Javier HERNÁNDEZ, *Las rentas del rey. Sociedad y fisco en el reino castellano del siglo XIII*, Madrid, Fundación Ramón Areces, 1993, tomo I, CXXXIII-CXLIV.

En 1294, la aljama de Sevilla había decaído algo hasta pagar 5.500 mrs., mientras que la de Córdoba había aumentado su contribución hasta 2.000 mrs.

Sea como fuere, podemos afirmar que los mudéjares sevillanos, salvo excepciones, siempre vivieron en una difícil situación, que se acentuó a raíz de la revuelta mudéjar de 1264. Esta realidad podría llevarnos a comprender el hecho de que algunos no dudaran en convertirse al cristianismo, fenómeno que está documentado tanto entre los mudéjares libres, como entre los cautivos –fundamentalmente granadinos– que eran tomados como siervos, bien por vecinos de Sevilla o por importantes cortesanos. Así pues, el fenómeno de las conversiones se documenta muy pronto entre mudéjares sevillanos[70]. Los casos más conocidos, algunos muy tempranos, están relacionados, sobre todo, con la aljama mudéjar de Sevilla y se dieron, según sabemos, tanto entre sus miembros más destacados, como el hijo del rey de Baeza o maestro Martín Marroquí, como entre los mudéjares sometidos a servidumbre, bien de vecinos de Sevilla[71], o de importantes nobles cortesanos, como don Iñigo López de Horozco, ayo del infante don Fernando de Pontis o Ponthieu[72]. Y lo mismo puede decirse de algunos conversos, al lado de influyentes personajes de la corte de Sancho IV[73].

---

70. José Damián GONZÁLEZ ARCE, «Cuaderno de ordenanzas y otros documentos sevillanos del reinado de Alfonso X», *Historia. Instituciones. Documentos*, 16 (1989), 132:

4. Ordenanza del concejo de Sevilla sobre los cristianos nuevos (1274)

Otrossi que todos los christianos nouos, uarones e mugeres, mandaron que los non consientan morar en las alfondigas nin a bueltas con los moros, nin se acompannen con ellos en las anaçeas, nin en sus bodas, nin en sus paschuas, nin uistan commo los moros, nin fagan en ninguna cosa semeiança nin custumbre de los moros (…)

Otrossí en los barrios ó moraren que los otros christianos los castigen e les mostren las custumbres de los christianos, e que les fagan yr a las oras a la yglesia los días de los domingos e de las otras fietas, e que biuan e fagan assi commo christianos (…)

71. ACS, Sección IX: Fondo Histórico General, l. 181, n.º 55, publicado por Pilar OSTOS y M.ª Luisa PARDO, *Documentos y notarios de Sevilla en el siglo XIII…*, doc. n.º 13: el 1 de noviembre de 1255, Juan Giráldez y su mujer, Mayor Martínez, vecinos del barrio de la Mar, en la collación de Santa María de Sevilla, liberan, después de la muerte de ambos, a su sierva Elvira, cristiana nueva.

72. El 2 de junio de 1272, don Iñigo legaba, en concepto de arras, a su mujer, doña Teresa Pérez de Meyra o de la Azacaya, entre otras propiedades, a *Axa, con su fijo, e a Mariem, e a Mahomat el my moro texedor, e los cinco moros míos que yo tengo en Mures* (aldea del Aljarafe de Sevilla). Y de los bienes que adquirió, estando casado con doña Teresa, ésta tendría la mitad… *En tres moras en un morezno, e en dos tornadizos…* (ACS, Sección IX: Fondo Histórico General, l. 119, n.º 46 (sig. ant. 39-4-17), publicado por Antonio BALLESTEROS BERETTA, *Sevilla en el siglo XIII…*, doc. n.º 168), quince moros en total, lo que prueba la existencia de un mercado de esclavos en Sevilla (Manuel GONZÁLEZ JIMÉNEZ, *En torno a los orígenes de Andalucía…*, 76-77).

73. ACS, Sección IX: Fondo Histórico General, l. 47 n.º 8, documento publicado por Pilar OSTOS y M.ª Luisa PARDO, *Documentos y notarios de Sevilla en el siglo XIII…*, doc. n.º 103: el 5 de septiembre de 1293, el Cabildo de la Iglesia de Santa María de Sevilla, otorgaba enterramiento a don Fernán Pérez, consejero y canciller del sello de la poridad de Sancho IV, y a su

2. Los Judíos en tiempos del Rey Sabio

Según los datos que tenemos, la comunidad judía sevillana nació a partir de la conquista de la ciudad por Fernando III, en 1248.

Es cierto que algunos viejos historiadores, sobre todo sevillanos[74], se empeñan en demostrar la existencia en la ciudad de una aljama judía anterior a la conquista cristiana e, incluso, de una *Judería Vieja*, que habría estado ubicada en la futura collación de San Pedro y cuyas llaves habrían entregado al monarca los principales dignatarios judíos, que salieron a recibir a San Fernando cuando se produjo su entrada en la Sevilla recién conquistada.

Sin embargo, todas estas afirmaciones no pasan de ser meras suposiciones, cuando no puras fantasías, ya que, por los testimonios que nos han llegado, nada parece indicar la existencia de una comunidad hebrea sevillana en los años que precedieron a la llegada de San Fernando, por muchas razones.

La primera de ellas porque, ya desde mediados del siglo XII, los almohades habían hecho salir de sus territorios a todas aquellas comunidades étnico-religiosas –como cristianos y judíos– que no profesaban la fe islámica, por lo que, a partir de entonces, fueron muy pocos los judíos que desempeñaron algún tipo de función, siempre esporádica y relativa a la diplomacia o al comercio[75], con el imperio almohade. Así pues, la mayoría de los judíos que salieron de al-Andalus se refugiaron en las tierras cristianas del norte, sobre todo en las más próximas del Reino de Toledo, donde ha podido constatarse, ya en el siglo XII, la presencia de algún judío, de procedencia sevillana[76].

Esta realidad podía explicar el hecho de que la gran mayoría de los judíos que conformaron la aljama sevillana, a partir de 1248, llegaran a la ciudad

mujer, doña Beatriz y a todos sus sucesores, en la capilla de San Andrés de la Catedral, los cuales dieron para el mantenimiento de esta capilla ciertos bienes urbanos en Sevilla. Entre los testigos de este acuerdo firmó maestre Ferrando del Aráuigo. *Ibídem*, l. 115 n.º 1 y doc. n.º 104: el 12 de octubre de 1293, en Sevilla, los donantes cedieron nuevas propiedades a la Catedral, siendo testigo, nuevamente, maestre Ferrando del Aráuigo.

74. Como Diego ORTIZ DE ZÚÑIGA, *Anales de Sevilla*, 1, año 1248, cap. 24, 42-49, en lo que sigue a Diego ARGOTE DE MOLINA, en su *Introducción al Repartimiento de Sevilla*, lo mismo José M.ª MONTERO DE ESPINOSA, *Relación Histórica de la Judería de Sevilla*, Sevilla, 1849, 3, 5 y 6 o José AMADOR DE LOS RÍOS, *Historia social...*, 201.

75. ACS, Sección IX: Fondo Histórico General, l. 101, n.º 21/1 (sig. ant. 31-2-61), publicado por Manuel GONZÁLEZ JIMÉNEZ, *Diplomatario andaluz de Alfonso X...*, doc. n.º 160: el 19 de agosto de 1255, en Valladolid, Alfonso X donaba a *rabí Yuçaf Çabaçay, mío judío, vna tienda en Seuilla, de las que son ante Sancta María, de las que están tras las espaldas de las tiendas en que están los judíos camiadores. Et esta tienda le do con su algorfa, commo la ouo en tiempo de moros...*

76. Pilar LEÓN TELLO, *Judíos de Toledo*, Madrid, CSIC, 1979, vol. II, n.º 26, 11: en septiembre de 1166, un judío toledano vendía a un cristiano su majuelo, situado a las afueras de Toledo, que limitaba por el este con el majuelo del *sevillano*, el carnicero, judío.

junto con los demás repobladores, así como que muchos de ellos procedieran del Reino de Toledo y que algunos fueran, tal vez, sucesores de aquellos judíos que abandonaron la Sevilla almohade un siglo antes, por lo que habrían podido regresar a la tierra de sus mayores, protagonizando lo que Julio González definió como *un movimiento de reflujo de los que en el siglo anterior habían huido del Betis al Tajo*[77].

Finalmente, este mismo autor nos ofrece un argumento incontrastable: en caso de que hubiese existido una aljama judía organizada en la Sevilla almohade no hubiera sido necesario que en el *Repartimiento de Sevilla*, como tendremos ocasión de ver, se les asignase un nuevo emplazamiento urbano para establecer la judería, ni tampoco que se les otorgasen algunas mezquitas, con el fin de que las transformasen en sinagogas.

Así, en el primero de los casos, tenemos noticias de que, a raíz de la reconquista de Sevilla, los judíos tuvieron su propio barrio en ciudad, ubicado al norte del Alcázar y casi a las afueras del núcleo urbano, como había sido tradicional en muchas ciudades musulmanas y cristianas, contando, según Antonio Collantes de Terán, con una superficie de unas 16 hectáreas, lo que representaba un 5.8 % de todo el perímetro urbano. En fechas muy tempranas, la judería quedó aislada del resto de la ciudad por una cerca interior, conocida como el *muro de la judería*, que iba a parar a la muralla de Sevilla, por lo que sus habitantes sólo podían comunicarse con el resto de los sevillanos a través de dos puertas interiores: una por la que se salía a la collación de Santa María y la otra a la collación de San Nicolás, así como salir de Sevilla franqueando la llamada *Puerta de la Judería*, abierta en la muralla de la ciudad[78].

De la misma manera, muy pronto, los judíos sevillanos pudieron tener sus lugares de culto, ya que el 5 de agosto de 1252, en Sevilla, Alfonso X les concedió las tres mezquitas que estaban en la judería para que pudieran levantar en ellas sus sinagogas[79]. Finalmente, los hebreos sevillanos contaron con su propio cementerio (el *fonsario de los judíos*), situado a extramuros de la *Puerta de*

---

77. Julio GONZÁLEZ. *Repartimiento de Sevilla...*, I, 311 y 361. Entre estos judíos toledanos, además de otros muchos anónimos, que acompañaron a San Fernando cuando entró en la ciudad, podemos nombrar algunos que gozaron de una posición privilegiada en la corte, tanto en época de San Fernando como de su hijo Alfonso X, al ser hombres de la máxima confianza de ambos monarcas, como el rabí don Todrós de Toledo, don Mayr de Toledo, almojarife de Fernando III, o al que habría de ser una de las grandes figuras del reinado de Alfonso X, don Salomón ibn Zadok de Toledo.

78. *Primera Crónica General*, ed. de Ramón Menéndez Pidal, II, cap. 1107, 760:*... Muchas vezes salien los moros de rebato por la puerta del alcáçar do es agora la Iudería.*

79. ACS, Sección IX: Fondo Histórico General, l. 4, nºs 36/1 y 37 (signs. ants. 1-7-74 y 1-7-75), publicado por Manuel GONZÁLEZ JIMÉNEZ, *Diplomatario andaluz de Alfonso X...*, doc. n.º 4. Por lo que se refiere a la política seguida por Alfonso X, en relación a las sinagogas, ver David ROMANO «Alfonso X y los judíos...», 373-399.

la Judería[80]. Estos serían, pues, en síntesis, los principales rasgos característicos de la judería sevillana hasta el asalto de 1391[81], un espacio urbano que, como hemos visto, no sólo era notable por su extensión, sino, lo que es más digno de mención, por haber sido una de las principales zonas residenciales de la Sevilla almohade[82].

No obstante, la existencia de una judería sevillana con unos rasgos tan bien definidos, no era obstáculo para que algunos hebreos no vivieran en ella, sino que tuviesen sus casas y negocios en otras partes de la ciudad, principalmente en aquellas collaciones, como la de Santa María o la del Salvador, que no sólo eran las más céntricas, sino donde se desarrollaban las principales actividades mercantiles. Por tanto, existen menciones de la presencia de judíos sevillanos en lugares tan conocidos por su importancia económica, como el barrio de Francos, la calle Génova o la Alcaicería[83]. De la misma manera, tampoco resultaba extraño que algunos importantes personajes cristianos tuvieran

---

80. ACS, Sección IX: Fondo Histórico General, l. 58, n.º 33 (sign. ant. 18-1-7), publicado por Manuel GONZÁLEZ JIMÉNEZ, *Diplomatario andaluz de Alfonso X...*, doc. n.º 408: el 22 de mayo de 1274, en Toro, Alfonso X dio a la catedral de Sevilla una huerta que había pertenecido a don Çulemán, su almojarife mayor, situada...*a la Puerta de la Judería, cerca del fonsario de los judíos*. Por lo que sabemos, este cementerio se mantuvo hasta el siglo XVI en que fue destruido, documentándose en sus antiguos terrenos algunas huertas, como la de *Espantaperros*, cuyo topónimo tal vez sea una alusión peyorativa hacia los judíos, donde, más adelante, se construyó el matadero municipal, u otras como la de San Bernardo y el campo de Zebrero. *De la muerte en Sefarad*, Diputación Provincial de Sevilla, 1995. Fidel FITA, «El cementerio hebreo de Sevilla. Epitafio de un rabino célebre», *Boletín de la Real Academia de la Historia*, XVII (1890), 174-183.

81. Afortunadamente, conocemos muchas noticias sobre la judería de Sevilla, principalmente, entre otros autores, gracias a Antonio COLLANTES DE TERÁN, *Sevilla en la Baja Edad Media...*, 87-94 y «La Judería de Sevilla. El Espacio Urbano», en *La Memoria de Sefarad. Historia y Cultura de los Sefardíes*, Sevilla, Fundación Machado, 2007,115-135; Julio GONZÁLEZ, *Repartimiento de Sevilla...*, I, 361-363; José M.ª MONTERO DE ESPINOSA, *Relación histórica...*, 3-6; José AMADOR DE LOS RÍOS, *Historia social...*, 201-203; Ramón CARANDE, *Sevilla, fortaleza y mercado*, Sevilla, Universidad de Sevilla, 1972, 56; Julio VALDEÓN BARUQUE, «Un pleito cristiano-judío en la Sevilla del siglo XIV», *Historia. Instituciones. Documentos*, 1 (1974), 229. Ver planos: *Juderías y morerías de Sevilla*, según Antonio COLLANTES DE TERÁN, *Sevilla en la Baja Edad Media...*, 92 y *Esquema del espacio urbano de Sevilla*, según Miguel Ángel LADERO QUESADA, *Historia de Sevilla...*, 1989.

82. Esta realidad, además de por las tradicionales fuentes históricas, se afianza, cada vez más, por los resultados de las prospecciones arqueológicas, según demuestran, por ejemplo, Magdalena VALOR PIECHOTTA, *La arquitectura militar y palatina en la Sevilla musulmana*, Sevilla, Diputación Provincial de Sevilla, 1991, la obra miscelánea *De la muerte en Sefarad*, Sevilla, Diputación Provincial de Sevilla, 1995 o las importantes rehabilitaciones de los palacios de Altamira y Mañara.

83. Julio GONZÁLEZ, *Repartimiento de Sevilla...*, I, 311 y 363. Antonio BALLESTEROS BERETTA, *Sevilla en el siglo XIII.*, LXXVI y CLXXXV; Antonio COLLANTES DE TERÁN, *Sevilla en la Baja Edad Media...*, 88; Isabel MONTES ROMERO-CAMACHO, «Notas para el estudio de la judería sevillana en la Baja Edad Media (1248-1391)», *Historia. Instituciones. Documentos*, 11 (1984), 255.

propiedades dentro de la judería[84] o justamente a las afueras de la Puerta de la Judería[85].

Así pues, como hemos podido constatar, el nacimiento de la aljama judía sevillana se produjo inmediatamente después de la conquista de la ciudad, cuando dio comienzo la historia de esta comunidad hebrea, llamada a convertirse, tanto por el número de sus componentes, como por la importancia de muchos de ellos, no sólo en la primera de Andalucía, sino en segunda aljama castellana, después de la de Toledo, la mayor del reino. De la misma forma, según hemos tenido ocasión de ver, lo judíos fueron, desde un principio, la principal minoría étnico-religiosa de la ciudad, dada la escasa significación que tuvo la comunidad mudéjar sevillana, desde sus mismos orígenes[86].

Desde el punto de vista cuantitativo, resulta casi imposible saber cuál era el número de los judíos sevillanos en el siglo XIII, debido a la falta de datos demográficos directos, por lo que, una vez más, sólo las fuentes fiscales nos permiten hacer unas valoraciones aproximadas. Por ellas sabemos, ya para tiempos de Sancho IV, que la aljama sevillana era la más poderosa y rica de Andalucía[87], así como que, hacia 1290, podría contar con unas doscientas familias, mientras que Toledo tenía unas trescientas cincuenta[88].

---

84. ACS, Sección IX: Fondo Histórico General, l. 47, n.º 8 (sign. ant. 13-7-37) documento publicado por Pilar OSTOS y M.ª Luisa PARDO, *Documentos y notarios de Sevilla en el siglo XIII...*, doc. n.º 103: el 5 de septiembre de 1293, el Cabildo de la Iglesia de Santa María de Sevilla, otorgaba enterramiento a don Fernán Pérez, consejero y canciller del sello de la poridad de Sancho IV, y a su mujer, doña Beatriz y a todos sus sucesores, en la capilla de San Andrés de la Catedral, quienes dieron para el mantenimiento de esta capilla ciertos bienes urbanos en Sevilla, entre los que se contaba... *la alfóndiga e la bodega e las casas que se tienen todo en uno, que es en la judería que a por linderos a derredor de un cabo casas que fueron de Abozrayel e del otro cabo casa de Çid, hermano del corador, e de la otra parte los bannos e por delante la calle.*

85. ACS, Sección IX: Fondo Histórico General, l. 115, n.º 1, documento publicado por Pilar OSTOS y M.ª Luisa PARDO, *Documentos y notarios de Sevilla en el siglo XIII...*, doc. n.º 104: el 12 de octubre de 1293, en Sevilla, los mismos personajes, citados anteriormente, daban otros bienes a la Catedral, entre los que se contaban... *aquella nuestra huerta que nos auemos çerca de la puerta de la judería, que se tiene en linde, de la una parte con el fonsario de los judíos, e de los dos cabos los caminos...*

86. Ver mapa de las *Aljamas judías andaluzas*.

87. Mercedes GAIBROIS DE BALLESTEROS, *Sancho IV de Castilla*, Madrid, Tipografía de la revista de Archivos, Bibliotecas y Museos, 1922, doc. n.º 583, CCCXCIV: así, según la *Cuenta de la Frontera*, rendida a Sancho IV por don Juan Mathe de Luna, en 1294, mientras los judíos sevillanos rentaban a la Corona 115.333 mrs., los cordobeses sólo 38.333 mrs. Esta misma información, puesta al día, en Francisco Javier Hernández, *Las rentas del rey. Sociedad y fisco en el reino castellano del siglo XIII...*, tomo I, CXXXIII-CXLIV.

88. Yitzhak BAER, *A History of the Jews in Christian Spain*, 2 vols. Filadelfia, Jewish Publication Society of America, 1961, traducida al español por J. L. Lacave: *Historia de los judíos en la España cristiana*, Madrid, Altalena, 1981, 2 vols., I, 191, esta misma cifra la recoge Jaime VICENS VIVES. *Historia Social y Económica de España y América*, Barcelona, Ed. Vicens Vives, 1972, I, 55.

Pero, como es fácil suponer, desde los primeros tiempos de su instalación en la ciudad, los judíos, lo mismo que el resto de la sociedad sevillana, disfrutaron de distintas posiciones socioeconómicas, lo que nos hace pensar que, al igual que los cristianos, también ellos trajeron a Sevilla, desde sus lugares de origen, una perfecta estructuración social que, evidentemente, sufriría algunos cambios, como consecuencia de las nuevas circunstancias en las que habría de desarrollarse la nueva sociedad repobladora. Esta realidad aparece muy pronto, en el mismo *Repartimiento de Sevilla*[89], para después corroborarse en los repartimientos de otras ciudades del reino de Sevilla, conquistadas y repobladas con posterioridad, como, por ejemplo, en el *Repartimiento de Jerez*[90].

Así pues, por lo que hace al *Repartimiento de Sevilla*, los judíos sevillanos, como los cristianos, recibieron bienes de acuerdo con su *status* socio-económico. De esta manera, por lo que respecta al repartimiento rural, Alfonso X les cedió la alquería de *Paterna Harab*, llamada en adelante *Paterna* o *Paternilla de los Judíos*, que estaba situada en el Aljarafe de Sevilla, mientras que la heredad de pan les fue reservada en la Campiña, en el término de *Facialcázar*[91].

Por lo que sabemos, fueron los personajes más influyentes de la comunidad hebrea, que, además, estaban al servicio de la corona, caso de los almojarifes, alfaquíes, mandaderos (embajadores), astrónomos y un escribano, quienes se beneficiaron principalmente de la magnanimidad regia, aunque esto, según Yitzhak Baer, *se debió más al oficio que desempeñaban que a su condición de judíos*[92].

Así, en el *Repartimiento de Sevilla* se les nombra como los *judíos del rey* y entre ellos destacaremos, por ejemplo, aquéllos que, al igual que la alta nobleza, obtuvieron *donadíos mayores*, como los almojarifes. Este fue el caso del almojarife mayor de Castilla, don Mayr de Toledo, del almojarife regional, don Juçef Barchilón o del almojarife de Sevilla, don Zag, al tiempo que sus cuatro

---

89. Para el Repartimiento de Sevilla, contamos con extraordinarios estudios como los ya citados de Julio GONZÁLEZ, *Repartimiento de Sevilla...* y Manuel GONZÁLEZ JIMÉNEZ, *En torno a los orígenes de Andalucía*. Para el ejemplo concreto de lo recibido por algunos judíos ver, además, José M.ª MONTERO DE ESPINOSA, *Relación histórica...*, 6; José AMADOR DE LOS RÍOS, *Historia social...* 201; Yitzhak BAER, *A History of the Jews...* I, 111-114, cuyos datos están sintetizados en Isabel MONTES ROMERO-CAMACHO, «Notas para el estudio...», 257-258.

90. Manuel GONZÁLEZ JIMÉNEZ, y Antonio GONZÁLEZ GÓMEZ, *Repartimiento de Jerez*, Cádiz, Instituto de Estudios Gaditanos, 1980, 187-195; Isabel MONTES ROMERO-CAMACHO, «Cristianos y judíos sevillanos durante la Baja Edad Media (Siglos XIII al XV). Entre la convivencia y la oposición. El caso de Jerez», en *750 Aniversario de la Incorporación de Jerez a la Corona de Castilla, 1264–2014*, Jerez de la Frontera, Servicio de Publicaciones del Ayuntamiento de Jerez de la Frontera, 2014, 603-624.

91. Julio GONZÁLEZ, *Repartimiento de Sevilla...*, vol. I. 252, 279, 280, 362 y vol. II, 65, 247: Alfonso X, en el Repartimiento de Sevilla, concede donadíos a algunos judíos sevillanos, alfaquíes, rabíes, almojarifes y otros destacados miembros de la aljama sevillana, los olivares en la alquería de Paterna, situada en el Aljarafe sevillano y la heredad de pan en Facialçazar, en la Campiña de Sevilla (en torno a 1252). (Ver documento 4 del apéndice documental).

92. Yitzhak BAER, *A History of the Jews...*, I, 111-114.

hijos, que le ayudaban en la recaudación de las rentas reales sevillanas, fueron beneficiados con un *donadío menor*, lo que los equiparaba a la nobleza de caballeros. De la misma manera, el alfaquí de Sevilla, don Juçef, fue recompensado con un *donadío mayor*, mientras que su hijo, don Yuçaf, recibió un *donadío menor*, lo mismo que los rabinos de la aljama sevillana, caso de don Yagozo y su compañero don Miniac. También hubo otros importantes judíos que, aunque no se establecieron en Sevilla, recibieron cuantiosos bienes del rey, tanto en el *Repartimiento de Sevilla*, como en el *Repartimiento de Jerez*. Así, por ejemplo, el noble judío toledano rabí Todrós ben Joseph Haleví Almlafía, que gozaba de una enorme influencia entre la comunidad judía castellana, al tiempo que, dadas sus extraordinarias cualidades como místico y asceta, poeta y cabalista, fue enormemente apreciado tanto por el Rey Sabio, como por la reina doña Violante. Por todo ello, es posible que ostentara, ya en esta época, el cargo de jefe de todos los rabinos de Castilla, por lo que solía acompañar a la corte en todos sus desplazamientos[93]. Años más tarde, se documenta en Sevilla a don Yuçef, el neçi, hijo del *rab* don Todroz[94].

Por lo que hace al resto de los repobladores de la Judería sevillana, es posible que sólo recibieran *heredamientos*, al igual que el pueblo de Sevilla, aunque, por lo que sabemos, al menos en un primer momento, a la mayoría de los judíos sevillanos sólo se le dieron, en heredad, sus casas.

Tal vez fuera ésta la razón por la que únicamente sean veintisiete los judíos sevillanos que aparecen consignados en el *Repartimiento de Sevilla*, cifra muy escasa, si tenemos en cuenta que la judería sevillana incluía tres sinagogas, lo que correspondía, de acuerdo con el número de vecinos, a tres parroquias o *collaciones* cristianas[95].

Pero la prosperidad de los judíos sevillanos dio comienzo muy pronto, ya que, en el mismo siglo XIII, los vemos aparecer por toda la ciudad, disfrutando de bienes urbanos, unas veces como propietarios, bien mediante donaciones regias o compras, y otras como simples usufructuarios, bien como arrendatarios o censatarios.

Dentro de este contexto, parece conveniente que aportemos algunos datos biográficos que puedan servirnos para comprender cuál fue el papel jugado por los judíos sevillanos en los primeros años de la incorporación de la ciudad a la corona de Castilla, ya que algunos de ellos llegaron a convertirse en primeras figuras de la corte de Alfonso X, monarca que, durante los primeros años

---

93. David ROMANO, «Alfonso X y los judíos…», 175-176, donde al hacer un estudio del *rab*, pone, como ejemplo, a este personaje, que, entre otras cosas, acompañó a Alfonso X en su viaje al Rosellón, con el fin de buscar el apoyo del Papa para sus aspiraciones imperiales.

94. ACS, Sección IX: Fondo Histórico General, l. 39, n.º 35/1, publicado por Pilar OSTOS y M.ª Luisa PARDO, *Documentos y notarios de Sevilla en el siglo XIII…*, doc. n.º 57, el 5 de marzo de 1274, Yuçef, el neçi, vende al cabildo de Santa María un solar en el barrio de la mar.

95. Yitzhak BAER, *A History of the Jews…*, I, 111-114.

de su reinado, benefició extraordinariamente a los judíos castellanos y, especialmente, a los que estaban a su servicio. Entre todos ellos, tal vez, quien mejor podría representar el arquetipo del gran judío sevillano del siglo XIII es, sin lugar a dudas, don Solomón ibn Zadok de Toledo, denominado en las fuentes cristianas don Çulemán. La extraordinaria ascensión, al lado de los reyes, de quien Yitzhak Baer calificara como *el héroe de los cortesanos judíos*[96], comenzó en el mismo reinado de Fernando III, para quien, en 1252, actuó como recaudador de las rentas del rey de Granada. Sin embargo, alcanzó su posición privilegiada a la sombra de su gran amigo y protector Alfonso X, para quien, como cabeza de los *mandaderos reales*, marcó las líneas directrices de las muy complejas relaciones diplomáticas alfonsíes, lo que le fue posible no sólo gracias a su extraordinaria inteligencia y al dominio de muchas lenguas, sino por sus buenas dotes como negociador. De la misma manera, ocupó cargos de gran responsabilidad relacionados con la fiscalidad regia, como el de administrador de las rentas del príncipe heredero, don Fernando de la Cerda, llegando a ostentar el más alto puesto dentro de la hacienda real, al ser nombrado *almojarife mayor* de Alfonso X.

Un *cursus honorum* tan brillante puede justificar, por sí mismo, no sólo la enorme confianza con que siempre le distinguió Alfonso X, sino la gran generosidad con que éste recompensó sus numerosos servicios a la corona, según puede apreciarse, entre otras cosas, por los muchos e importantes bienes, tanto rústicos, como urbanos, que el rey le otorgó en el *Repartimiento de Sevilla* y que, por si fuera poco, don Çulemán, valiéndose de su poder y extraordinaria posición, no hizo más que acrecentar hasta su muerte, ocurrida en 1273[97].

Gracias a todas estas circunstancias, don Çulemán llegó a tener numerosas propiedades en Sevilla, Carmona y Écija. Así, en el *Repartimiento de Sevilla* recibió de Alfonso X, nada menos, que la alquería aljarafeña de *Yelo Atrines*, que tenía unos 60.000 pies de olivar e higueral, evaluados en 1.380 aranzadas, y en la de *Puslena*, casas, veinte aranzadas de viñas y diez yugadas de tierra para pan, de año y vez[98]. Más adelante, no sabemos por qué cauces, también fue propietario

---

96. Yitzhak BAER, *A History of the Jews...*, I, 99, quien también nos dice que los árabes le dieron el título de *dû-l-waziratayní*.

97. Muchas noticias sobre don Çulemán y su hijo don Çag de la Maleha en Fritz BAER, *Die Juden im Christlichen Spanien. Erster Teil: Urkunden und Regesten*, Berlín, Akademie-Verlag, 1929-1936, 2 vols. Reedición, a cargo de Haim Beinart, 1970, II, 51-52. Yitzhak BAER, *A History of the Jews...*, I, 99; David ROMANO, «Alfonso X y los judíos...», 165, sintetizados en Isabel MONTES ROMERO-CAMACHO, «Notas para el estudio...», 259-261. Isabel MONTES ROMERO-CAMACHO, «Judíos y conversos sevillanos en la hacienda real de Castilla: de Alfonso X a los primeros Trastámara. Una aproximación prosopográfica», en M. Borrero Fernández, J. Carrasco Pérez y R. G. Peinado Santaella (eds.), *Agentes de los sistemas fiscales en Andalucía y los reinos hispánicos (siglos XIII-XVII): Un modelo comparativo*, Madrid, Instituto de Estudios Fiscales. Colección Estudios Históricos, 2014, 7-30.

98. Julio GONZÁLEZ, *Repartimiento de Sevilla...*, II, 66.

de la alquería de *Alcoçudinar* y de unos molinos en el Guadaíra[99]. Por lo que respecta a Carmona, tuvo algunas viñas, la *Torre de Malcheni* y los heredamientos de *Falchena* y *Remullena*[100] y en Écija, casas, viñas y una heredad[101].

En cuanto a sus propiedades urbanas en Sevilla, además de las casas que comprara, en 1256, al maestre de Alcántara, don Rodrigo Froilaz[102], se contaban una huerta en la *Puerta de la Judería*[103], otra situada entre la puerta de Goles y la de Bibarragel, entre la muralla y el río, una casa de atahonas y un horno en la collación de San Nicolás, unos baños en la collación de San Salvador y los almacenes de aceite situados en la Alcaicería, al lado de la puerta del Arenal[104]. Además, en Jerez era propietario de una alhóndiga y algunas casas[105].

Así, cuando murió, en 1273, su hijo, don Çag de la Maleha, heredó además de su enorme riqueza, todas sus prebendas y cargos, entre ellos el de almojarife mayor del reino. Pero esta posición privilegiada no habría de durarle mucho tiempo, ya que pronto cayó en desgracia ante Alfonso X, que llegó a ordenar su ejecución pública, en la sevillana plaza de San Francisco, en septiembre 1280, ante la impotencia de su nuevo protector, el infante don Sancho, quien hubo de refugiarse de las iras del rey en el mismo convento franciscano[106].

Hoy por hoy, todavía no se han esclarecido totalmente las causas del dramático fin de don Çag de la Maleha. Entre las razones aducidas, está el enfrentamiento que tuvo lugar en Castilla, entre los distintos clanes financieros judíos que luchaban por hacerse con el monopolio de las rentas reales, uno encabezado por don Çag de la Maleha y otro por los hijos del viejo almojarife mayor de Fernando III, don Mayr de Toledo, lucha que se radicalizó mucho más en unos años de depresión económica, como fueron los que marcaron el final del reinado de Alfonso X[107]. Pero, desde luego, la razón principal fue la decisión tomada por don Çag de la Maleha, durante la guerra civil que enfrentó a Alfonso X con su hijo don Sancho, de seguir el bando del infante, a quien no sólo prestó apoyo personal, sino financiero, esto último también, al parecer, a costa del tesoro real. A este respecto se ha señalado que el detonante último se produjo algunos años más tarde.

---

99. ACS, Sección IX: Fondo Histórico General, l. 4, n.º 45/1 (sign. ant. 1-7-83).

100. ACS, Sección IX: Fondo Histórico General, l. 4, n.º 44/1 (sig. ant. 1-7-83) y l. 4, n.º 48 (sig. ant. 1-7-86).

101. Julio GONZÁLEZ, *Repartimiento de Sevilla...*, I, 62-63.

102. Julio GONZÁLEZ, *Repartimiento de Sevilla...*, II, 327-328.

103. ACS, Sección IX: Fondo Histórico General, l. 58, n.º 33 (sig. ant. 18-1-7).

104. ACS, Sección IX: Fondo Histórico General, l. 4, n.º 47/1 (sig. ant. 1-7-85).

105. Manuel GONZÁLEZ JIMÉNEZ y Antonio GONZÁLEZ GÓMEZ, *Repartimiento de Jerez*, 28, 29 y 176.

106. Antonio BALLESTEROS BERETTA, *Sevilla en el siglo XIII...*, 229-230.

107. David ROMANO, «Alfonso X y los judíos...», 165; José M.ª MONSALVO ANTÓN, *Teoría y evolución de un conflicto social. El antisemitismo en la Corona de Castilla en la Baja Edad Media*, Madrid, Ed. Siglo XXI, 1985, 211, nota 4.

Como es sabido, la crisis sucesoria planteada en Castilla cuando el infante heredero, don Fernando de la Cerda, murió inesperadamente cuando se disponía a luchar contra los benimerines, en 1275, se intentó solucionar en 1278, cuando el infante don Sancho fue proclamado heredero en las Cortes de Segovia. Esta circunstancia propició la marcha a Aragón de la reina doña Violante, junto con doña Blanca, viuda de don Fernando de la Cerda, y sus dos hijos, los infantes don Alfonso y don Fernando, cuyos derechos al trono había defendido tenazmente. Cuando la situación castellana convenció a doña Violante de que no podía llevar a cabo su propósito, la reina regresó a Castilla, tras reconciliarse con su hijo don Sancho y dejando cuantiosas deudas en Aragón. El infante don Sancho ordenó a don Çag de la Maleha que se hiciese cargo de las deudas de doña Violante, éste las pagó a costa del dinero que Alfonso X le había mandado recaudar con destino al asedio de Algeciras, que fracasó estrepitosamente, entre otras razones, debido a la falta de recursos económicos. Como era de esperar, la ira del rey, que no quería volver a enfrentarse con su hijo, tomó como chivo expiatorio a don Çag de la Maleha, a quien primero mandó encarcelar y, finalmente, ejecutar[108].

Desde luego, en el caso de don Çag de la Maleha, la terrible decisión regia puede llegar a entenderse, pero dejando aparte los ejemplos personales, hay otras muchas razones para constatar un profundo cambio de actitud en la personalidad de Alfonso X, con respecto a los judíos en general y a estos judíos cortesanos en particular, producida en los años finales de su reinado y propiciada, según algunos, entre otras razones, por la gran crisis, económica y política, que, por entonces, padeció Castilla. Por tanto, no resulta difícil comprender que algunos personajes tan bien informados, como don Çag de la Maleha, pensaran que sus expectativas de futuro podrían cumplirse mejor al lado de don Sancho que junto al ya muy exhausto, física y moralmente, Rey Sabio.

Según parece, la deslealtad de algunos de sus más próximos colaboradores judíos, no hizo sino aumentar su animadversión hacia toda la comunidad judía castellana, demostrada no sólo en el aspecto económico[109], sino en lo que

---

108. Para una mayor información al respecto ver Joseph F. O'CALLAGHAN, *El Rey Sabio. El reinado de Alfonso X de Castilla*, traducción de Manuel González Jiménez, Sevilla, Universidad de Sevilla, 1996, 284-298 y Manuel GONZÁLEZ JIMÉNEZ, *Alfonso X. 1252-1284*, Palencia, La Olmeda, 1993,125-131.

109. Manuel GONZÁLEZ JIMÉNEZ, «Alfonso X y las minorías ...», 78: a raíz de la muerte de don Çag de la Maleha, Alfonso X decidió restablecer su popularidad en Castilla, mermada, entre otras cosas, por la agobiante presión fiscal y la excesiva protección a los judíos, imponiendo un castigo ejemplar a toda la comunidad hebrea castellana, en enero de 1281, consistente, nada menos, que en el pago de 4.380.000 mrs., a lo largo de un año, lo que suponía el doble de todas las tributaciones que las aljamas hebreas pagaban a la corona, cada año.

Yitzhak Baer denominara como *auténtico régimen de terror impuesto por el rey Alfonso X en su ancianidad*[110].

Pero, como es de suponer, no todos los judíos sevillanos gozaron de una posición socioeconómica tan alta. Es cierto que algunos de ellos también se ocupaban en actividades relacionadas con las finanzas, como el comercio del dinero, y que, unidos a los genoveses, igualmente tomaban parte en actividades mercantiles de ámbito internacional, que, en la Sevilla recién conquistada, empezaban a cobrar una relevancia excepcional.

No obstante, la parte más numerosa de la comunidad hebrea sevillana estaba conformada por pequeños artesanos y comerciantes[111], así como por propietarios agrícolas de cierta entidad[112] e incluso de menor consideración[113], cuya existencia diaria se desenvolvía por cauces muy semejantes a los de los cristianos que tenían su mismo *status* socioeconómico.

También, el oficio de prestamista fue normal entre los judíos de la Sevilla del siglo XIII[114]. De igual manera, en 1291, están documentados, en el ejercicio de esta profesión, don David, hijo de Aben Ahamías, don Çulemán Abravalla y don Yuçaf Avaçi[115]. Algo semejante podemos decir de los judíos cambiadores,

---

110. La definición en Yitzhak BAER, *A History of the Jews...*, I, 161. David ROMANO, «Alfonso X y los judíos...», 165.

111. Isabel MONTES ROMERO-CAMACHO, «Notas para el estudio...», 256-266.

112. ACS. Sección IX: Fondo Histórico General, l. 24, n.º 16/4, publicado por Pilar OSTOS y M.ª Luisa PARDO, *Documentos y notarios de Sevilla en el siglo XIII...*, doc. n.º 1: el 25 de agosto de 1253, Garci Domínguez de Segovia, criado de Garci Pérez, escribano del rey, vendía a Sancho Fernández, escribano del rey, todo el heredamiento que recibió de Alfonso X en Palomares y Utrera. Entre los linderos de las veinte aranzadas de olivar que tenía en Palomares, estaba la propiedad de un judío, cuyo nombre desconocemos. *Ibídem*, l. 84, n.º 13/1 y doc. n.º 123: el 15 de enero de 1299, en Sevilla, Pero Fernández de Sahagún, canónigo de la catedral, donaba al deán y al cabildo, entre otras cosas, tres pedazos de viña en el Cortijo del Toro, que lindaban, entre otros, con don Castellano y don Samaya, judíos. *Ibídem*, leg. 84, n.º 13/2 y doc. n.º 132: el 4 de julio de 1300, en Sevilla, Aparicio Sánchez, deán, y el cabildo de la Catedral, por una parte, y por otra Fernán Esteban, alcalde de los carniceros y vecino de la collación de San Salvador, acordaron el reparto de los bienes de los hijos y nietos de Pero Fernández de Sahagún, entre ellos, un pedazo de viña en el Cortijo del Toro, que tenía por linderos, entre otros, don Castellano y don Samaya, judíos.

113. Pilar OSTOS y M.ª Luisa PARDO, *Documentos y notarios de Sevilla en el siglo XIII...*, doc. n.º 85: entre los linderos de una parcela de viña, situada en la Fuente Albarrana, localidad muy próxima Sevilla, en 1285, se incluye lo de Çag Alffandan, posiblemente vecino de la misma ciudad y dedicado a algún oficio propiamente urbano, que poseía algún pedazo de viña, en los alrededores de Sevilla.

114. Pilar OSTOS y M.ª Luisa PARDO, *Documentos y notarios de Sevilla en el siglo XIII...*, doc. n.º 19: el 30 de agosto de 1262, en Sevilla, Martín Pérez, junto a Pero Martínez, Ibáñez Sancho, don Adam y don Domingo, vecinos de Ávila, reconocen la deuda contraída con el judío Yusef Albarchilón, por 1.118 mrs.

115. ACS, Sección IX: Fondo Histórico General, l. 24, nºs 17 y 18 (sig. ant. 7-6-7).

bastante habituales en la ciudad, ya desde los primeros años de su repobla-ción[116]. Entre los artesanos, sabemos de algún curtidor[117].

Si antes hemos intentado resumir la posición económica de los judíos se-villanos en el siglo XIII, ahora conviene que nos detengamos a definir, suma-riamente, su situación jurídica.

Así pues, fue en el siglo XIII cuando en todo el Occidente cristiano se produjo una importante transformación en las que habían sido, hasta enton-ces, las antiguas relaciones entre cristianos y judíos. Este cambio estuvo pro-piciado por los cánones que, a este respecto, Inocencio III estableciera en el IV Concilio de Letrán, que tuvo lugar en 1215[118]. A partir de entonces, por lo que respecta a sus relaciones con las distintas minorías étnico-religiosas, toda la Cristiandad occidental se vio envuelta en lo que Emilio Mitre ha definido como un proceso de *lateranización*[119].

Por lo que se refiere a Castilla, el espíritu del IV Concilio de Letrán ins-piró, de manera rotunda, todas las leyes relativas a las relaciones de los cristia-nos con las minorías étnico-religiosas, comprendidas en las *Partidas*, el gran código legislativo promulgado por Alfonso X. Pero, como es sabido, por lo me-nos hasta que Alfonso XI las ratificara en el *Ordenamiento de Alcalá* de 1348, las *Partidas* sólo fueron, en palabras de Luis Suárez, *doctrina jurídica, pero no una ley vigente*[120].

Esta es la razón por la que, en la Sevilla del siglo XIII, la legislación apli-cada en la práctica era la comprendida en el viejo *Fuero Juzgo*, en el llamado *Li-bro de los Fueros de Castilla* y en el *Fuero Real*.

Fue en el *Fuero Juzgo* donde Fernando III decretó la equiparación civil en-tre judíos y cristianos, ley que fue insertada en el *Fuero de Sevilla* que, como se sabe, seguía el *Fuero de Toledo* y, en definitiva, el *Fuero Juzgo*[121].

---

116. ACS, Sección IX: Fondo Histórico General, l. 101, n.º 21/1 (sig. ant. 31-2-61).

117. ACS, Sección IX: Fondo Histórico General, l. 47, n.º 8 (sig. ant. 13-7-37), publicado por Pilar OSTOS y M.ª Luisa PARDO, *Documentos y notarios de Sevilla en el siglo XIII...*, doc. n.º 103: el 5 de septiembre de 1293, en Sevilla, don Fernán Pérez, consejero y canciller de la po-ridad de Sancho IV, y su mujer, doña Beatriz, donaban a la catedral, entre otros bienes, unas ca-sas en la judería, que lindaban entre otros con Çid, hermano del curtidor.

118. Salomón GRAYZEL, *The Church and the Jews...*, 310-313; David ROMANO, «Marco ju-rídico...», 261-291. IDEM, «Alfonso X y los judíos...», 151-177, ambos trabajos aparecen recogi-dos en *De Historia Judía Hispánica...*, 341-371 y 373-399; José AMADOR DE LOS RÍOS, *Historia social...*, 201 ss. y 237 ss.

119. Emilio MITRE FERNÁNDEZ, *Los judíos de Castilla...*, Valladolid, 1994, 37-38, se refiere concretamente a los decretos 67 a 70 del *IV Concilio de Letrán* (1215), para lo que cita la edición de R. Foreville, *Lateranense IV*, Vitoria, Eset, 1973, 201-203.

120. Luis SUÁREZ FERNÁNDEZ, *Judíos españoles en la Edad Media*, Madrid, Rialp, 1980, 113.

121. José AMADOR DE LOS RÍOS, *Historia social...*, 204; Yitzhak BAER, *A History of the Jews...*, I, 313; Miguel Ángel ORTÍ BELMONTE, «Glosas a la legislación...», 41-66; David RO-MANO, «Alfonso X y los judíos...», 155-158: así, por ejemplo, el canon 69 del *IV Concilio de Letrán* prohibía a los judíos el ejercicio de todo cargo público que implicase cualquier tipo de

Tal vez, donde las influencias de la nueva ideología, marcada por el *IV Concilio de Letrán* y recogida en las *Partidas*, se dejó sentir con más fuerza, en la práctica, fue en la legislación más puntual, con respecto a los judíos castellanos, emanada de las Cortes de Castilla[122] y lo mismo puede decirse en lo que se refiere a la legislación local, como la establecida, para el caso que nos concierne, en las *Ordenanzas de Sevilla* de 1252[123].

Pero, más que en los aspectos teóricos recogidos en la legislación de la época, en la práctica, el hecho diferencial de los hebreos sevillanos con respecto a los poderes cristianos se plasmaba, sobre todo, en que debían hacer frente a una serie de impuestos propios.

Así, los judíos debían dar, tanto al monarca como a la Iglesia, una serie de tributos concretos, derivados de su especial posición como minoría étnico-religiosa. Por lo que hace a la corona, pagaban la denominada *cabeza de pecho de los judíos*[124], impuesto anual dado en reconocimiento del señorío real y como compensación de la protección que recibían de los reyes.

En cuanto a la Iglesia, los judíos sevillanos, al igual que los de Toledo, pagaban, anualmente, el ominoso tributo de los *treinta dineros*, según la concesión hecha por Alfonso X a la catedral de Sevilla, en 1256[125].

Pero, además de estos tributos especiales, los judíos sevillanos compartían, con el resto de los habitantes cristianos de la ciudad, otros muchos impuestos. Uno de ellos, por más paradójico que resulte, era el del *diezmo* eclesiástico, según el privilegio otorgado por Alfonso X a la catedral hispalense, en 1255[126]. Por

---

dominio personal sobre los cristianos, precepto asumido en las *Partidas* (Ley VII, XXIV, III), aunque en el *Fuero de Córdoba*, Fernando III impuso una excepción de gran importancia: *al no ser mi almojarife*, que sería mantenida por los reyes que le sucedieron.

122. Pilar León Tello, «Legislación sobre judíos en las Cortes de los antiguos reinos de León y Castilla», en *Fourth World Congress of Jewish Studies*, II, Jerusalén, World Union of Jewish Studies1968, 55-63; David Romano, «Marco jurídico…», 280-283; José M.ª Monsalvo Antón, *Teoría y evolución de un conflicto social. El antisemitismo en la Corona de Castilla en la Baja Edad Media…*, 209-210, recoge las principales decisiones a este respecto de las Cortes de Sevilla (1252), Valladolid (1258) o Jerez (1268).

123. José Amador de los Ríos, *Historia social…*, I, 75.

124. Miguel Ángel Ladero Quesada, «Las juderías de Castilla según algunos «servicios» fiscales del siglo XV», *Sefarad*, XXXI (1971), 1; *Fiscalidad y poder real…*, 75-85; Francisco Javier Hernández, *Las rentas del rey. Sociedad y fisco en el reino castellano del siglo XIII…*, tomo I, CXXXIII-CXLIV. ACS, Sección IX: Fondo Histórico General, l. 3, n.º 45 (sig. ant. 1-6-31).

125. ACS, Sección IX: Fondo Histórico General, l. 6, n.º 2/1 (sig. ant. 1-7-172), privilegio confirmado por Alfonso XI, en 1326: l. 6, n.º 2/3 (sig. ant. 1-7-173). Antonio Ballesteros Beretta, *Sevilla en el siglo XIII…*, doc. n.º 87; Manuel González Jiménez, *Diplomatario andaluz de Alfonso X…*, doc. n.º 187.

126. ACS, Sección IX: Fondo Histórico General, l. 5, n.º 48 (sig. ant. 1-7-169). Antonio Ballesteros Beretta, *Sevilla en el siglo XIII…*, doc. n.º 171. Manuel González Jiménez, *Diplomatario andaluz de Alfonso X…*, doc. n.º 158: el 9 de julio de 1255, en Valladolid, el Rey Sabio concedía *a don Phelipe, mío hermano, electo de Seuilla, et al cabildo desse mismo logar et a*

otra parte, todos aquellos judíos que no viviesen en la judería, sino en las colla-ciones cristianas y que estuviesen en condiciones de diezmar, debían pagar a la Iglesia la *cuarta*, evaluada en 15 dineros, en compensación por los tributos que la Iglesia hubiera recibido si estas casas hubieran estado habitadas por cristianos[127].

De todas maneras, el mayor tema de enfrentamiento entre cristianos y ju-díos fue, sin duda, todo lo relativo a los préstamos usurarios, lo que se refleja puntualmente en toda la legislación, eclesiástica y civil, del siglo XIII.

Así, el IV Concilio de Letrán de 1215 prohibió tajantemente el cobro de intereses excesivos en los préstamos y dio permiso a los monarcas cristianos para que estipulasen los intereses máximos que podrían cobrarse, en relación con los préstamos usurarios, en cada uno de sus reinos. Esta fue la razón por la que Alfonso X fijó en un 33.3 % (un *tres por cuatro*) el interés máximo a co-brar en los contratos de préstamo, cantidad que habría de ser la usual en Cas-tilla, a lo largo de casi toda la Edad Media. Por lo que se refiere al siglo XIII, la orden real se encuentra recogida en casi todos los cuerpos legislativos de la época, como el *Fuero Real* o las *Leyes Nuevas*[128], así como en los cuadernos de las cortes castellanas[129].

En cuanto a las relaciones mutuas entre cristianos y judíos en la Sevi-lla del siglo XIII, parece ser que, en la práctica, eran absolutamente norma-les. Como es sabido, eran muchos los judíos sevillanos que tenían sus negocios e, incluso, sus casas, fuera de la Judería[130]. Y tampoco era infrecuente, como

---

todos sus successores que después dellos uinieren que todos los iudíos e moros que compraren he-redades de christianos daquí adelante en todo el arçobispado de Seuilla que den el diezmo com-plidamente a la Eglesia, assí como lo auían a dar los christianos si lo touiessen. E de las heredades todas que arrendaren de los christianos, que den los sennores de las heredades el diezmo a la Eglesia del arrendamiento que leuaren. Et otrossí si judíos e moros algunas casas ouieren de los christian-nos daquí adelante, que den aquel derecho que daríen los christianos por las casas si las touiessen.

127. ACS, Sección IX: Fondo Histórico General, l. 5, n.º 48, (sig. ant. 1-7-169). Anto-nio Ballesteros Beretta, *Sevilla en el siglo XIII…*, doc. n.º 171. Manuel González Jiménez, *Diplomatario andaluz de Alfonso X…*, doc. n.º 158: el 9 de julio de 1255, en Valladolid, don Al-fonso otorgaba lo siguiente: *Et si los judíos compraren algunas casas fuera del barrio que solíen dar algún derecho a la Eglesia, que lo den assí como solíen dar por las casas los christianos que las auíen.*

128. *Fuero Real*, leyes 5 y 6, *Leyes Nuevas*, Introducción. David Romano, «Marco jurí-dico…», 271-272.

129. Como en las Cortes de Valladolid de 1258 (*Cortes de los antiguos reinos de León y Castilla*, I, Real Academia de la Historia, Madrid, 1851, 60, c. 29. Fritz Baer, *Die Juden…* II, doc. n.º 72). No obstante, las Cortes de Jerez de 1268, rebajaron el interés a un 25 % (*Cortes…* I, 80, c. 44. Fritz Baer, *Die Juden…*, II, doc. n.º 78. David Romano, «Alfonso X y los judíos…», 159-161). Ya en tiempos de Sancho IV, las Cortes de Valladolid de 1293, volvieron a regular la usura y a fijar su interés, otra vez, en un 33.3 % (*Cortes…* I, 114, 115 y 127: José M.ª Monsalvo An-tón, *Teoría y evolución…*, 218; Pilar León Tello, «Legislación sobre los judíos…», 55-63; Da-vid Romano, «Marco jurídico…», 281-283).

130. Julio González, *Repartimiento de Sevilla…*, I, 311 y 363. Antonio Ballesteros Be-retta, *Sevilla en el siglo XIII.*, LXXVI y CLXXXV; Antonio Collantes de Terán, *Sevilla en la Baja Edad Media…*, 88; Isabel Montes Romero-Camacho, «Notas para el estudio…», 255.

también hemos dicho, que algunos cristianos fueran propietarios de bienes dentro del perímetro urbano reservado a la aljama judía[131], o justamente al lado de la *Puerta de la Judería*[132].

Finalmente, debemos recoger algunas de las medidas discriminatorias más comunes, como el uso de señales distintivas o la prohibición de todo tipo de relación sexual entre cristianos y judíos, que aparecen reseñadas, igualmente, en la legislación de la época. Fue también en el IV Concilio de Letrán de 1215 y, más tarde, en las *Decretales de Gregorio IX* de 1234, donde se impuso a los judíos la obligación de usar vestidos y señales que los distinguiese, algo que, como era normal, también recogieron las *Partidas*[133]. Igualmente, Alfonso X, en las *Partidas*, dio carácter de ley, de forma pormenorizada, a todo lo concerniente a la remota posibilidad de que se produjeran matrimonios mixtos, así como relaciones ilícitas entre cristianos y judías y viceversa[134]. Según las escasas noticias que nos han llegado, parece ser que, una vez más, toda esta normativa no fue puesta en práctica en la Sevilla del siglo XIII, donde, al parecer, algunas judías eran barraganas de cristianos[135].

Por el contrario, lo que sí parece que surtió efecto en la Sevilla recién repoblada fue la imposición, por parte de las autoridades cristianas, a los judíos del cumplimiento estricto de la normativa concerniente al respeto que debían demostrar ante las manifestaciones religiosas cristianas, como el hecho de retirarse de los lugares públicos el Viernes Santo, según lo decretado en el IV Concilio de Letrán de 1215 y en las *Decretales de*

---

131. ACS, Sección IX: Fondo Histórico General, l. 47, n.º 8 (sign. ant. 13-7-37) documento publicado por Pilar OSTOS y M.ª Luisa PARDO, *Documentos y notarios de Sevilla en el siglo XIII…*, doc. n.º 103: el 5 de septiembre de 1293, el Cabildo de la Iglesia de Santa María de Sevilla, otorgaba enterramiento a don Fernán Pérez, consejero y canciller del sello de la poridad de Sancho IV, y a su mujer, doña Beatriz, y a todos sus sucesores, en la capilla de San Andrés de la Catedral, quienes dieron para el mantenimiento de esta capilla ciertos bienes urbanos en Sevilla, entre los que se contaba… *la alfóndiga e la bodega e las casas que se tienen todo en uno, que es en la judería que a por linderos a derredor de un cabo casas que fueron de Abozrayel e del otro cabo casa de Çid, hermano del corador, e de la otra parte los bannos e por delante la calle.*

132. ACS, Sección IX: Fondo Histórico General, l. 115, n.º 1, documento publicado por Pilar OSTOS y M.ª Luisa PARDO, *Documentos y notarios de Sevilla en el siglo XIII…*, doc. n.º 104: el 12 de octubre de 1293, en Sevilla, los mismos personajes, citados anteriormente, daban otros bienes a la Catedral, entre los que se contaban… *aquella nuestra huerta que nos auemos çerca de la puerta de la judería, que se tiene en linde, de la una parte con el fonsario de los judíos, e de los dos cabos los caminos…*

133. *IV Concilio de Letrán* (1215), canón 68, *Decretales de Gregorio IX* (1234), Libro V, título VI: *De iudaeis, sarracenis et eorum servis* = *De los iudios e de los moros y/e sus siervos»*, cap. 15, *Partidas*, Partida VII, título XXIV, ley 11. David ROMANO, «Marco jurídico…», 264, 265, 277. (Ver documento 5 del apéndice documental)

134. *Partidas*, Partida IV, título II, leyes 7 y 15; título VI, ley 6; título IX, ley 8, título X, ley 3… y Partida VII, título XXIV, ley 9. David ROMANO, «Marco jurídico…», 275, 277.

135. Yitzhak BAER, *A History of the Jews…*, I, 313.

Gregorio IX de 1234[136], así como la necesidad de descubrirse y arrodillarse si se encontraban presentes cuando pasase la procesión del Corpus Christi, como mandaban las *Partidas* y las mismas *Ordenanzas de Sevilla* de 1252[137].

Finalmente, diremos que, al igual que ocurriera con los mudéjares, el fenómeno de la conversión también puede constatarse entre los judíos sevillanos de la primera época de la repoblación[138].

Conclusión

Para concluir, debemos resaltar las concomitancias y las diferencias que existían, en la teoría y en la práctica, entre las dos minorías étnico-religiosas que formaron parte de la nueva sociedad sevillana, nacida a partir de la conquista cristiana de 1248.

Según hemos podido ver, la segunda mitad del siglo XIII fue fundamental para estas dos comunidades. Y no sólo porque fue entonces cuando ambas nacieron, sino también porque serían estos años los que marcarían su destino respectivo: la decadencia de la aljama mudéjar en el siglo XIV y el engrandecimiento de la comunidad judía hasta el asalto del 1391, que supuso el principio del fin de los judíos sevillanos.

Y si esto fue así, se debió a que, ya en el siglo XIII, empezó a imponerse la idea de que, mudéjares y judíos, eran elementos extraños al cuerpo cristiano.

Es cierto que, esta realidad, sobre todo durante el reinado de Fernando III y en la primera parte del gobierno de Alfonso X, quedaba contrarrestada por la actitud tradicional de la monarquía castellana, que, durante siglos y llevada por la necesidad del proceso repoblador, había ensayado, con éxito, un modelo de sociedad en el que la mayoría cristiana convivía –o, al menos, coexistía– con las minorías étnico-religiosas de mudéjares y judíos.

Sin embargo, en la segunda mitad de su reinado –y, tal vez, deslumbrado por el espejismo del sueño imperial– Alfonso X puso en marcha el largo y complicado proceso que, al final de la Edad Media, daría como resultado el nacimiento del Estado Moderno, en el que, entre otras muchas realidades, no tendrían cabida las minorías étnico-religiosas.

---

136. *IV Concilio de Letrán* (1215), canon 68, *Decretales de Gregorio IX* (1234), Libro V, título VI: *De iudaeis, sarracenis et eorum servis = De los iudios e de los moros y/e sus siervos»*, cap. 15, *Partidas*, Partida VII, título XXIV, ley 2. David Romano, «Marco jurídico...», 264, 265, 277.

137. Partida I, título IV, ley 119. David Romano, «Marco jurídico...», 274; José Amador de los Ríos, *Historia social...*, 75.

138. ACS, Sección IX: Fondo Histórico General, l. 119, n.º 23 (sign. ant. 31-2-63), publicado por Manuel González Jiménez, *Diplomatario andaluz de Alfonso X...*, doc. n.º 98: así, por ejemplo, el 26 de diciembre de 1253, en Sevilla, Alfonso X daba Pedro Fernández, *que fue judío e que se tornó christiano*, una tienda situada al lado de la iglesia de Santa María la Mayor.

Esta ambigüedad de las relaciones entre cristianos, musulmanes y judíos en el reinado de Alfonso X, que hemos tratado de poner de manifiesto para el caso sevillano, tanto en lo relativo a su marco teórico, como a su realidad práctica, empezando por la misma actuación del Rey Sabio, con respecto a las minorías étnico-religiosas, podemos verla reflejada, como hemos dicho, tanto en la legislación eclesiástica y civil de la época, que culminaría en las *Partidas*, como en las Cortes castellanas e incluso en las Ordenanzas de Sevilla, así como de forma plástica en las miniaturas de algunas obras tan relevantes surgidas del *scriptorium* alfonsí, como las *Cantigas* o el *Libro del Ajedrez, Dados y Tablas*.

Apéndice documental

1. *Alfonso X, en el Repartimiento de Sevilla, concede donadíos menores a algunos mudéjares sevillanos, alfaquíes y otros miembros de la aljama sevillana, posiblemente maestres al servicio del rey, en la alquería de Galuchena, muy próxima a la ciudad (hacia 1252)*

Al alfaquín Çahat veinte aranzadas de olivar, e dos arançadas de vinnas, e un par de casas e una yugada de bueyes, e seis arançadas de huerta.

A Bubacre catorce arançadas de olivar, e dos de vinnas, e unas casas, e una yugada de heredad.

Al alfaquín Abol Haquin diez arançadas de olivar, e un par de casas, e una yugada de heredad.

A Aben Bechegar veinte arançadas de olivar.

A Dubep ocho arançadas de olivar.

A Galip quatro arançadas de olivar.

E dió otrosí a Dulep una arançada de vinnas e unas casas.

E dió otrosí a Aben Pechegar en Galichena una yugada de bueyes, anno e vez.

J. González, *Repartimiento de Sevilla*, Madrid, CSIC, 1951, vol. I, 281 y vol. II, 98-99.

2. *Alfonso X concede a Sevilla Estudios y Escuelas Generales de Latín y Árabe (Burgos, 28 de diciembre de 1254)*

Por grant sabor que he de fazer bien e leuar adelante a la noble çipdat de Seuilla e enriquecerla e ennoblecerla más, porque es de las más ondradas e de las meiores cipdades de Espanna, e porque iaze hy enterrado el muy ondrado rey don Ferrando, mío padre, que la ganó de los moros e la pobló de cristianos a muy grand loor e a grant seruicio de Dios e a pro e a onrra de todo Cristianismo, e porque yo fuy con él en ganarla e en poblarla.

Otorgo que aya Estudio e escuelas Generales de latino e de aráuigo, et mando que los maestros e los escolares que uinieren hy al Estudio que uengan saluos e seguros por todas partes de míos regnos e por todo mío sennorío, con todas sus cosas, e que non den portadgo ninguno de sus libros nin de sus cosas que troxieren pora sí, e que estudien e uiuan seguramiente e en paz en la cipdat de Seuilla.

Archivo Catedral de Sevilla, Sección IX: Fondo Histórico General, leg. 4, n.º 10 (sign. ant. 1-6-49), publicado por Manuel GONZÁLEZ JIMÉNEZ, *Diplomatario andaluz de Alfonso X*, Sevilla, El Monte, 1991, doc. n.º 142.

3. *El levantamiento de los mudéjares andaluces (1264)*

Capítulo XIII: De commo vinieron los moros de allen mar en ayuda del rey de Granada, é de los fechos que sobre esto se ficieron.

El rey de Granada, veyendo el gran afincamiento de la guerra en que estaba, envió rogar á Aben Yuzaf que le enviase alguna gente en su ayuda, é envióle mil caballeros, é vino por cabdillo dellos un moro que era tuerto de un ojo, é decian que era de los más poderosos que habia allen mar. E segund lo que se falló en escripto, dicen que éstos fueron los primeros caballeros jinetes que pasaron aquen la mar despues que el Miramamolin fué vencido. E commo quier que luego en el comienzo de su venida destos caballeros fué grand esfuerzo para los moros de aquen la mar, é otrosí pusieron gran miedo á los cristianos diciendo que eran muchos más, pero grand daño se siguió de la su venida al rey de Granada, ca él por los honrar aventajábalos en todas las cosas, é por los tener más pagados dábales muy grandes soldadas, é lo que avia de dar á los suyos dábalo á ellos. E el arrayaz de Málaga é el arrayaz de Guadix veyendo esto, fablaron con el Rey que non quisiese perder los suyos por los extraños, é el Rey dióles mala respuesta, de que ellos fueron muy despagados. E por esto buscaron manera commo los destruyesen, segund que adelante la estoria lo contará. E agora dejarémos de contar desto, é tornarémos á contar lo que el rey don Alfonso fizo en esta guerra...

«Crónica de Alfonso X», en *Crónicas de los Reyes de Castilla*, tomo I, 10, Biblioteca de Autores Españoles, Madrid, Atlas, 1953.

4. *Alfonso X, en el Repartimiento de Sevilla, concede donadíos a algunos judíos sevillanos, alfaquíes, rabíes, almojarifes y otros destacados miembros de la aljama sevillana, los olivares en la alquería de Paterna, situada en el Aljarafe sevillano y la heredad de pan en Facialçazar, en la Campiña de Sevilla (en torno a 1252).*
Paterna Harab, a que puso el rey nombre de Aldea de los Judíos del Rey, ques en el término de Aznalfarache; e avía y quarenta mil pies de olivar e de

figueral, e por medida novecientas e ochenta arançadas, e fue asmada a ochocientas arançadas de sano; e diole la heredad de pan en Facialcázar.

A don Çag, almoxarife, cien arançadas, e diez yugadas.

A don Mose, su fijo, quarenta arançadas, e seis yugadas.

A don Çag, fijo del almoxarife, cinquenta arançadas, e seis yugadas.

A don Abrahán sesenta arançadas, e seis yugadas.

A don Salomón cinquenta arançadas, e seis yugadas.

A don Jucef Narigudo cinquenta arançadas, e seis yugadas.

A don Hadida cinquenta arançadas, e seis yugadas.

A don Abrahán, fijo del almoxarife, quarenta arançadas, e seis yugadas.

A don Jucef, su hermano, quarenta arançadas, e seis yugadas.

Al fijo del alfaquí don Juçef, veinte e cinco arançadas, e quatro yugadas.

A don Jacob quarenta arançadas, e seis yugadas.

A don Abrahán treinta arançadas, e cinco yugadas.

A don Samuel sesenta arançadas, e seis yugadas.

Al fijo de Mosta quarenta arançadas, e cinco yugadas.

A don Fac sesenta arançadas, e seis yugadas.

A Cuchiel, alfaquí de Jerez, quince arançadas, e quatro yugadas.

A ben Sancho quarenta arançadas, e cinco yugadas.

A Garfán veinte arançadas, e quatro yugadas.

A Saul veinte arançadas, e quatro yugadas.

A don Çag, fijo de don Samuel, treinta arançadas, e cinco yugadas.

A don Çulemán Pintadura quarenta arançadas, e seis yugadas.

Al alfaquí de Talavera veinte arançadas, e quatro yugadas.

A rabí Yagozo treinta arançadas, e cinco yugadas.

A su compannero Miniac treinta arançadas, e cinco yugadas.

A don Juçef alfaquí cien arançadas, e las mejores casas e un molino.

A rabi diez arançadas.

A don Juçef de Lisbona diez arançadas, e dos yugadas.

En Facialcáçar ciento e treinta yugadas, anno e vez.

J. González, *Repartimiento de Sevilla*, Madrid, CSIC, 1951, vol. I, 252, 279, 280, 362 y vol. II, 65, 247.

5. *La consideración legal de los judíos en Las Partidas*

3. Antiguamente los judíos fueron muy honrados et habien grant privillejo sobre todas las otras gentes; ca ellos tan solamente eran llamados pueblo de dios; mas porque ellos fueron desconoscientes a aquel que los habie honrados et previllegiados, et en lugar de facerle honra deshonraronle dandol muy aviltada muerte en la cruz, guisada cosa fue et derecha que por tan grant yerro et maldat que ficieron que perdiesen la honra et el privilegio que habien; et

por ende daquel dia en adelante que crucificaron a nuestro sennor Jesu Christo nunca hobieron rey nin sacerdote de si mismos, asi como lo habian ante. Et los emperadores que fueron antiguamente sennores de algunas partes del mundo tovieron por bien et por derecho que por la traycion que ficieron en matar a su sennor que perdiesen por ende todas las honras et los privillejos que habien, de manera que ningut judio nunca toviese jamas lugar honrado nin oficio publico con que pudiese apremiar a ningunt christiano en ninguna manera.

11. Muchos yerros et cosas desaguisadas acaescen entre los christianos et los judios et las christianas et las judias, porque viven et moran de so uno en las villas, et andan vestidos los unos asi como los otros. Et por desviar los yerros et los males que podrien acaescer por esta razon, tenemos por bien et mandamos que todos quantos judios et judias vivieren en nuestro sennorio que trayan alguna sennal cierta sobre las cabezas que sea atal, por que conoscan las gentes manifiestamente qual es judio o judia, Et si algunt judio non levase aquella sennal, mandamos que peche por cada vegada que fuese fallado sin ella diez azotes publicamente por ello.

Las Siete Partidas (1256-1265) de Alfonso X el Sabio, Partida VII, 24, 3 y 11, ed. Academia de la Historia, Madrid, 1807.

Mapas y planos

FUENTE: Manuel González Jiménez.
"Fiscalidad regia y señorial entre los mudéjares
andaluces (siglos XIII-XV", en *Actas del V Simposio
Internacional de Mudejarismo*. Teruel, 1992, pp. 225-226.

Figura 1. Aljamas mudéjares andaluzas anteriores a la revuelta de 1264

ALJAMAS HEBREAS

Figura 2. Aljamas judías andaluzas (E. Cabrera Muñoz, «La sociedad andaluza bajomedieval», en *Cuadernos de Trabajo de Historia de Andalucía, III. Bajomedieval.* Seminario Permanente de Historia de Andalucía. Consejería de Cultura de la Junta de Andalucía, Sevilla, 1982)

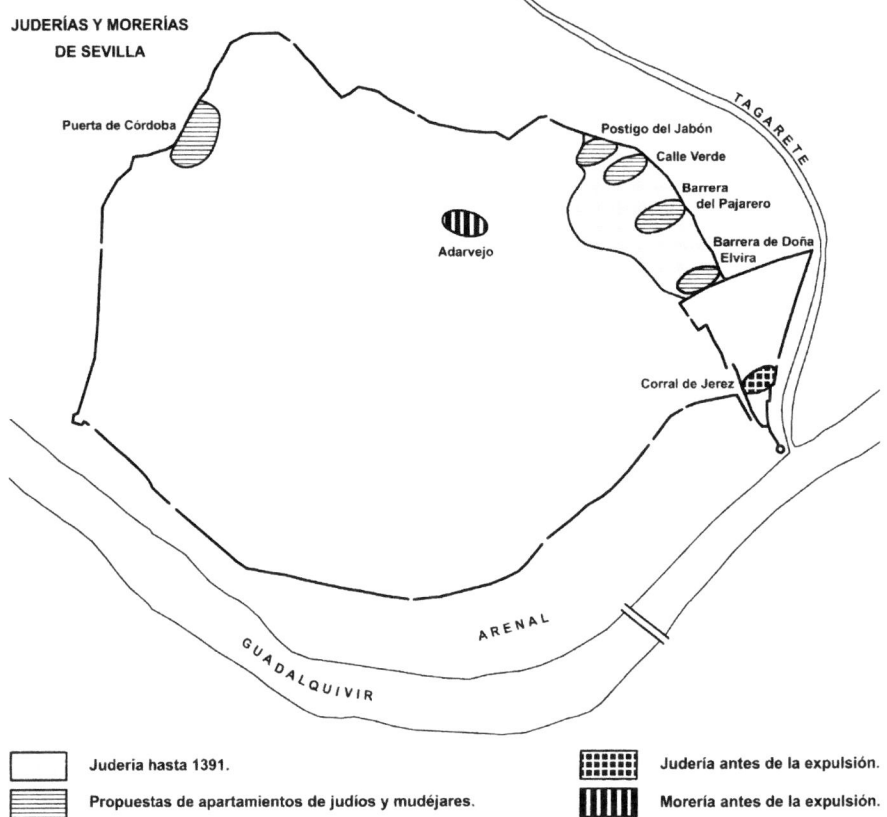

Figura 3. Juderías y morerías de Sevilla. A. Collantes de Terán Sánchez, *Sevilla en la Baja Edad Media. La ciudad y sus hombres*, Sevilla, Ayto. de Sevilla, 1984, 92

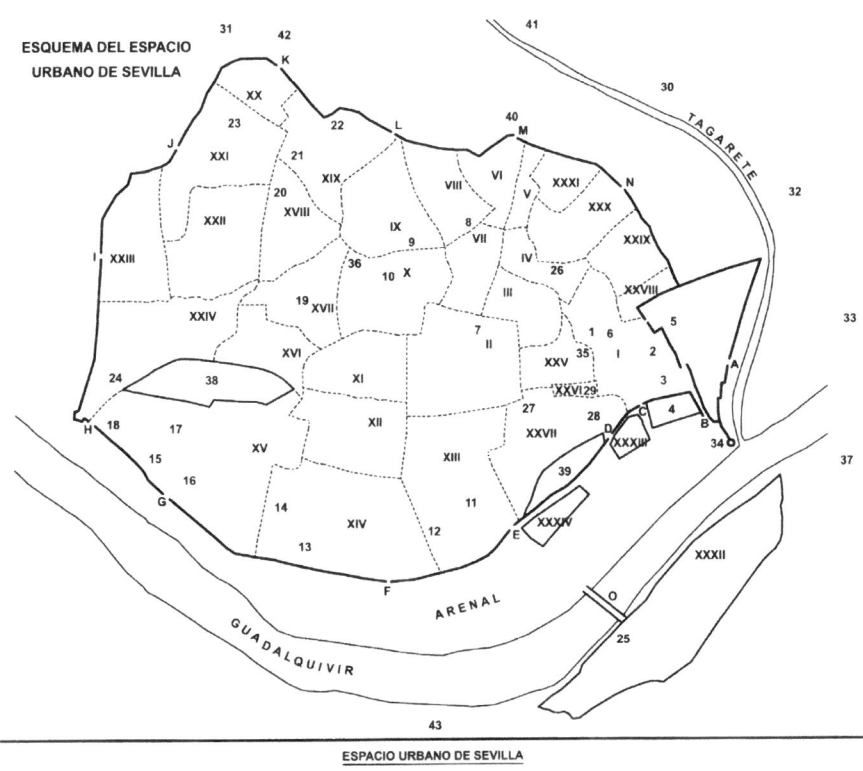

ESQUEMA DEL ESPACIO
URBANO DE SEVILLA

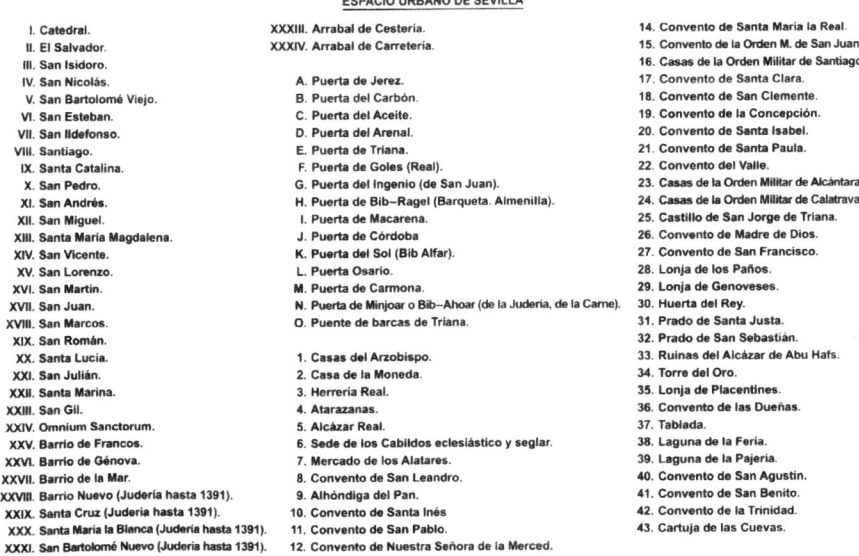

ESPACIO URBANO DE SEVILLA

I. Catedral.
II. El Salvador.
III. San Isidoro.
IV. San Nicolás.
V. San Bartolomé Viejo.
VI. San Esteban.
VII. San Ildefonso.
VIII. Santiago.
IX. Santa Catalina.
X. San Pedro.
XI. San Andrés.
XII. San Miguel.
XIII. Santa María Magdalena.
XIV. San Vicente.
XV. San Lorenzo.
XVI. San Martín.
XVII. San Juan.
XVIII. San Marcos.
XIX. San Román.
XX. Santa Lucía.
XXI. San Julián.
XXII. Santa Marina.
XXIII. San Gil.
XXIV. Omnium Sanctorum.
XXV. Barrio de Francos.
XXVI. Barrio de Génova.
XXVII. Barrio de la Mar.
XXVIII. Barrio Nuevo (Judería hasta 1391).
XXIX. Santa Cruz (Judería hasta 1391).
XXX. Santa María la Blanca (Judería hasta 1391).
XXXI. San Bartolomé Nuevo (Judería hasta 1391).
XXXII. Santa Ana (Triana).

XXXIII. Arrabal de Cestería.
XXXIV. Arrabal de Carretería.

A. Puerta de Jerez.
B. Puerta del Carbón.
C. Puerta del Aceite.
D. Puerta del Arenal.
E. Puerta de Triana.
F. Puerta de Goles (Real).
G. Puerta del Ingenio (de San Juan).
H. Puerta de Bib–Ragel (Barqueta. Almenilla).
I. Puerta de Macarena.
J. Puerta de Córdoba.
K. Puerta del Sol (Bib Alfar).
L. Puerta Osario.
M. Puerta de Carmona.
N. Puerta de Minjoar o Bib–Ahoar (de la Judería, de la Carne).
O. Puente de barcas de Triana.

1. Casas del Arzobispo.
2. Casa de la Moneda.
3. Herrería Real.
4. Atarazanas.
5. Alcázar Real.
6. Sede de los Cabildos eclesiástico y seglar.
7. Mercado de los Alatares.
8. Convento de San Leandro.
9. Alhóndiga del Pan.
10. Convento de Santa Inés.
11. Convento de San Pablo.
12. Convento de Nuestra Señora de la Merced.
13. Convento del Carmen.

14. Convento de Santa María la Real.
15. Convento de la Orden M. de San Juan.
16. Casas de la Orden Militar de Santiago.
17. Convento de Santa Clara.
18. Convento de San Clemente.
19. Convento de la Concepción.
20. Convento de Santa Isabel.
21. Convento de Santa Paula.
22. Convento del Valle.
23. Casas de la Orden Militar de Alcántara.
24. Casas de la Orden Militar de Calatrava.
25. Castillo de San Jorge de Triana.
26. Convento de Madre de Dios.
27. Convento de San Francisco.
28. Lonja de los Paños.
29. Lonja de Genoveses.
30. Huerta del Rey.
31. Prado de Santa Justa.
32. Prado de San Sebastián.
33. Ruinas del Alcázar de Abu Hafs.
34. Torre del Oro.
35. Lonja de Placentines.
36. Convento de las Dueñas.
37. Tablada.
38. Laguna de la Feria.
39. Laguna de la Pajería.
40. Convento de San Agustín.
41. Convento de San Benito.
42. Convento de la Trinidad.
43. Cartuja de las Cuevas.

Figura 4. Espacio urbano de Sevilla. M. Á. Ladero Quesada, *Historia de Sevilla. La ciudad medieval (1248-1492)*, Sevilla, Universidad de Sevilla, 1989

Ilustraciones

Cantiga 63: Enfrentamiento armado entre cristianos y musulmanes *Cantigas de Santa María* (El Escorial, ms.T.I.1) (*CSM* 63), f. 92r.

Cantiga 185: El alcalde cristiano de Chincoya hace las paces con el alcalde musulmán de Bélmez *Cantigas de Santa María* (El Escorial, ms.T.I.1) (*CSM* 185), f. 246v.

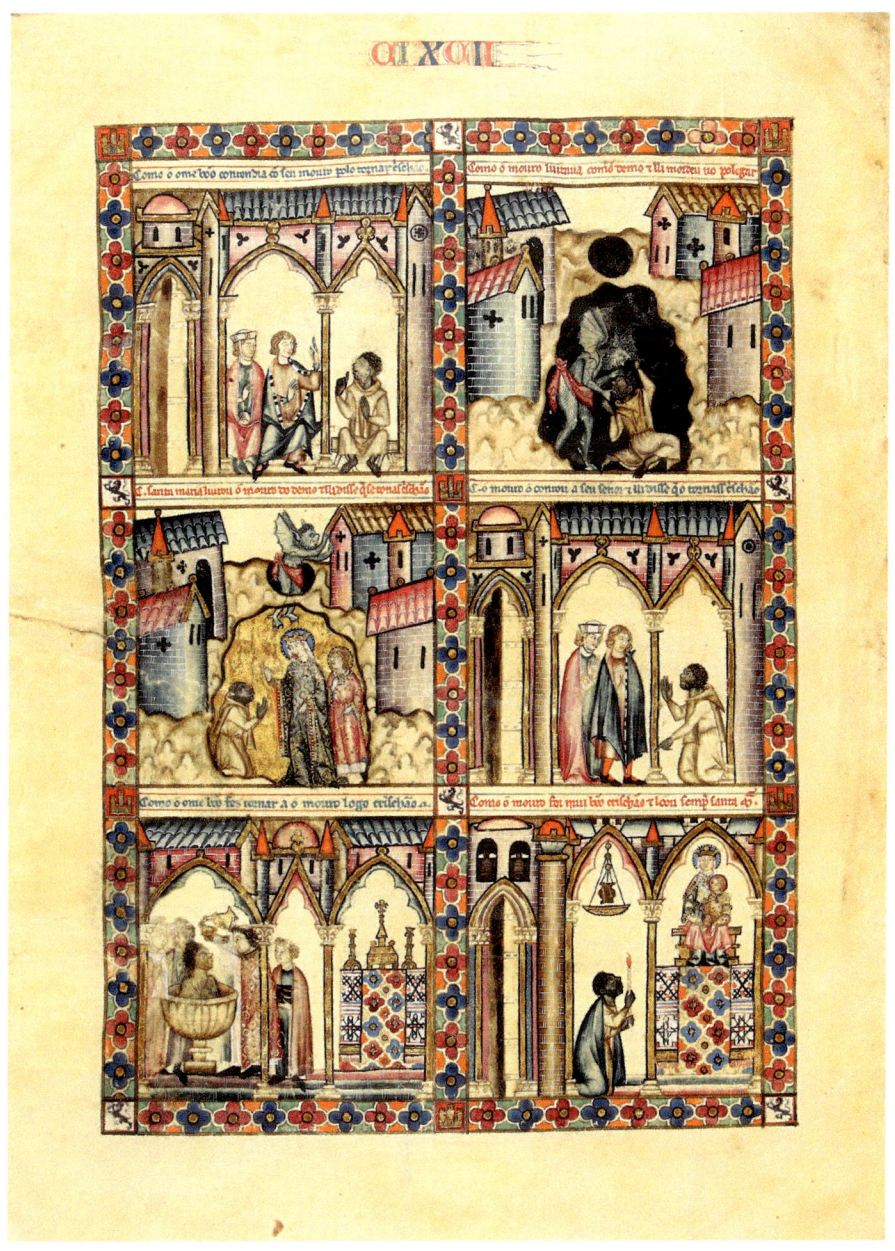

Cantiga 192: La Virgen libera a un moro y se convierte *Cantigas de Santa María* (El Escorial, ms.T.I.1) (*CSM* 192), f. 252v.

Cantiga 4: Como un judío aprendía a leer con los cristianos *Cantigas de Santa María*
(El Escorial, ms.T.I.1) (*CSM* 4a), f. 9v.

Cantiga 25: Conversión de un prestamista judío por intervención de Santa María
Cantigas de Santa María (El Escorial, ms.T.I.1) (*CSM* 25a-f), f. 38v.

Cantiga 85: La Virgen señala a un judío a sus correligionarios condenados en el infierno *Cantigas de Santa María* (El Escorial, ms.T.I.1) (*CSM* 85a-f), f. 125v.

Libro de los Juegos o Libro del ajedrez, dados y tablas: Alfonso X el Sabio y su corte *Libro de axedrez, dados e tablas* (El Escorial, ms. T.I.6)

Prólogo: Alfonso X, ataviado como trovador, con su corte *Cantigas de Santa María* (El Escorial, ms.T.I.1) (*CSM*: Prólogo), f. 4v.

LAS PRIMERAS SOCIEDADES HUMANAS Y SU PROGRESO SEGÚN LA *GENERAL ESTORIA* DE ALFONSO EL SABIO. BREVE COMENTARIO

Miguel Ángel Ladero Quesada
Universidad Complutense, Madrid

Introducción

Los historiadores que escribieron la *General estoria*, bajo la dirección o tutela de Alfonso X *el sabio*, tuvieron una notable capacidad sintetizadora y, a la vez, una evidente curiosidad analítica en el tratamiento y uso de sus fuentes de conocimiento, un afán, en definitiva, de sistema para descubrir la armonía y la finalidad de la Historia humana. Fueron, además, los fundadores del castellano como lengua plenamente útil y rica en matices, válida para escribir libros de Historia: «no hay obra, en toda la Edad Media, que pueda comparase a la *General estoria*» escribe un autor que la considera como una «prodigiosa estructura del saber y del conocimiento»[1]. Escrita a partir de 1270, aproximadamente, hasta el fallecimiento de Alfonso X en 1284, sus magnas dimensiones han dificultado la edición completa hasta hace pocos años, aunque la primera de sus seis partes contaba con una buena edición anterior[2]. Es una

---

1. Fernando Gómez Redondo, *Historia de la prosa medieval castellana*, Madrid, Cátedra, 1998, I, 686. El autor ofrece una amplia y excelente síntesis y comentario de la *General estoria* en las páginas 686-796 del libro.
2. Alfonso X el Sabio, *General Estoria*, VI partes (tomos I-X), Pedro Sánchez-Prieto (coord.), Madrid, Biblioteca Castro, 2009, 7.245 páginas [Sánchez-Prieto ya había editado la primera parte de la *GE* en 2001]. Alfonso X el Sabio, *General Estoria*, primera parte, ed. por Antonio G[arcia] Solalinde, Madrid, Centro de Estudios Históricos, 1930, LXXXI + 827 páginas. Comentario sobre la edición de Sánchez-Prieto por Irene Salvo García en *e-Spania* [en ligne], 9, juin 2010. Información sistemática sobre ediciones y estudios en Belén Almeida, «*General Estoria*. Breve panorama crítico», *Revista de El Colegio de San Luis*, 3, 6 (2013) [San Luis Potosí].

obra ampliamente estudiada desde diversos puntos de vista, pero la lectura y análisis de su contenido siempre puede dar motivo a comentarios interesantes acerca de las ideas que expresa sobre el discurrir de la historia humana a través del tiempo, ideas que los autores de la *General estoria* compartían con otros de su época o de otras anteriores cuyos escritos conocían y utilizaban.

Así, en la división de la historia humana por *edades*, se atienen al modelo común, basado en la Biblia y bien establecido desde la obra de Eusebio de Cesarea y su difusión por Agustín de Hipona: La primera edad, de Adán a Noé; la segunda, de Noé a Abraham; la tercera, de Abraham al comienzo del reinado de David; la cuarta, de David a la pérdida del reino o «cautiverio de Babilonia»; la quinta desde el «cautiverio» hasta el nacimiento de Jesucristo, y la sexta y última a partir de ese momento culminante de la Historia (*GE* primera parte, X. II,III)[3].

En la sexta edad concluyen los procesos de traslación de los centros del poder y del saber, de Oriente a Occidente. Los primeros, según Otón de Freisinga (c. 1114-1158), tío del emperador Federico I (*Chronicon quod de duabus civitatibus intitulavimus*), porque ha ocurrido una *translatio imperii* a través de cuatro poderes universales en la que cada uno sucede al anterior: Babilonia, Persia, Grecia y Roma, que fue primero imperio pagano y continúa, ya cristiano, hasta el fin de la sexta edad. La idea enraizaba también en el pasaje del *Libro de Daniel* sobre los «cuatro reinos», y ya había sido expresada por San Jerónimo y Paulo Orosio[4]. No tuvo tanta difusión fuera de Francia –aun reconociendo el prestigio de París como centro de actividad intelectual– la propuesta sobre una *translatio studii*, imaginada por Chrétien de Troyes en su *Cligès* (1176), a partir de la misma idea matriz de la sucesión de los imperios, consistente en el desplazamiento del centro del saber intelectual de Grecia a Roma y de ésta a la Francia del siglo XII[5].

---

3. Emmanuela PRINZIVALLI, «Sentido del tiempo y nacimiento del pensamiento histórico en el cristianismo desde sus orígenes hasta Eusebio de Cesarea», *Teología y Vida*, 59/2 (2018), 253-285; Eduardo BAURA GARCÍA, *Aetatis mundi sunt... La división de la historia durante la Edad Media (siglos IV a XIII)*, Madrid, La Ergástula, 2012. San Agustín detalla la periodización en seis edades en *De Civitate Dei*, XXII.30.5.

4. *Daniel*, 2; 31-39. Daniel interpreta el sueño de Nabucodonosor: después de tu reino –de oro–, «surgirá otro reino, inferior a ti, y luego un tercer reino de bronce que dominará toda la tierra. Luego vendrá un cuarto reino, duro como el hierro, que todo lo tritura y machaca ... En tiempo de estos reyes, el Dios del cielo hará surgir un reino que jamás será destruido..., pulverizará y aniquilará a todos estos reinos, y subsistirá para siempre».

5. Enrico FENZI, «Translatio studii e translatio imperii. Appunti per un percorso», *Interfaces. A Journal of Medieval European Literatures*, 1 (2015), 170-208. Más amplio en su «*Translatio Studii* e imperialismo culturale», en *La fractura historiográfica: las investigaciones de Edad Media y Renacimiento desde el Tercer Milenio*, coord. Francisco Javier Burguillo y Laura Mier, Salamanca, SEMYR (Seminario de Estudios Medievales y Renacentistas), 2008, 19-121.

Otro criterio de división de la historia humana, distinto pero no contrario al de las seis edades, se basó en la idea judía de los «tres estados», expuesta en el *Talmud* de Babilonia, que distinguía entre los primeros dos mil años, sin Ley, otros dos mil bajo la Toráh o Ley judaíca, y los últimos dos mil o «tiempo mesiánico». San Agustín ya tuvo conocimiento de este esquema ternario, pero fueron Honorio de Autun y Hugo de San Víctor, en el siglo XII, quienes lo adaptaron al pensamiento cristiano: *ante legem* o tiempo de la ley natural; *sub lege* o tiempo de la Ley mosaica; *sub gratia*, desde la redención por Cristo. Los autores de la *General estoria* también se sirvieron de este criterio tripartito, como veremos, sin relación con la interpretación milenarista de Joaquín de Fiore y sus seguidores, tan difundida por los mismos años en que escribían[6].

* * * * *

La *General estoria* utiliza el relato bíblico, pero también otros profanos relativos a historia de los «gentiles» tomados de diversos autores clásicos –son las *estorias de los sabios antiguos*– o de compiladores medievales. Esto ocasiona a sus autores la dificultad, a veces insuperable, de combinar datos de una y otra procedencia, lo que suele resolverse apelando a la yuxtaposición o sucesión de relatos y no a su mezcla, salvo para indicar algunos términos cronológicos comunes cuando es posible[7].

Pero, cuando la discrepancia es total, se soslaya exponiendo dos Historias de la Humanidad distintas, lo que permite integrar en la *General estoria* relatos que, de otra manera, serían incompatibles. Así sucede que en la *primera edad*, de Adán a Noé, los hombres ya crean técnicas y se organizan socialmente, pero todo parece extinguirse con el Diluvio, excepto Noé y los suyos, a modo de eslabón en la cadena humana que conduce de Adán a Jesucristo: una «liña apartada e escojecha de todos los otros omnes fasta'l comienço de la sexta edat, pora aver ende sin toda señal de pecado a Sancta María Virgen, dond nasciesse Christo que salvasse el mundo como lo fizo» (*GE* primera parte, III, X).

La primera parte de la *General estoria* se fundamenta en el Pentateuco para narrar el origen de la humanidad pero, al historiar la *segunda edad* del mundo y la *tercera* hasta Moisés –esto es, el *tiempo d'ante de la ley*–, sin dejar de aludir a esa línea especial aparte propia de la historia sagrada, presenta la

---

6. Véase Miguel Ángel LADERO QUESADA, *Persona y mundo en la Edad Media. Algunos fundamentos de la cultura europea*, Madrid, Dykinson, 2023, 565-574 (cap. 9: el Tiempo, epígrafe IV.4. Milenarismos).

7. *Vid.* los comentarios de Pedro SÁNCHEZ PRIETO en la Introducción a su edición de *General Estoria*, primera parte (Madrid, 2009, XLIII-LX: «Concepción de la Historia. La idea y el género»).

evolución de la sociedad en términos de historia profana y lo hace integrando en la narración general, capítulos o párrafos que proporcionan una explicación sobre los orígenes de la civilización hasta llegar a los tiempos plenamente históricos. Este es el argumento que voy a exponer aquí comentando los tres aspectos principales de la explicación que, además, están próximos en el relato a modo de elementos inseparables, esenciales los tres para alcanzar una explicación de conjunto: 1.º técnicas y saberes prácticos / 2.º orden social y del poder / 3.º creencias y prácticas religiosas.

1. La primera edad. Los descendientes de Caín y de Set, hasta Noé

En la *primera edad*, vivieron hombres de longevidad extraordinaria hasta que, cuando llegaba a su fin aquella época anterior al diluvio universal, Yahvéh estableció la duración máxima de la vida humana en ciento veinte años[8]. Además, no estuvo vigente la prohibición del incesto, que fue universal en las edades siguientes especialmente a partir de la promulgación de la Ley por Moisés: «non fueron echados de los casamientos más destas quatro personas: el padre e la fija, e la madre e el fijo» (GE, I.XIII). Tal vez ocurrió esto para asegurar la multiplicación de la especie humana, pero se condenaba la bigamia: «ca maguer que en el comienço de los omnes casauan los hermanos con las hermanas, pero non tomauan en un tiempo e en uno más de una».

Y, no obstante, la hubo: Lamech o Lamek, hijo de Metusael, que a su vez fue tataranieto de Caín, «fizo bigamia. Et es bigamia auer dos mugeres... que es gran pecado». Adá y Sil·lá, que tales fueron sus nombres, le dieron setenta y siete hijos, aunque sólo se conoce el nombre de cuatro, todos ellos descubridores de técnicas y saberes muy útiles para la vida humana, por lo que la *General estoria* les presta especial atención[9]:

— *Iabel, la crianza de ganados y las artes de caza y pesca* (I.XV):

> Salló omne amador de ganados e acogiose a auer los e a criarlos e a andar con ellos por los montes e por todos los logares por o los pudiesse auer ... Fue el primero que falló para los pastores maneras de tiendas en qu emorasen en los

---

8. *Génesis*, 6,3: «Entonces dijo Yahvéh: «no permanecerá para siempre mi espíritu en el hombre, porque no es más que carne; que sus días sean ciento veinte años».

9. *Génesis*, 4, 20-24: Adá dio a luz a Yabal, el cual vino a ser padre de los que habitan en tiendas y crían ganado. El nombre de su hermano era Yubal, padre de cuantos tocan la cítara y la flauta. Sil·lá, por su parte engendró a Túbal-Caín, padre de todos los forjadores de cobre y hierro. Hermana de Túbal-Caín fue Naamá. *Génesis*, 5, 25. Otro Lámek, de la estirpe de Set, fue hijo de Matusalén y padre de Noé.

estremos (porque no siempre se hallaban cuevas o cobertizos)… E partir los ganados en greyes de sennas maneras, como lo fazen aun agora los pastores de nuestro tiempo…

Separó a las cabras de las ovejas, a los carneros de los corderos, a las que criaban hijos de las que no, las que eran de un color de las de otro.

E asmó otrossi quando serie bien de trasquilar e puso en qué tiempo trasquilassem los ganados e diessen los fijos a mamar a las madres e otrosí quando los partiessen dellas, e señalar los todos con fierro de sennal por o fuessen connoscidos los unos entre los otros, e todas las otras cosas que pertenecíen a guarda de ganados e a los guardadores dellos.

Además, andando por los montes, fue el primero en elaborar el arte e las mahestrías para prender los uenados … et otrossí las maneras de caçar e de correr monte, e de pescar con red e con los otros estrumentos que son para ello.

— *Jubal, de los fechos de la música* (I.XVI, XVII y XIX):

Sallió omne de natura de pagarse de sones e de las concordanças e de las dulçedumbres dellos más que de otra cosa… y fue el que falló primeramente la mahestría de la música, que es el arte de cantar e de fazer sones.

Primero en hacer çitolas, uiyuelas, farpas e muchos otros estrumentos. Utilizó primero sedas de bestias, luego averiguó que las cuerdas de los ganados eran mejores y no se quebraban con tanta facilidad e fazen mayores uozes e meiores sones…

Después, otros hallaron las maneras de las cuerdas de seda, que son la flor de las uozes e de los sones en los estrumentos que con cuerdas de ganados se tannen. Y luego, fueron fallados el salterio e los órganos e otros estrumentos muchos.

Su hermano Iabel, cuando venía de sus ganados a la puebla de la uilla, gustaba mucho de oir los instrumentos, e mesuró que algunas alegrías de tales como aquellas, que buenas seríen para toller tristeza a los sus pastores en los montes onde andauan con los ganados, e que les daríen algún solaz e alegría, porque sufriessen meior las lazerías que allí leuaban. Pidió a su hermano que hiciera algunos instrumentos para los pastores y éste fizol para ellos albogues e albogones e mandurrías. Más adelante, otros pastores hicieron instrumentos como las pipas e otras cosas que fizieron de las cosas que los sus ganados criaban en las cabeças, que tannen e suenan muy bien por los montes, et esto assí lo fazen aun agora.

(I.XIX) Jubal oía a su hermano Thubalcaym labrar los metales y de los sones que se fazíen y de los martiellos … Jubal tomó el comienço de los sones … que metíe en los estrumentos en que fazie las concordanças de la música… Sobre lo al, estudió él después e sotelizó e falló por sí mucho en esta arte adelante, ca maguer que los sones de los martiellos de los ferreros lo aprisiera, pero aquellos sones eguales eran e ygualmentre sonauan; onde assacó él después por sí temprar las cuerdas, las unas altas e las otras baxas e las otras en medio, e fizolas todas responder en los cantares, cada una en sus uoces e acordar con ellas, donde se fazen las dulçedumbres que plazen mucho a los omnes e los alegran.

(I.XVII) Además, Iubal, para que no se perdiera el saber de la música (sabedor de que vendría el primer fin del mundo por el agua, y el segundo por el fuego), hizo dos pilares, uno de piedra (que aguantara el desgaste del agua) y otro de ladrillo (que aguantara el calor del fuego), en los que escribió, en cada uno, todo aquel saber de aquel arte de la música que el fallara e sabíe. Según glosadores del Génesis, el pilar de piedra estaba en tierra de Siria.

— *Thubalcaym, hermano de Jabel y de Iubal* (I.XVIII):

Fue ferrero en todas obras de cobre e de fierro e que labró muy bien de martiello en todo metal, de modo que fue el primero que el arte de la ferrería e de labrar el fierro e los otros metales falló. E hizo armas de hierro, para lidiar e ferir, y fue omne lidiador e ensennó lidiar e tazer las armas.

Thubalcaym aprendió a hallar los metales y a hacer tallas con ellos recorriendo los yermos donde antes hubo seluas tan espessas como numqua andudieran aun omnes por y, de modo que los primeros en recorrerlas prendieron fuego para poder andar, y los fuegos fueron tales que fundió metales de uenas que auie allí dellos y tomaron formas como de piedras o maderas sobre las que habían caído al fundirse... que Thubalcaym descubrió y así aprendió a fundir metales y, a partir de eso sacó el entallar e enleuar e pintar.

— *Noema, hermana de padre y madre de Thubalcayn y casada con él* (I. XX):

Fue sotil e entenduda como sus hermanos, e falladora de sus mahestrías, como ellos, ca ella falló primeramente el arte del texer e fazer muchas mahestrías en ello e en los pannos, e el comienço de labrar de aguïa.

2. La Humanidad post-diluviana

Hemos de suponer que todo lo anterior desapareció con el diluvio universal porque no hay conexión con lo que se lee en la *General estoria* sobre las formas de vida de los descendientes de Noé, especie de nueva humanidad, y de cómo fueron mejorando en el tiempo *d'ante de la ley*. Previamente, hay una descripción detallada de las tres partes del mundo y cómo se poblaron a partir de los tres hijos de Noé: Sem, Cam y Jafet (II.XXIII y ss.), y de la diversidad de lenguas usadas «por los del linaje de Jafet», es decir, los europeos (III.IX):

Sabuda cosas es por razón e por natura e los sabios assí lo mostraron por sus libros, que, como el mundo es fecho redondo, que otrossí es redonda la Tierra, y los sabios hallaron que tenía tres partes: Asia, Europa y África.

Mas agora, pues que dixiemos de las moradas e de los acabamientos de Noé e de sus fijos e de las pueblas de sus generaciones e de los lenguages de Europa, queremos luego dezir de las primeras costumbres e creencias de todos.

2.1. «De las primeras costumbres de los omnes». La edad primitiva, evocada por los autores clásicos, no fue una edad de oro

III.X. Primeramente, los omnes non creyen en Dios nin tenien creencia ninguna nin orauan a El nin a otra cosa, nin auien mugieres apartadas, nin catauan en auer fijos connosçudos, nin casauan… Biuien mas a maneras de costumbres de bestias que non de omnes.

No plantaban árboles, ni cuidaban los que hallaban ya plantados. No labraban por pan nin por otra cosa ninguna, no hacían sembrança ninguna de que cogiessen, donde uisquiessen, e el su comer era de las frutas de los áruoles que fallaban por los montes e de las yeruas, e lo más que fazíen para mantener uida era que se acogíen a criar ganados e a auerlos, e beuien agua e de la leche desso ganados, e aun estonçes non sabíen la natura de fazer el queso. E non uistíen uestidura ninguna como los de agora, mas los unos ayuntauan con yeruas e con yuncos como podien de las foias e de las cortezas de los aruoles, e cubrien dello, si más si non, las cosas uergoncosas; los otros de pelleias de bestias e de uenados que mataban ellos o que fallauan muertos, e otrossí de sus ganados quando murien e uistiensse desto. E estos aun estonces non auien casas ningunas, mas morauan en cueuas e so las pennas e so los arboles o las montannas eran muy espessas.

2.2. El despliegue de las capacidades humanas

El despliegue se entiende como un proceso de descubrimiento gracias a la inteligencia humana, al que se añade la capacidad de aprender lo ya hecho o hallado por los antepasados. Así lo expresan claramente cinco breves textos situados al comienzo de los capítulos en que se describe el avance en varias fases:

III.XI. Vinieron luego otros, después de aquellos primeros hombres, que entendian ya más las razones en las cosas e mesuraron que alguna natura de mahestría deuie y auer pora fazer los omnes al de uestir…

III.XIII. Vinieron después otros hombres que assacaron mas en los saberes de las cosas…

III.XIIII. En pos estos ancianos uinieron otros e mesuraron ya más en las naturas, e en los poderes, e en los estados de las cosas, e en buscar, e en assacar meiores aposturas…

III.XV. Siguieron otros hombres que, aprovechando lo que les dejaron escrito los ancianos y por la sotileza que tomauan en sí daquello que dellos aprendíen … assacauan sobrello más de suyo.

III.XVII y XVIII. Cuando ya se conocía la escritura, otros hombres de qui agora dixiemos escodrinnaron e apuraron más e meior los saberes e las scientias, e fizieron meiores escriptos e meiores libros que todos los otros, e ordenaron meior las razones.

2.3. Progreso de las técnicas y de la organización social

III.XI.

– [vestido] … E mesuraron que alguna natura de mahestría deuie y auer pora fazer los omnes al de uestir si non lo que ellos trayen… … para no morir de frío o calor, pues veían a todas las otras animalias nascer uestidas todas, cada una de sus naturas…, con lanas, cabellos, conchas, cueros duros, plumas y pennolas, u otras cosas… De modo que aprendieron a tejer con dedos y con fustes, commo meior podíen las lanas y cabellos de las bestias… como antes lo hacían con hierbas y hojas …e fizieron desta guisa las primeras uestiduras quales ellas podren seer.

– [vivienda] Y después aprendieron a hacer chozas con maderas y ramas, arrimadas a las pennas e a los grandes aruoles.

– [alimento] Y començaron ya a labrar la tierra, e sembrar, e coger donde uisquiessen, e llantar arboles, e comer de las carnes de las otras animalias e de las aues que fallauan muertas o que las caçauan e matauan ellos.

III.XII.

– [vestido] … Comenzaron a mejorar los paños, a tener tintes.

– [vivienda] … Como seguían sin hacer casas e iban con el ganado, aprendieron a hacer tiendas de pannos sobrepuestos en uaras e en maderos en que orassen, e salieron de las choças e morauan en tiendas que leuauan de logar e logar con sus ganados. E a estas tiendas dieze en latín magalia, e es magale casa pastoril, fascas de pastor….

– [Alimento] Aquellos hombres comían ya carnes pero no las cocíen ca non sabien aun ende la natura, sino que las secaban al sol.

– [Comienzos de la sedentarización] Paulatinamente disminuyó el nomadeo y la promiscuidad sexual, y se fueron asentando en lugares que veyen buenos de heredades e de montes e de aguas, se instalaron en ellos de modo más sedentario, e ouieron mugieres connosçudas para que conosçiesen sus fijos, e labraron las heredades, e llantaron arboles, e criaron e partieronlo entre sí porque sopiesse cada uno qual era la su tierra e qual el su frutero, e non uiniesse a contienda nin a pelea con su pariente nin con su vezino.

III.XIII.

– [Vivienda] Comenzaron a hacer toscas casas de maderos mal doblados e tuertos … atados con uelortos de mimbres e de piertegas, porque no sabían de carpintería.

– [Vestido] Vistieron mejor que antaño e assacaron pora los pies calçaduras de cueros de bestias.

– [Alimento] Fizieron fuego e começaron a assar las carnes e los pescados que comien, e sabienles meior.

– [Domesticación de animales] Otros comenzaron a domar las bestias e caualgarlas por yr más ayna e más sin lazería o querien, e seruirse dellas en otras guisas pues ya las no orauan ya aquellos, si non, non gelo faríen.

– [Armas. Guerras] Se generalizó el uso de arcos y dardos por temor a las guerras que habría entre los uandos de las cosas que oraban e en que creyen, lo al por la caça que asauan.

III.XIIII.

– [Vivienda] Hicieron casas de piedra mampuesta con lodo.

– [Domesticación de animales] Hicieron unos estrumentos e fechuras como en manera de siellas, que echauan a las bestias que caualgauan, e en lugar de frenos – que non sabien aun fazer– enfrenabanlas con belortos que les atauan a las bocas porque las mandassen meior.

III.XVII y III.XVIII.

– [Vivienda] Y los hombres que tuvieron sotileza para assacar todas estas cosas, comenzaron a hacer casas de piedra dolada e assentada con cal e con arena e bien cubiertas… e con puertas ya.

– [Cabalgaduras. Armas] Y sillas y frenos para cabalgar. Y espadas, lanzas, escudos y otras armas para lidiar, todo muy apuesto ya.

– [Vestido. Adornos] Y escodrinnaron las naturas por o ouieron la seda e como se texiesse, con el oro, la plata, el aliofar, e colorada de muchas naturas e de colores.

Todo ello para ornato de los templos y sus ceremonias. Y para que se vistiesen los reyes, reinas y sus hijos e los otros principes e los omnes buenos, cada uno como pertenesciessen.

Y produjeron también muchas maneras de pennas grises e ueras, blancas e otras para fortalecer los paños y mejorar los vestidos.

Y sortijas, anillos, zarcillos, bronchas, argollas, y todo esto para ellos, para sus mujeres y para quien lo quisiese comprar.

[XVIII] Se vistieron mejor e más noblemiente con paños de seda con oro e plata más sotilmente que los dante dellos, porque metieron piedras preciosas en los paños, cosa que nunca se hizo antes, e hicieron coronas para los reyes y reina, y pusieron en ella muy ricas piedras. E hicieron los zarcillos, corales, bronchas, armellas y anillos mucho mejor que los de antes, así como cintas y zapatos dorados … e asi se adelantaron en todos los otros affeytamientos.

– [Alimento] Y buscaron y sacaron los adubes de las carnes e de los pescados que comen, e fazer maniares de muchas maneras e de muchos sabores departidos los unos de los otros, por tener uiciosos los omnes comiendo de muchos comeres.

– [Moneda. Comercio] Fueron los primeros que hicieron moneda con que comprauan las cosas, ca ante desto non las solien comprar mas camiauan una por otra, maguer que ualiesse más ell una.

2.4. Nacimiento y evolución de las creencias y ritos religiosos

III.XII.

– De primero comienço de la uana creencia de los omnes:

Comienzan a situar en piedras claras e fermosas e fuertes, e asmaron e dizien que allí era dios, e baxauanse contra ellas e orauan las.

– Vieron, además, que hierbas y árboles crecían, e touieron que eran creaturas más llegadas a Dios que non las piedras … sin toda natura de alma y sin frutos de que se gouernassen los omnes e las otras animalias.

Y por estas razones, muchos dexaron de aorar las piedras e aoraron las yeruas e los aruoles.

III.XIII.

– Y pararon mientes… y pensaron que los animales, que se movían, comían y procreaban eran más cerca de Dios que aquellas otras cosas que dixiemos antes, e dexaron por estas razones de aorar a las otras e aoraron a éstas…. Más adelante, sobre esto començaron a seer ya más sotiles y al ver que los peces eran igualmente seres vivos y más limpios, por morar en las aguas, dexaron por esto de aorar a las bestias e aorabuan a los pescados.

Yendo a más en estas razones quanto más yuan uiniendo en pos los otros, hallaron que las aves volaban y recorrían en poco tiempo grandes distancias, y eran más libres, pensaron que estaban más llegadas a Dios… e dexaron de aorar las otras cosas que aorauan antes e aoraron a las aues.

– Señala que los hombres no matauan ni comien ninguna daquellas cosas en que auien su creencia: sucesivamente, piedras, hierbas, árboles, peces, aves… Sectas diversas que se formaron, esto es, sus appartamientos que toman en sus creencias.

– Se generaliza el uso de arcos y dardos por temor a las guerras que habría entre los uandos de las cosas que oraban e en que creyen, lo al por la caça que asauan.

III.XIV.

– Respecto a las creencias de sus antepasados, pensaron que era mejor adorar a los elementos de los que procedían las piedras, vegetales y animales que habían adorado sus antepasados, porque tenían más poder e natura que los hacían más semejantes a Dios de lo que eran las criaturas.

Primero adoraron a la tierra (que criaba, gobernaba y destruía a las criaturas); más adelante otros adoraron al agua (más amplio, más limpio, de uso necesario y universal); más adelante, otros prefirieron al aire, más amplio aún, que daba figura y color a los seres, y habían de respirarlo todos los vivos, y estaba más cerca de los cielos, que son las siellas de Dios e de los ángeles. Y, aun después, otros prefirieron el fuego, elemento meior e más honrado … porque era más alto e cerca del cielo … e la luz que alumbra lo al porque encierra a los otros tres elementos, e tiene … mayor espacio e mayor lugar en la fechura e en el cuerpo del mundo.

Duró mucho esta creencia de los que adoraban a los cuatro elementos o alguno de ellos: los caldeos al fuego, los egipcios al agua.

– Todos estos que eso fazien fueron gentiles aunque uanidad es, pero lo creyeron los gentiles, que fueron buenos omnes y hubo sabios que lo pusieron por escrito, pero estaban alongados de la uerdadera creencia de Dios…

Pero otras gentes que vinieron después buscaron e fallaron que auie y después desto mas cosas aun mas altas e mas nobles de creencias ante que llegasen a Dios. Agora diremos desto.

III.XV.

– De cómo los omnes creyeron en las estrellas.

Siguieron otros hombres que, aprovechando lo que les dejaron escrito los ancianos y por la sotileza que tomauan en sí daquello que dellos aprendíen … assacauan sobrello más de suyo.

La observación de las estrellas, la Luna y el Sol, les condujo a distinguir entre las siete estrellas que se movían y el resto, que eran fijas. Llamaron a las primeros planetas (e planeta tanto quier dezir como estrella andadora), cada una con su cielo, y las pusieron nombre (Luna, Mercurio, Venus, Sol, Marte, Júpiter, Saturno: del primer al séptimo cielo).

Creyeron que estas siete estrellas eran ya más arriba e más çelestiales e más de la natura de Dios que los elementos, y dejaron de adorar a éstos para hacerlo con ellas. E hicieron, en su honor, siete partes del mundo, siete templos muy grandes e muy onrrados … a que les uenien las yentes a orar e en romería de todas las tierras. Y pusieron con ellos nombre a los siete días de la semana.

E esto los gentiles lo fizieron, que fueron muy sabios omnes en estos saberes e en todos los otros.

Los cristianos han conservado los nombres de los días de la semana, salvo el de Saturno, que dezimos nos sabbato, y el primer día de la semana, que se dice domingo, como día sennoral, e sabbado folgança.

III.XVI.

– De los doze signos del cielo, e que creyeron los omnes en ellos.

Observación de las estrellas fijas del octavo cielo. Son las verdaderas estrellas con derecho de su natura.

Poco a poco, los gentiles descubrieron todos los aspectos del octavo cielo e ouieron la scientia de la astrología, que … tanto quiere dezir como razón o scientia del saber de las estrellas.

En pos esto partieron aquel VIIIº cielo en doze partes, e fizieron figura dellas … e pusieronles nombres según las figuras de las estrellas que parescien en essas doze partes, et dixieronles signos.

Aries (primero porque segund leemos fue criado el mundo en él. Toro. Geminos (dobles o embellizos. Casto y Polux). Cancro (en este signo dizen que fue criada la Luna). Leon. La Uirgen. La Libra (peso o balanza). Escorpio (que es alacrán). Sagitario. Capricornio (es el dezeno, cabra o cabrón con cuernos). Aquario (adozidor de aguas e uertedor dellas e tal es el tiempo en que el sol pasa por él). Peces (dozeno e postrimero signo).

E a la manera destas doze partidas, fizieron doze meses ell anno los gentiles … E creyeron otrossí en estos signos.

III. XVII.

– De las maneras de los dioses de los gentiles

… con sabor de ueer con los oios carnales, assacaron de fazer ymagines a aquellas cosas en que creyen por aorar a ellas. Unos hacen ídolos de sus reyes, príncipes, parientes, amigos, bondades como a la justicia e a la lealdad, a la fortalesa, al saber, a la grandeza, a la mesura e a la cordura. E incluso a las maldades: fiebre y otras enfermedades, hambre, pestilencias, lujuria, traición, e a las otras torpedades e nemigas.

Enumera dioses protectores de diversos productos o calidades: Ceres, Pallas, Diana, Venus, Baco dios de los uinos… e con nescedad orauan los en lugar del uerdadero Dios.

E incluso deificaban a hombre o mujer que ouiesse complidamente alguna destas maneras, quier buena quier mala.

Y comenzaron a hacer templos (pero tiemplo tanto quier dezir como catamiento en Dios, e non deuen alli catar en al e menbrarse de sus peccados e yerros e confessarse e rogar a Dios que gelo perdone, e guardarse a todo su poder de fazer otros e tantas destas cosas).

E hicieron imágenes e ídolos, como relata Plinio, que grand uerguença serie de contarlo todo.

– Y fueron los primeros en tener clérigos que les guardassen aquellos ydolos e recibiessen aquello que les ellos ofresçien, porque según se guardan y limpian los templos se muestran las uirtudes de las sanctidades.

III.XVIII.

– De cómo assacaron los omnes los meiores uestires e los affeytes de sus tiemplos.

Hacían ricas imágenes a los planetas que orauan, y les hacían sacrificios e safumnerios. Y decían que descendien los spiritus en ellos e fablauan de las cosas que auien de uenir de que les preguntauan.

– Y tuvieron ya obispos e sacerdotes que guardan los templos y hacían los sacrificios de animales según que les semeiaua que conuinie a cada una de las planetas… y hablaban a los que venían en romería sobre que era mejor adorar a los planetas que a los elementos.

– Pero entre estos ouo y algunos omnes letrados e sabios que, por su razon e por su saber entendieron que non eran muchos dioses nin podíe seer más de uno, Aquel que da fuerça e uirtud a todas las cosas e ninguna otra cosa non da poder a El, y dijeron que sólo a El se debía adorar… E entre todos aquestos, el que nos fallamos que meior lo entendió e lo mostró en el su tiempo fue Abraham, e de cómo el lo fazie plogo mucho a Dios, onde quiso que él e los de su linage fuessen apartadamente su pueblo, e por esso les mandó circunçidarse, e dallí se començó la ley de los judios.

Después, Moisés la endereçó e confirmó y duró hasta la venida de Jesucristo, de quien començó la ley de los christianos. Mahomat y los otros que vinieron después de Cristo, lo que hicieron fueron herejías, que es tanto como departimiento o yerro de la ley en que omne está.

* * * * *

En resumen, los autores de la *General estoria*, dedicaron varios capítulos de su primera parte a exponer una teoría sobre el despliegue de las capacidades humanas a lo largo de cuatro o cinco etapas, de mayor primitivismo a mayor complejidad. En la primera, apenas hubo vestimentas rudimentarias, chozas adosadas a rocas, ganadería y agricultura incipientes. En la segunda, elaboración de paños y tintes, uso de tiendas para el nomadeo con los ganados, consumo de carne seca, pues no se dominaba el fuego, pero también comienzos de la sedentarización, de la familia y la propiedad privada, de la religión expresada en el culto a piedras y vegetales.

La tercera etapa se caracterizó por nuevas mejoras en las técnicas textiles, apareció el calzado, hubo ya modestas casas de madera, se dominó el fuego y se pudo asar la carne, los hombres aprendieron a domar las bestias de montar y tuvieron arcos, flechas y dardos, se pasó a rendir culto a diversos animales de tierra, mar y aire, y comenzó a haber choques y guerras por motivos económicos o religiosos. La cuarta etapa prolonga, en realidad, a la tercera, con una novedad técnica, la invención de la silla de montar, aunque sin freno, y otra religiosa de mayor calado como fue la difusión del culto a entes más abstractos como eran los cuatro elementos, con la veneración sucesivamente de la tierra, el agua, el aire y el fuego; ocurrió, además, que aquel mayor nivel de abstracción abrió también la vía intelectual para que otros hombres, mucho después, «llegasen a Dios». Un paso previo fue el primer descubrimiento del orden cósmico, el culto a los astros y el desarrollo de la astrología, con sus múltiples usos religiosos y sociales, entre ellos la división o periodización del tiempo: los siete días de la semana según el modelo de las siete «estrellas móviles» (sol, luna y 5 planetas); los doce meses del año según el modelo de la división del cielo de las «estrellas fijas» en doce figuras del Zodiaco.

En la quinta etapa se alcanzó una primera plenitud de la civilización sedentaria. Proliferaron las calidades y formas de los vestidos, con uso de pieles, adornos y joyas, que permitieron distinguir mejor las categorías sociales, aunque no hubiese todavía *leyes suntuarias* como las que el mismo Alfonso X promulgó en su tiempo. Las casas se construyeron ya de buena cantería, con puertas y demás elementos propios de la carpintería. El dominio de las técnicas alimentarias dio lugar al nacimiento de lo que hoy llamamos gastronomía. Se perfeccionaron las sillas, aparejos y freno de las cabalgaduras –es notable que no se mencione la invención de la rueda– y hubo ya armas blancas de todo tipo, tanto defensivas como ofensivas. Se inventó la moneda como medio para agilizar y aumentar los intercambios de bienes. Por supuesto, había ya príncipes y utilizaban corona. Y se diversificó el culto rendido a muchos dioses por el intermedio de ídolos alojados en templos que disponían ya de «obispos e sacerdotes», según declara nuestra historia con cierta ingenuidad terminológica.

Pero fue también entonces, en medio de la idolatría, cuando ocurrió el nacimiento del monoteísmo judaico, a partir de Abraham, perfeccionado luego en tiempos de Moisés. Y, con la llegada del *tiempo de la ley* o *sub lege*, la Historia humana alcanzó un nuevo nivel, expresado, para los gentiles, en la ley escrita de Atenas y para los judíos en la *Ley Vieja* o mosaica, suceso que hoy podemos situar hacia 1250-1230 a. C.

Además, y como elementos de ese nuevo nivel histórico, hubo otras tres novedades. Primera: se sistematizaron y pusieron por escrito los «saberes», encuadrados en las Siete Artes liberales. Segunda: se estableció un sistema métrico, lo que, junto con la moneda, facilitaría la medida e intercambio de bienes económicos. Y tercera: se perfeccionó el reparto del tiempo dentro del año, al añadir al uso de meses y semanas, la fijación de fiestas religiosas en fechas determinadas. Veamos cómo sucedió todo esto.

3. *Sub Lege*: El nacimiento de la ley, de la actividad intelectual y de la medida del tiempo entre griegos y judíos

Los autores de la *General estoria* siguen el argumento de Paulo Orosio sobre «los quatro principales regnos del mundo» (III.XXX) o «grandes poderíos» a que estaban sujetos todos los demás. Fueron, sucesivamente, Babilonia, Macedonia, África (Cartago) y Roma, «que llegó después e dura fasta agora». Interesa recordar aquí la idea de la *translatio imperii* porque, implícitamente, se relaciona con la madurez del orden social y el desarrollo del saber, pero se dedica mucho más espacio a describir cómo llegaron a su plenitud estos dos hechos fundamentales en Atenas, por obra del «rey Júpiter», que allí nació y gobernó, y cómo la *Ley Vieja* o mosaica vino a ser la culminación de lo conseguido en el proceso de civilización pre-cristiano.

3.1. De la ausencia de ley a la ley escrita

En la *primera edad* no había leyes porque no había propiedad privada ni vida sedentaria ni armas –según escribieron Cicerón y Ovidio–. Las desviaciones morales solo daban lugar a reprimendas como las que practicó Rocas, hijo de un rey de la India. Las leyes fueron necesarias desde la *segunda edad*, cuando ya había «heredades conocidas», casas, reinos, señoríos, comercio, arrendamientos, fianzas…

> e otras tales cosas como éstas… Et dallí começaron la cobdiçia, que es madre de toda maldad, e la enuidia e la malquerencia, et fazer se los omnes soberuia e querer lo ageno, contiendas y peleas no por culpa de los reyes sino de los pueblos.
>
> Júpiter, que reinaba entonces y los auie a mantener en justicia e en paz, escribió normas de derecho de gentes (que es el segundo derecho, el primero es el

derecho natural), antes que ningún otro rey u hombre, aunque algo antes el rey Phoroneo de Argos y otras gentes tuvieron ya primeros esbozos o semejanzas de leyes o fueros por o uisquiessen, por uso o albedrío, pero no escritas… El rey Júpiter puso sus leyes por escrito y las hizo escribir sobre las puertas de la çibdad de Athenas … e sobre las del palaçio del medio de la çibdad…. y las llamaron en Grecia las leyes de las diez tablas… y de allí pasaron a Roma (**VII.XXXXII**).

3.2. Trivium y Quadrivium

Las artes o saberes del *trivium* «muestran al omne yr a una cosa, et esta es saberse razonar conplidamente». Las del *cuadrivium* son «cuatro carreras para ensennar connoscer complidamente saber yr a una cosa çierta, e esta es las quantías de las cosas» (VII.XXXV). Después de describirlas ampliamente (VII.XXXV a XXXIX), el Rey Sabio se extiende sobre «cómo el saber es uida e la nesciedad muerte» apelando a un «exiemplo» del *Calila y Dimna* (VII. XXXXI), antes de señalar que Júpiter de Atenas «romançó» las Artes Liberales «et fizo muchos otros libros buenos que leen aun oy los philosophos en Grecia» y dejó sin escribir otras leyes que se pusieron por escrito siendo ya reina Niobe, su primera mujer (VII.XXXXIII).

Era tanta la dedicación de los atenienses al estudio de saberes cuyo origen se hallaba, a menudo en Egipto, que, según asegura la *General estoria*, no labraban la tierra. Indica una referencia cronológica bíblica, al afirmar que esto ocurría en tiempos de José, para introducir, seguidamente, a Doña Ceres, que vivía en Sicilia y enseñó la labranza al ateniense Tritholomo el cual, vuelto a su patria, difundió aquel saber empleando simientes que Ceres enviaba desde Sicilia, y no sólo eso sino que también les enseñó a medir los productos de la tierra: «assacó las medidas de las ciueras e dell olio e del uino e de las otras cosas que a medida se uenden» y por este motivo se la llamó Demetra que «tanto quiere decir como la primera falladora de las medidas e deesa dellas» (IX. XXXX y XXXXII).

3.3. Fiestas y medida del tiempo en la ley de los judíos

Este relato sobre los orígenes de la civilización concluye con un retorno a la historia del pueblo judío, esto es a la historia sagrada en la que se describe ampliamente cómo Dios otorgó Ley por medio de Moisés al pueblo elegido, que precedió así al resto de la humanidad, al coronar la Ley natural y el *Ius gentium* con la Ley divina (XV, I a XXV y XXXII a XXXVII. XXII, I. XXV, XI a XIII, sobre los sacrificios).

Además, la práctica de la Ley Antigua –léase de la religión judía– conllevó una manera nueva de medir el tiempo y de regular las fiestas que en muchos aspectos inspiró a la de la sexta y última *edad* del mundo, a partir de la venida de Jesucristo, de manera que vino a ser un aporte fundamental para el despliegue de la civilización.

El comienzo del año en abril (*nisan*), cuando empieza la primavera, fue uno de sus aspectos, aunque al cabo no prevaleció ante el sistema romano de comienzo en enero y partición en diez meses que luego fueron doce (XII. XXIIII). Por el contrario, el régimen de fiestas dejó mayor herencia: el concepto mismo de día séptimo o de descanso (sábado) inspirado directamente en el relato del *Génesis* sobre la creación del universo por Dios, aunque en la Ley Nueva el día de fiesta pasara a ser el primero de la semana o domingo. También, «las tres fiestas mayores de la uieia ley e de los tiempos en que nuestro Sennor gelas mando fazer»: «las nonas del mes en que salistes de Egipto», que es la Pascua, «el mes en que començades a fazer la primera semiença» o fiesta de los nuevos frutos, que se corresponde con la Cinquesma o Pentecostés, y «quando acabades de recoger todos uestros fructos de la tierra», conmemorando el fin de cuarenta años de nomadeo entre la salida de Egipto y la llegada a la tierra prometida, o fiesta «de las cabanniellas» (*sukot*), que se celebra en fechas próximas a la cristiana de San Miguel (29 de septiembre) (XV, I a XXV. XXV, XIIII a XXIII). Podemos añadir las explicaciones acerca «de la razón de los días a que llaman egipciagos e de las oras egipciagas en ellos» (XIII, VIII), que eran dos días al mes aciagos (*egipciagos*) en relación con el recuerdo de las diez plagas enviadas por Yahvéh a los egipcios.

4. ALGUNOS COMENTARIOS COMPARATIVOS

4.1. La idea de progreso en la Edad Media

De lo expuesto hasta aquí, se puede deducir que ya existía en el pensamiento europeo medieval cierta idea sobre el despliegue de las capacidades humanas en el curso de la Historia mediante el paso de formas más primitivas de orden técnico, social y religioso a otras más avanzadas y complejas. Y es una idea que, con mayor o menor claridad, procedería de autores y tiempos anteriores, pero no he hallado todavía textos en los que se hayan podido inspirar los autores de la *General estoria*[10].

---

10. Aunque no es un aspecto central para las finalidades de este breve capítulo, he revisado textos de algunos autores clásicos y medievales seguidos por los autores de la *GE* con objeto de localizar dónde se inspiraron para componer sus explicaciones sobre los orígenes de la civilización pero, por ahora, debo remitir al lector a las observaciones de Francisco Rico, *Alfonso el Sabio y la «General estoria»*, Barcelona, Ariel, 1972, y a los estudios de Inés Fernández Ordóñez, *Las «Estorias» de Alfonso el Sabio*, Madrid, Istmo, 1992.

Por el contrario, las ideas medievales sobre la perfección de la Humanidad miraban al futuro, más allá de la Historia, o a un pasado en el que ya había existido bajo otra forma hasta desaparecer abruptamente como consecuencia del pecado original. Descubrir dónde estaba el Edén o Paraíso terrenal fue un empeño continuo durante aquellos siglos pues, aunque fuera inaccesible, su existencia física constituiría una prueba irrefutable del relato bíblico[11].

Actitudes mentales comparables se habían dado ya en otras culturas. Así, en la tradición griega y romana, se cultivaron los mitos de la Edad de Oro, y de los Campos Elíseos como lugar excelso donde se alcanza la inmortalidad, situado en las Islas de los Bienaventurados o Afortunadas, dotadas a la vez de jardines admirables y de una naturaleza pura y prodigiosamente fecunda y hermosa. Homero mencionó ya los Campos Elíseos, como lugar de retiro de los héroes inmortales, y Hesíodo fue el primero en exponer en *Los trabajos y*

Sobre obras y autores utilizados en la *GE*: D. EISENBERG, «The *General Estoria*: Sources and Source Treatment», *Zeitschrift für Romanische Philologie*, LXXXIX (1973), 206-227; Pedro SÁNCHEZ PRIETO, Introducción a su edición de *General Estoria*, primera parte (Madrid, 2009), XIII-CIII y CXLV-CXLVI; Antonio GARCÍA SOLALINDE, *Alfonso X el Sabio, General Estoria*, Madrid, 1930, XII-XVIII. Sobre el tratamiento de sus contenidos y la traducción al castellano, Joaquín RUBIO TOVAR, «La traducción en la *General Estoria*», en *La cultura en la Europa del siglo XIII. Emisión, intermediación, audiencia. XL Semana de Estudios Medievales, Estella*, Pamplona, Gobierno de Navarra, 2014, 247-284; Juan Antonio LÓPEZ FÉREZ, «Memoria histórica y tradición clásica en la *General Estoria* de Alfonso X el Sabio (Primera Parte)», en I. Grifoll, J. Acebrón, F. Sabaté (eds.), *Cartografies de l'ànima. Identitat, memòria i escriptura*, Lleida, eds. Pagès, 2014, 173-200 (este autor señala como posibles fuentes de la *GE* cuando trata sobre «las primeras costumbres de los hombres» a Cicerón, Plinio y Virgilio, en 178-179, pero no cita a Lucrecio, que introduce algunos principios evolutivos en *De natura rerum*).

No conozco aún relatos o argumentos semejantes al de la *General estoria* que se mencionen en algunas recopilaciones de estudios: F. MONTORSI, F. MAILLET (eds.), *Les chroniques et l'histoire universelle. France et Italie (XIIIᵉ-XIVᵉ siècles)*, París, Garnier, 2021; I. BUENO, C. ROUXPETEL (eds.), *Les récits historiques entre Orient et Occident, XIᵉ-XVᵉ siècle*, Roma, École Française de Rome, 2022. No se refiere a este asunto David PORCEL BUENO, «El relato de Adán y Eva en la General Estoria, entre fuentes latinas y árabes y traducciones gallego-portuguesas», *Anuario de Estudios Medievales*, 53-1 (2023), 103-134.

11. Jean DELUMEAU, *Une histoire du Paradis. I. Le Jardin des délices. II. Mille ans de bonheur*, París, Fayard, 1992 (libro fundamental, que estudia con detalle todos los autores y textos antiguos y medievales); Alessandro SCAFI, *Mapping Paradise. A History of Heaven on Earth in the Western Tradition*, Londres, The British Library, 2006; Alastair MINNIS, *From Eden to Eternity. Creations of Paradise in the Later Middle Ages*, Philadelphia, University of Pennsylvania Press, 2016. El clásico Arturo GRAF, «Il mito del Paradiso terrestre», en *Miti, leggende e superstizioni del Medio Evo*, Turín, 1893, 1-175 (ed. Milán, 1984); R. R. GRIMM, *Paradisus Caelestis, Paradisus Terrestris*, Munich, Fink, 1977. Muchos datos y resumen de relatos en Howard Rollin PATCH, *El otro mundo en la literatura medieval*, México, Fondo de Cultura Económica, 1956, [V. Viajes al Paraíso]. Observaciones de interés en Frank E. MANUEL y Fritzie P. MANUEL, *El pensamiento utópico en el mundo medieval. I. Antecedentes y nacimiento de la utopía (hasta el siglo XVI)*, Madrid, Taurus, 1981, capítulos sobre «Las aportaciones medievales a lo utópico: el Paraíso y el Milenio» y «La Edad de Oro de Cronos».

los días las ideas sobre la Edad de Oro y, de nuevo, los Campos Elíseos, ideas que repetirían y matizarían otros autores griegos y romanos como Platón, Horacio, Virgilio y Ovidio (*Las Metamorfosis*).

La Edad Media actuó, una vez más, como heredera de una tradición que se sabía falsa, lo que no impedía recrearse imaginándola, aunque solo fuera para contraponer su supuesta perfección a los abusos y desventuras propios del orden social vigente. Fue, tal vez, lo que pretendió Jean de Meung, hacia 1275, al incluir en el *Roman de la Rose* una extensa y añorante descripción de la edad de oro primitiva (versos 8324 y ss.). Miguel de Cervantes repitió más de tres siglos después los mismos tópicos en su *Don Quijote de la Mancha*, aunque en clave evidentemente irónica y burlesca[12]. Entre uno y otro autor, el Renacimiento había dado un gran impulso literario al mito de la Edad de Oro y las delicias de su imaginada Arcadia lo que, tal vez, acabó provocando la reacción de escritores menos afectos a aquella utopía del pasado[13].

Aquellos textos mostraban también cómo los hombres habían pasado por varias fases de modificación de sus relaciones sociales, que degradaron la inicial perfección. Pero, desde otro punto de vista, si se prescinde de la utópica edad de oro, también podía invertirse el curso de aquellas fases e imaginarlas como etapas de avance histórico de la Humanidad a partir de un estado inicial de pleno salvajismo. Agustín de Hipona lo admitía implícitamente al describir las capacidades de vida y mejora que Dios dejó en manos de los hombres después del pecado original[14], de modo que era posible concebir «la evolución necesaria y gradual del conjunto de la especie hacia algún tipo de perfección o plenitud» en aspectos intra-mundanos. Siglos después, Tomás de Aquino y otros teólogos del siglo XIII defendieron la capacidad de la razón humana para progresar en la búsqueda de la verdad[15]:

---

12. Miguel de Cervantes, *Don Quijote de la Mancha*, Primera parte, cap. XI: «De lo que sucedió a Don Quijote con unos cabreros»: *Dichosa edad y siglos dichosos aquellos a quien los antiguos pusieron nombre de dorados...*

13. V. el brillante y bien documentado ensayo de Henry LEVIN, *The Myth of the Golden Age in the Renaissance*, Bloomington, Indiana University Press, 1969 que estudia también la obra de algunos autores de los siglos XVIII y XIX.

14. *La Ciudad de Dios*, XXII.14.

15. Francisco J. CONTRERAS PELÁEZ, «El concepto de progreso: de San Agustín a Herder», *Anales de la Cátedra Francisco Suárez* (Granada), 37 (2003), 239-269 y *La filosofía de la historia en Johann G. Herder*, Sevilla, Universidad de Sevilla, 2004; Rafael SÁNCHEZ SAUS, *Dios, la historia y el hombre. El progreso divino en la historia*, Madrid, Ediciones Encuentro, 2018. También León DUJOVNE, *La Filosofía de la Historia en la Antigüedad y en la Edad Media*, Buenos Aires, Ediciones Galatea, 1958; Alexander NISBET, *Historia de la idea de progreso*, Madrid, Gedisa, 1991. Pero es más frecuente todavía rechazar que en la Edad Media hubiera concepto de progreso, salvo tal vez el moral, derivado de la difusión del Evangelio: Emmanuèle BAUMGARTNER, Laurence HARF-LANCNER (eds.), *Progrès, réaction, décadence dans l'Occident médiéval*, Ginebra, Droz, 2003, o.c., pero Gilbert DAHAN, «*Ex imperfectu ad perfectum*. Le progrès de la pensée humaine chez les théologiens du XIIIᵉ siècle», *Ibid.*, 171-184, demuestra claramente cómo

Ante todo –resumo el texto de San Agustín– Dios mantiene la fertilidad natural, que permite la permanencia y renovación en formas visibles de esta belleza que contemplamos. Además, los hombres poseen facultades de conocimiento y aprendizaje, de modo que son hábiles para la percepción de la verdad y del amor al bien y, aunque en su naturaleza caída no hay ya capacidad para desarrollar las artes del buen vivir y de llegar a la felicidad inmortal, salvo apoyándose en la gracia divina, en el resto, los hombres son capaces de mejorar o transformar este mundo ejercitando la mente y el raciocinio en las más variadas artes, cuyos resultados y posibilidades de futuro enumera sin el menor afán clasificatorio: vestimenta y edificación, agricultura, cerámica, escultura y pintura, teatro, domesticación y caza de animales, artes de la guerra, medicina, alimentación, lenguas y escritura, poesía, música, canto, cálculo y medida, astronomía, en suma, conocimiento general de los asuntos mundanos. Y capacidad para filosofar, y para caer en el error. Todo ello procede de la naturaleza de la mente humana con la que se adorna esta vida mortal, no de la fe y del camino de la verdad, con la que se adquiere aquella inmortal.

En resumen, la idea sobre la existencia de un avance o progreso intrahistóricos parece haberse construido con elementos de orígenes diversos, pero integrados en una concepción histórica cristiana, con antecedentes bíblicos, expresa ya en San Agustín:

El tiempo transcurre por la línea que trazan las sucesivas *edades del mundo* hasta que la Historia alcanza su culminación religiosa con el evangelio predicado por Jesucristo y su muerte redentora, a través de los que se revela con plena claridad la *Ciudad de Dios* metahistórica y el camino que conduce a ella a cada hombre. Pero el tiempo histórico continúa su curso en la *sexta edad* de la *ciudad del mundo*, cuya duración es impredecible, y en ella se siguen desplegando las posibilidades de cambio, avance, mejora o retroceso, propias de «la naturaleza de la mente humana con la que se adorna esta vida mortal, no de la fe y del camino de la verdad, con la que se adquiere aquella inmortal» (San Agustín).

Así considerada, la *sexta edad* no sería solo un tiempo de espera, hasta la segunda venida de Cristo, mientras el mundo envejece (*mundus senescit*, expresión utilizada por autores como Beda, Pedro Damiano o Guibert de Nogent) o se deteriora (Honorio de Autun), en la que conviene no innovar sino, como máximo, restaurar realidades mundanas que son transitorias y como tales deben menospreciarse (*contemptus mundi*), aunque en su inevitable decadencia contienen también la promesa de la renovación más allá de la Historia. Por el contrario, dentro de aquel último tiempo, como en las anteriores *edades*, los hombres tenían recursos en sí mismos y en la naturaleza para mejorar muchos aspectos propios de esta vida, aunque sin vencer definitivamente los

---

en Tomás de Aquino y otros escolásticos del siglo XIII había clara conciencia de la capacidad de progreso intelectual de los hombres.

escollos del mal y de la muerte, fruto de la caída original: esto lo conseguiría la gracia de Dios para los que hubieran perseverado en la fe –fuera cual fuese la época en la que vivieron– cuando terminara el tiempo de cada vida personal y el tiempo histórico de este mundo, profetizado en el *Apocalipsis*.

Hasta que llegara ese momento, mientras hubiera vida mundanal, los hombres podían adoptar dos actitudes, aparte de la meramente pasiva contenida en las ideas sobre el envejecimiento del mundo y el menosprecio de sus realidades. La primera consistiría en el intento de descubrir el momento y alentar la proximidad del apocalíptico fin de los tiempos cuando, una vez consumado el Juicio Final, Dios hará «un mundo nuevo» de plenitud para los bienaventurados: ese fue el intento y propósito del *milenarismo* medieval en sus diversas facetas; pero los *fanáticos del Apocalipsis* (N Cohn), por mucho que fijaran fecha próxima al final que ansiaban, nunca consiguieron «tomar el cielo por asalto», porque el cielo siempre estaba más allá, aunque no por eso renunciaban al empeño de caminar *en pos del milenio*.

La segunda actitud sería más congruente con las posibilidades humanas y con la humildad necesaria para confiar en Dios la decisión sobre la hora final de este mundo en algún momento imprevisible del futuro. Mientras tanto, la sexta y última *edad* de la Historia debía emplearse en la predicación del mensaje evangélico para que todos los hombres lo conocieran y pudieran libremente aceptarlo. Es el ideal de la misión, siempre presente en la Iglesia, que comenzó a sistematizarse bajo nuevas formas desde el segundo tercio del siglo XIII en las que organizaron los frailes dominicos y franciscanos en Europa oriental y luego en diversas partes de Asia: recordemos que la *Societas fratrum peregrinantium propter Christum inter gentes* de la Orden Dominica (1312) es un antecedente de la Congregación vaticana *De propaganda fide*, nacida en el siglo XVI.

Ahora bien –siguiendo el modelo de los tres niveles enlazados en el relato de la *General estoria*: técnico, social y religioso–, el despliegue no sería sólo religioso, mediante la predicación y el ejemplo, sino que también debía incluir la mejora técnica y la asimilación social y cultural porque se necesitaría un nivel suficiente de capacidades y de organización para que fuera fructífera la recepción del Evangelio en una sociedad y para que ésta fuese también, a su vez, capaz de difundirlo atrayendo, al mismo tiempo, a otras sociedades «a toda virtud política y a toda humanidad de domésticos, políticos y razonables hombres» (José de Acosta), es decir al buen orden social privado y público, y al mejor uso posible de la inteligencia.

4.2. De las ideas medievales a las modernas

José de Acosta, en su *De procuranda indorum salute*, libro impreso en 1589, escribía que «…de los sucesos de unos aprenden otros. No hay gente tan bárbara que no tenga algo bueno que alabar, ni la hay tan política y humana que no tenga algo que enmendar» y estimaba que, mediante el adecuado aprendizaje, «no hay nación, por bárbara y estúpida que sea, que no deponga su barbarie, se revista de humanismo y costumbres nobles, si se la educa con esmero y espíritu generoso desde la niñez».

Extraía esta afirmación sobre la condición no natural ni definitiva de la barbarie de las observaciones que él mismo y otros misioneros habían hecho sobre los diferentes «grados de civilización» de las sociedades que encontraron en el Nuevo Mundo y también en el Extremo Oriente, y sobre la posibilidad de medir las diferencias entre ellas y «el paso de un estadio o etapa a otro» utilizando como indicadores algunos criterios básicos de tipo técnico o social: aprovechamiento del medio natural, metalurgia, ciudades, comercio, lengua y escritura, orden jurídico y político, creencias religiosas.

Acosta empleó ya implícitamente «la idea de evolución y causalidad cultural» con «un profundo sentido antropológico», «una concepción evolucionista y progresista /basada/ en el desarrollo progresivo de la razón, así como del perfeccionamiento de la asociación humana»[16] y de la religión, aceptando implícitamente que esto no ocurría a través de un proceso histórico universal único y simultáneo para todos los hombres sino según pueblos y áreas culturales. Y, así, distinguió «tres clases de bárbaros ... a las que se pueden reducir casi todas estas naciones indianas»[17]:

> 1. La de aquéllos que no se apartan gran cosa de la recta razón ... tienen régimen estable de gobierno, leyes públicas, ciudades fortificadas, magistrados... comercio próspero y bien organizado ... uso bien reconocido de las letras [China, Japón, Indias orientales].
>
> 2. Bárbaros que no conocen la escritura, ni las leyes escritas, ni la ciencia filosófica o civil, pero tienen magistrados... régimen de gobierno... asentamientos frecuentes y fijos donde mantienen su administración política... jefes militares organizados ... un cierto esplendor de culto religioso... determinada norma de comportamiento humano [pese a] desviaciones monstruosas en sus costumbres, ritos y leyes [Imperios mejicano y peruano].
>
> 3. La tercera y última clase de bárbaros ... semejantes a las bestias, que apenas tienen sentimientos humanos. Sin ley, sin rey, sin pactos, sin magistrados ni régimen de gobierno fijos, cambiando de domicilio de tiempo en tiempo y aun cuando lo tienen fijo, más se parece a una cueva de fieras o a establos de

---

16. Tomado de Jean BESTARD y Jesús CONTRERAS, *Bárbaros, paganos, salvajes y primitivos. Una introducción a la antropología*, Barcelona, Barcanova, 1967.

17. José de ACOSTA, *De procuranda indorum salute*, Madrid, C.S.I.C., 1984-1987, 2 v., I, 62-69. Sobre la adaptación de las misiones jesuíticas a las características culturales de cada pueblo, vid. Ana Carolina HOSNE, *The Jesuit Missions to China and Peru, 1570-1610. Expectations and Appraisals of Expansionism*, Londres/Nueva York, Routledge, 2013, y Luke CLOSSEY, *Salvation and Globalization in the Early Jesuit Missions*, Cambridge, Cambridge University Press, 2008.

animales… a lo que, añadirían otros observadores de las sociedades indias más atrasadas, la falta de fe religiosa propiamente dicha, las desviaciones morales y prácticas idolátricas, la ausencia de escritura, casas, vestidos, fuego, pan, metales, tejidos, moneda… [otros pueblos indios y de las islas del Pacífico].

* * * * *

La *Scienza Nuova* de Gian Battista Vico, cuya versión final data de 1744, puede proporcionar otro elemento de comparación valioso para situar a los textos de la *General estoria* como eslabón en la cadena de reflexiones sobre la evolución de la Humanidad. Acosta escribió a partir de las experiencias y observaciones de los misioneros del siglo XVI. Vico, por su parte, elabora una primera «teoría de la Historia» partiendo de lo que entonces se conocía o se creía conocer sobre diversos pueblos de la Antigüedad. Evita referencias a la Biblia, salvo para suponer la posible existencia de una Humanidad perfecta, desaparecida como consecuencia del «pecado original», y comienza su reflexión considerando las consecuencias del «diluvio universal» y el desarrollo de las sociedades humanas a partir de las condiciones más primitivas y salvajes de retroceso –*uno stato affatto bestiale e ferino*– durante la edad oscura o *época divina*, en la que se fue desarrollando la capacidad espiritual hasta alcanzar la idea de la existencia de Dios, mientras, paralelamente, nacía e iba adquiriendo complejidad el orden social y económico: «La constitución de la sociedad y la vida espiritual son los dos puntos de vista principales en la historia de la cultura de Vico … ambos en estrecha relación e influencia recíproca, condicionándose mutuamente en su desarrollo ulterior. Lo primero de un desarrollo no es para Vico lo material, sino lo espiritual. Primero nacen las religiones y tras ellas y de ellas los matrimonios y la agricultura»[18].

No es difícil establecer algunos paralelismos entre los asuntos e ideas sugeridos en la *General estoria* y los que expone Vico, a pesar de la enorme diferencia en las maneras de plantear, tratar y obtener reflexiones generales sobre las épocas de la Historia humana, pero es notable que el final de la época oscura, primitiva o *divina* de Vico y el paso a la segunda, mítica o *heroica*, ocurre cuando se alcanza un nivel parecido al que expresa la *General estoria* al describir el tránsito a la «segunda edad». Además, dentro de la simplicidad de su relato, la *General estoria* es a veces más completa porque se esfuerza en combinar elementos bíblicos y paganos, aunque admite la ruptura total de la Humanidad con su pasado antediluviano, y es también más equilibrada –y a menudo

---

18. Richard PETERS, *La estructura de la historia universal en Juan Bautista Vico*, Madrid, Revista de Occidente, 1930, 56. Fue el Prof. Rafael Sánchez Saus, al conocer el primer borrador de estas páginas, quien me indicó la oportunidad de incluir una mención a la obra de Vico en estos comentarios comparativos.

más detallada– en el tratamiento concreto de los tres vectores de despliegue de la humanidad, el religioso, el social y el técnico, aunque no tiene, por supuesto, la pretensión de construir y exponer una doctrina o teoría general del proceso histórico.

⋆ ⋆ ⋆ ⋆ ⋆

Después de Vico, muchos pensadores de la Ilustración dieron mayor importancia a los factores económicos y técnicos como motor del despliegue humano a través de diversas etapas, y situaron los sociales y espirituales más bien como consecuencias del cambio ocurrido en el transcurso de los «cuatro estadios sucesivos» en el «progreso de la historia»: caza-pesca, pastoreo, agricultura, comercio. A cada «modo de subsistencia» le correspondía un «tipo de organización social»[19]. Un paso más y, ya en el siglo XIX, se formularían las principales teorías de «etapas» necesarias o de «modos de producción» que tanta influencia han tenido y aún mantienen. Por su parte, Comte situó en un plano de entendimiento diferente a los anteriores la evolución de los aspectos religiosos y culturales al fijar tres etapas –religiosa, metafísica, científica– cuando, hasta entonces, se solía aceptar la convivencia e interrelación de los tres aspectos, cada uno en su ámbito, aunque evidentemente los autores medievales dieron mucha mayor importancia al primero.

---

19. Jean BESTARD y Jesús CONTRERAS, *Bárbaros, paganos, salvajes y primitivos…*, capítulo «Del gabinete del historiador al museo de historia».

Este libro se acabó de imprimir
el 9 de octubre de 2025,
761 aniversario de la conquista definitiva
de Jerez de la Frontera
por parte de Alfonso X el Sabio.